내 인생의 책 한 권을
쓰고 싶은 분들에게 드립니다.

The First Book
Written by Myself

6개월이면 충분하다

내 인생의
첫 책 쓰기

오병곤 ― 홍승완 지음

포레스트북스

책이 아니라
저자 자신을 팔아라

이 책의 초판을 출간한 지 10년이 지났다. 그 10년 동안 출판 시장에서 눈에 띄게 달라진 점이 있다. 책을 읽는 사람은 점점 줄어들고 있지만 책을 쓰고 싶어 하는 사람은 점점 늘어나고 있다는 사실이다. 저마다 자신의 이야기를 세상에 하고 싶다는 욕망이 넘실거린다. 자연스러운 현상일지 모르나 출판계에 상업화 경향이 과열되고 있는 건 아닌지 우려된다. 일부 출판사는 원고의 품질보다 저자가 책을 얼마나 팔 수 있는지를 먼저 따진다. 직장인들 사이에서는 내 이름으로 책을 내는 게 스펙의 꽃이자 비즈니스 성공의 비결, 인생 2막 진입을 위한 보증 수표, 나아가 자기계발의 완성으로 보는 편향적 태도가 확산되고 있다. 그에 발맞춰 책 쓰기를 가볍게 다루는 책들이 계속 출간되고 있고, 책 쓰기 코칭 시장도 갈수록 커지고 있다. 그래서일까, 어떤 이들은 글쓰기나 원고의 완성도는 도외시한 채 오로지 출간을 목적으로 단기 속성으로 책을 내려고 한다. 또 이런 욕망을 부추겨 자기 주머니를 채우려 드는 사람들도 있다.

반짝인다고 다 금은 아닌 것처럼 책이라고 다 좋은 것이 아니다. 양서良書도 있고, 악서惡書도 있다. 어디까지나 좋은 책을 써야 좋은 결과가 나온다. 책이 먼저가 아니라 책 쓰는 사람이 먼저다. 좋은 나무가 좋은 열매를 맺듯이 사람이 옳아야 그의 글도 옳다.

그렇다면 좋은 책은 어떤 책인가? 좋은 책에 대한 절대적 기준은 없지만 삶과 일치하는 책이 좋은 책이라 말할 수 있다. 추사 김정희는 글을 쓰는 사람은 "스스로를 속이지 않는 것을 근본으로 삼아야 한다"라고 역설했다. 다른 누구보다 자기 자신에게 진실하고 성실해야 한다는 뜻이다. 좋은 책이란 진정성을 담아 자신과 독자의 생각과 삶을 변화시킬 수 있는 책이다. 좋은 책은 책과 저자가 따로 놀거나 분리되지 않는다. 좋은 삶을 가꿔나가야 좋은 책을 쓸 수 있고, 좋은 책을 쓰면 좋은 삶을 살게 되는 선순환이 이루어진다. 궁극적으로 저자가 팔아야 할 것은 책의 주제보다 저자 자신이다.

책 쓰기는 우리에게 새로운 길을 선사했다. 지금까지 살아오면서 제일 잘한 일을 꼽으라면 우리는 책 쓰기와 회사에서 독립한 것을 들겠다. '내게도 이런 일이 일어날까?' 한 번도 생각해보지 않았던, 전혀 이루어질 수 없다고 생각했던 일이 일어났기 때문이다. 첫 책을 내고 우리는 이제껏 느끼지 못한 커다란 성취감을 느꼈고 내 안의 비범함을 깨닫게 되었다. 우리는 첫 책을 내고 몇 권의 책을 더 출간한 후에 회사를 나와 독립했다. 첫 책은 내가 주도하는 새로운 삶을 시작하는 데 큰 발판이 되었다. 책을 통해 지금의 나를 구원하고, 나아가 다른 사람의 인생 전환을 도와주는 코칭 프로그램을 시작할 수 있었다.

책 쓰기 코칭 프로그램을 시작하면서 크게 두 가지 목표를 세웠다. 첫째, 좋은 책을 쓰도록 돕는다. 첫 책의 첫 번째 독자는 나 자신이다. 책 쓰기를 통해 먼저 스스로 변화해야 좋은 책을 쓸 수 있다. 공부하면서 배운 것을 삶에 적용하고 그 과정과 성공한 결과를 책에 담아야 한다. 둘째, 책 쓰기 수강생들과 인생의 친구이면서 스승인 관계로 나아간다. 지금까지 프로그램의 성과는 기대 이상이었다. 책을 쓰면서 수강생들은 인생의 터닝포인트를 맞게 되었고, 인생의 고민을 멋지게 해결하기도 했다. 몇 사람 예를 들어보자.

- 그림책을 좋아했던 A는 그림책에 관한 에세이를 쓰며 오랫동

안 시달리던 병을 치유하고, 꿈꾸던 작은 그림책 도서관을 운영하게 되었다. 그녀에게 책은 인생 전환의 결정적 계기가 되었다.

- 멕시코에서 10년 동안 타향살이를 하던 B는 한국으로 돌아와 정착을 시도했지만 쉽지 않았다. 우연한 기회에 책 쓰기 프로그램에 참여하면서 쿠바, 멕시코, 페루, 일본, 베트남 등을 다니며 여행책 일곱 권을 썼고 여행 작가로 데뷔했다.

- 한 직장에서 오랫동안 근무했던 D는 마흔의 홍역이 찾아와 책을 쓰는 과정이 순탄치 않았다. 하지만 포기하지 않고 꾸준히 써 내려갔고, 마침내 책을 출간했다. 그와 함께 원하는 직장으로 이직을 하게 되었고 대중적인 보안 전문가로 거듭났다.

저자는 창작을 하는 사람인 동시에 책이 가리키는 운명을 살아가는 존재인지 모른다. 앞서 언급한 이들은 자신을 닮은 책을 써 내려가면서 아름답게 성장했으며 지금도 열심히 성장하고 있다.

책을 쓰는 일은 자신의 이야기를 오랫동안 명징하게 남기기 위한 고귀한 작업이다. 글 쓰는 이는 기본적으로 자신이 하고 싶은 말을 해야 한다. 영화 「파인딩 포레스터」에서 주인공이자 훌륭한 작가인 윌리엄 포레스터는 "자기 자신을 위해 쓴 글이 다른 사람을 위해 쓴 글보다 훨씬 낫다"라고 말한다. 다른 사람의 눈치를 보다 보면 글에 힘이 실리지 않고, 듣고 싶어 하는 말만 한다면 장사꾼일 뿐 글 쓰는 사람의 영혼은 존재하지 않는다. 저자가 하고 싶은 말을 하되 독자가 듣고 싶은 방식으로 이야기할 수 있는 황금 교차로를 만들어야 한다.

'나는 부족한 사람인데 할 이야기가 있을까?'라고 생각하지 마라. 작가는 자신이 알고 있는 걸 표현하는 사람인 동시에, 살고 싶은 삶과 쓰고 싶은 글을 쓰기 위해 실험하고 공부하는 사람이다. 뭔가를 알기 때문에 책을 쓴다는 말은 옳다. 동시에 쓰다 보면 더 깊이 알게 된다는 말도 맞다. 쓴다는 것은 공부를 하는 가장 좋은 방법이다. 참된 공부는 서서히 내 몸과 맘을 바꾸는 것이고 습관과 욕망을 바꾸는 것이다. 심신이 바뀌기 때문에 나의 언행과 자세, 그리고 하루 또한 달라진다. 무언가 탐구하고 읽고 쓰는 과정이 삶이 바뀌는 데까지 이어지지 않으면 그건 진정한 공부가 아니다.

책을 쓰는 데 대단한 방법론이 있는 건 아니다. 그런데 우리가 자주 듣는 고민 중의 하나가 글쓰기 기술이다. 글을 쓰는 기술이 부족해서 글을 쓰기 어렵다고 토로한다. 우리는 글쓰기 기술은 부차적이라고 이야기한다. 이 책에 담겨 있는 정도만 익혀도 충분하다. 글을 잘 쓰려면 '잘' 자를 빼야 한다. 글은 잘 쓰려고 애를 쓸수록 더 못 쓰게 된다. 어깨에 힘이 들어가고 마음이 무거워져 자꾸만 뒤로 미루다, 결국 포기하게 된다. 먼저 써야 한다. 글은 써야 잘 쓸 수 있다. 글쓰기의 왕도는 없다. 글쓰기는 오직 글쓰기를 통해서만 배울 수 있다. 바깥에는 길이 없다. 도움은 받을 수 있지만 글을 쓸 수 있는 힘은 다른 어디가 아닌 자기 안에 있다. 책 출간의 핵심은 글쓰기 기교가 아니라 지속성이다. 매일 읽고 생각하고 써야 한다. 독서는 공부이고 생각은 실험이며 쓰기는 실천이다. 이 모두가 어우러질 때 가치 있는 한 권의 책이 태어난다.

그럼에도 글쓰기에 관한 비결을 한 가지만 꼽자면 사랑과 진정성이 있어야 한다는 점이다. 내 글을 읽는 독자에 대한 애정을 가지고 써야 한다. 내 것이 아닌 것을 멋지게 말하려고 하지 말고 진실을 담아서 써야 한다. 이 두 가지를 염두에 두고 꾸준히 쓰면 분명 좋은 글이 나온다. 좋은 글은 공명하는 글이기 때문이다.

좋은 책을 쓰기 위해서는 세 개의 눈이 필요하다. 독자의 눈, 저자의 눈, 편집자의 눈. 10년이라는 시간은 이 세 개의 시선으로 초판을 볼 수 있게 해주었다. 이 책을 출간하고 나서 글이 잘 읽힌다는 반응부터 구성이 탄탄하다, 사례가 흥미롭다, 책 쓰는 데 실질적으로 도움이 된다는 칭찬까지 좋은 평을 많이 받았다. 그런데 다시 찬찬히 살펴보니 부족한 부분이 적잖이 눈에 띄었다. 이번 기회에 최대한 바로잡았다. 문장이 거칠거나 어색한 부분을 다듬고 책 곳곳의 낡은 사례를 교체했다. 여러 꼭지를 수정하고 몇 꼭지는 거의 새로 썼다. 지난 10년간의 집필 경험을 살려 목차도 손질했다. 큰 구성은 변함없지만 몇몇 꼭지와 '글쓰기 클리닉'의 여러 글을 보다 적절하게 배치하고 다듬었다.

우리는 첫 책을 쓰고자 하는 사람이라면 모두 이 책을 읽어야 한다고 믿는다. 감히 이렇게 말할 수 있는 이유는, 우리가 이 책을 썼기 때문이 아니라 이 책이 담고 있는 내용 때문이다. 10년 전 우리 두 사람은 첫 책을 쓴 과정을 바탕으로 이 책의 초판을 썼다. 첫 책 집필 경험이 이 책을 쓰는 데 원동력이 됐으며, 그 점이 이 책의 가장 큰 장점이라고 자신했다. 초판을 내고 나서 우리는 각자 여러 권의 책을 썼다. 그때마다 이 책을 곁에 두고 우리가 책에서 제시한 원칙과 체계, 방법론을 활용하고 검증했다. 그 시간을 거쳐 나온 결실이 이번 개정판이다.

우리는 확신한다. 이 책을 곁에 두고 꾸준히 글을 쓴다면, 당신은 진정한 자신을 찾을 수 있고 삶을 바꿀 수 있으며 자기만의 책을 쓸 수 있다. 우리는 이 책의 독자에게 또 한 번 감히 말한다. 용기를 내어 '좋은 삶'을 닮은 '좋은 책'의 저자가 돼달라고.

오병곤, 홍승완

우리는 자기 삶의
저자가 돼야 한다

프랑스 영화 「잠수종과 나비」를 봤다. 엔딩 크레디트가 올라갈 때까지 화면에서 시선을 떼지 못했다. 패션잡지 《엘르》의 편집장 장 도미니크 보비Jean-Dominique Bauby의 실화를 바탕으로 한 이 영화는 칸 영화제에서 감독상을 받아 널리 알려졌다. 출세 가도를 달리던 보비는 어느 날 갑자기 뇌졸중으로 쓰러졌고, 20일 뒤 깨어났지만 몸이 잠수종에 갇혀 꼼짝도 못 하는 신세가 되었다. 의식은 멀쩡하나 전신은 마비 상태인 '로크드 인 신드롬locked-in syndrome'이 찾아온 것이다. 그가 할 수 있는 일이라곤 그저 왼쪽 눈을 깜박이는 것뿐이었다.

　절망에 빠져 죽고만 싶던 그는 어느 날 희망을 발견했다. 눈을 깜박이는 것만으로 책을 쓸 수 있다는 사실을 알게 된 것이다. 그가 왼쪽 눈을 깜박여 단어를 표현하면 이를 언어치료사가 받아쓰는 방법이다. 지루하고 고통스러운 작업이었다. 그러나 그는 1년 3개월 만에 무려 130쪽에 달하는 자서전『잠수복과 나비』를 탈고했다. 20만 번의 눈 깜박임으로 만들어낸 책이다. 안타깝게도 그는 출간을 보지 못하고 세상을 떴다. 하지만 그의 책은 살아남아 그가 남은 생 동안 얼마나 치열하게 책 쓰기에 전념했는지를 세상에 보여주었다.

그토록 참담한 상황에서도 글을 써서 책으로 펴내고 싶어 했던 보비, 그를 글쓰기로 이끈 것은 무엇이었을까? 영화를 보고 나서 오랫동안 생각해보았다. 혹시 그는 자신의 과거를 기억하고 진짜 갈망했던 것을 상상하며 본래의 모습을 찾고 싶었던 게 아닐까? 그리고 그런 자신의 모습을 보아달라고 세상을 향해 외치고 싶었던 게 아닐까?

우리 두 저자는 여느 직장인과 다를 바 없는 대한민국의 평범한 직장인이다. 오늘도 콩나물시루 같은 지하철을 타고 출근해서 온종일 회사에서 시달렸다. 우리가 남들과 다른 점이 있다면 책 두 권을 썼다는 것뿐이다. 첫 책을 쓰던 당시 우리는 가장 바쁜 직장인 중 한 사람이었다. 우리가 몸담고 있는 기업 현장은 '월화수목금금금'의 열악한 환경이었다. 돌이켜보면 야근과 휴일 근무를 밥 먹듯이 하던 우리가 어떻게 책을 썼나 싶다. 그때 우리를 책 쓰기로 인도한 것은 답답한 현실이었다. 당시 우리는 삶에 회의를 느끼고 있었다. 왜 이런 환경에서 아무런 목표도 없이 살아야 하는가. 이곳에서 탈출할 방법은 정녕 없는 것인가.

답답한 현실에서 벗어나기 위해 우리는 책 쓰기를 선택했다. 길을 찾고 자신을 구원할 수 있는 실마리를 만들고 싶었다. 우리는 자신을 위해 책을 썼다. 고로 우리 책의 첫 번째 독자는 우리 자신이었다.

사람들은 대개 책 쓰기를 두려워한다. 자기 분야에서 성취한 것들이 많은데도 그것을 책으로 펴내는 데는 멈칫거린다. 인생을 바꿀 계기가 될 수 있고, 지금보다 나은 삶을 꾸릴 기회가 된다는 것을 알면서도 책을 쓰는 건 먼 세상의 일로 여긴다. 왜 그럴까? 능력과 경험, 시간이 부족하다는 변명을 늘어놓으며 책 쓰기를 자신과 무관한 일로 치부하는 이유는 뭘까?

책 쓰기의 즐거움을 맛보지 못해서가 아닐까 싶다. '뽕맛'으로 느껴질 만큼 짜릿한 기쁨을 아직 누려보지 못한 까닭이다. 이러한 즐거움을 맛보기 위해서는 수련과 훈련이 필요하며, 고통을 견딜 수 있는 인내가 필요하다. 재능은 그다음이다. 책은 누구나 쓸 수 있지만 아무나 쓸 수 있는 것은 아니다. 쓰고자 하는 욕망과 이를 뒷받침할 성실성이 반드시 바탕에 깔려 있어야 한다. 책을 쓰기로 마음먹었다면 날마다 조금씩이라도 꾸준히 써야 한다. 그래야 책이라는 달콤한 열매를 손에 쥘 수 있다.

　그리고 이왕 쓴다면 좋은 책을 써야 한다. 좋은 책이란 어떤 책일까? 이 질문에 대한 답은 사람마다 다를 수 있지만, 공통으로 포함되는 사항은 저자의 이야기가 진솔하게 담긴 책일 것이다. 그런데도 시류에 영합하는 주제를 선택해 그럴듯하게 포장한 뒤 마케팅으로 승부하려는 책들이 많아 안타까울 따름이다. 책은 집필한 사람의 영혼을 고스란히 보여준다. 그러므로 내가 가진 것을 남김없이 쏟아부을 각오로 써야 한다. 시장이 요구하는 것을 무시하라는 말은 아니다. 자신의 이야기와 시장의 요구 사이에 적절한 조화를 추구하되, 자기 자신을 우위에 두어야 한다는 뜻이다.

　우리가 이 책을 쓰는 첫 번째 목적은 책을 쓰고 싶도록 당신을 강렬하게 유혹하는 것이다. 우리는 정신적으로 완전히 발가벗는다는 각오로 이 책을 썼다. 책을 쓰는 동기부터 책을 쓰고 난 후 달라진 모습까지 세세하고 적나라하게 보여주고 싶었다. 아울러 우리가 느낀 감동을 전해주고 싶었다. 첫 책을 쓴 여러 저자의 생생한 목소리를 담았고, 출판사들의 의견도 가감 없이 실었다. 책 출간 과정에 대한 궁금증을 시원하게 해소할 수 있을 것이다. 또한 이 책을 쓰는 동안 매일 기록한 '출간일기' 중 일부를 부록으로 함께 실었다. 치열한 책 쓰기의 '난중일기'인 셈이다.

책을 어떻게 써야 하는가에 대해 정해진 답이 있다고는 말할 수 없지만, 분야를 막론하고 프로세스는 대개 비슷하다. 크게 보면 콘셉트를 기획하고, 원고를 쓰고, 교정하고, 인쇄하는 것이다. 세부적인 작업과 노하우에서 사람마다 달라지는데, 우리는 누구나 쉽게 따라 할 수 있는 대중적인 책 쓰기 방법론을 제시하고자 했다. 왜 책을 써야 하는지와 책을 쓸 때의 원칙, 구체적인 집필 방법을 단계별로 제시함으로써 동기부여에서부터 실천까지 일관성 있게 안내하고 싶었다. 더불어 책을 쓰는 과정에서 접할 어려움을 극복하는 데 도움이 될 클리닉 코너도 마련했다.

이 책을 쓰는 내내 우리는 한 가지 질문에 골몰했다. 바로, '왜 책을 쓰는가?'이다. 첫 책을 쓰고 나서 현재까지 이 질문은 우리를 계속해서 따라다녔다. 이 질문에 자신 있게 답하지 못한다면 책을 쓰지 못하거나 영혼이 없는 책을 쓰게 될 터이기에 더 몰두했는지도 모른다. 첫 책이 우리 자신의 문제를 해결하는 방편이었던 데 비해 이 책은 우리보다 독자를 더 의식했다. 책을 내고자 하는 사람들에게 조금이나마 도움을 주고 싶었다. 누군가 이 책을 통해 책 쓰기에 용기를 얻고 변화의 계기로 삼는다면 그보다 더 큰 보람은 없을 것이다. 아울러 자신의 소명을 찾는 기회가 된다면 기쁨은 배가 될 것이다.

책 쓰기에는 인간사의 희로애락이 녹아 있다. 이 책을 통해 부디 책 쓰기의 환희와 고뇌의 경험을 맛보길 바란다. 그러면 아마 당신도 더는 독자로만 머무를 수 없을 것이다. 우리는 감히 말한다. 이 책을 읽는 당신이 몸소 책을 쓰는 저자가 돼 달라고.

차례

제5장
기획하기_ 어떤 전략을 세울까

제6장
집필하기_ 이제 한번 써볼까

제7장
출판하기_ 어떤 출판사가 좋을까

제1장

가치 찾기

왜 책을 써야 하나

The First Book
Written by Myself

변하지 않는 진실은 누구도 꾸준하게 글을 쓰지 않고는 책을 출간할 수 없다는 것이다. 지속적으로 글을 쓰기 위해서는 왜 책을 쓰려고 하는지 그 이유를 분명히 해야 한다. 확실하고 단호한 이유가 없다면 결코 책을 쓸 수 없다.

인생이 재미있어지는
최고의 공부법

영국의 역사학자 폴 존슨Paul Johnson은 책 쓰기에 대해 "체계적이고 목표 지향적으로 많은 양의 정보를 축적해가면서 어떤 주제를 학습할 수 있는 유일한 길"이라고 말했다. 조선 시대 영·정조대의 실학자이자 문장가인 이덕무도 후학을 위해 만든 수양서인 『사소절±小節』에서 이렇게 말했다. "글이란 눈으로 보고 입으로 읽는 것보다 손으로 직접 한 번 써보는 것이 백배 낫다. 손이 움직이는 대로 반드시 마음이 따라오므로 스무 번을 읽고 외운다 해도 공들여 한 번 써보는 것만 못하다."

많은 사람이 훌륭한 학습 방법으로 독서를 들지만 어디 책 쓰기에 비하겠는가. 책을 쓰는 것은 한 주제를 체계적으로 공부하고 완전하게 소화하는 가장 좋은 방법이다. 자신의 생각과 배운 것을 글로 정리하면 훨씬 더 깊게 깨달을 수 있다. 그래서 다산 정약용은 아들이 닭을 키운다고 하자 편지를 띄워 이렇게 당부했다. "양계에도 등급이 있다. 제대로 키우려면 관련된 책을 읽어라. 면밀히 살피고 부지런히 키워라. 그리고 얻은 경험을 책으로 써라."

책 쓰기는 어떤 학습 방법이나 과정과 결합해도 상승효과를 일으킨다. 한 권의 책을 쓰기 위해서는 많은 책을 읽고 자료를 모아 분석하는 등 지난한 작업을 해야 하기 때문이다. 기발한 아이디어가 떠올랐다 해도 자신이 쓰려는 내용과 맞는지 검증해야 한다. 때에 따라서는 여러 전문가를 만나 인터뷰도 해야 한다. 요컨대 거의 매일 읽고 생각하고 써야 한다. 그러려면 강한 의지와 체력, 끈기가 필요하다. 그러니 이보다 더 확실하고 효과적인 학습 방법은 없다.

책 쓰기는 최고의 자기계발 도구이며 평범함에서 비범함으로 도약하는 발판이다. 사실상 글쓰기 능력은 그리 중요치 않다. 책은 손이 아니라 발로 쓰는 것이기 때문이다. 책을 쓰는 것은 너무 거창한 일이라고 생각하는 사람이 많지만, 목표를 단단히 세우고 매일 조금씩 읽고 쓴다면 누구나 쓸 수 있다. 그러니 처음부터 겁먹을 필요는 없다. 나와는 전혀 상관없는 일이라고 제쳐두어서도 안 된다. 목표를 높게 잡아야 실패하더라도 얻는 게 있다. '시간이 나면 해야지' 하는 안이한 태도로는 자기계발의 성과를 얻을 수 없다.

자신의 브랜드 가치를 높이자

누구나 한 분야의 전문가가 되고 싶어 하지만 현실은 그렇게 녹록지 않다. 경영의 구루 피터 드러커^{Peter F. Drucker}는 전문가에 관해 이렇게 말한다.

> "전문가로서 그리고 개인으로서 자신의 성장을 위해서 가장 먼저 생각해야 할 것은 우수성(excellence)을 발휘하려고 노력하는 일이다. 우수한 능력을 갖추는 것은 스스로 만족감과 성취감을 느낄 수 있게 해준다."
>
> – 피터 드러커, 이재규 옮김, 『프로페셔널의 조건』, 청림출판, 2001년, 341쪽.

드러커가 말하는 개인의 우수성을 객관적으로 입증하려면 두 가지가 필요하다.

첫째, 탁월한 성취의 경험이 있어야 한다. 같은 일을 오래 한다고 해서 전문가가 되는 것은 아니다. 남들과 비교할 수 없는 괄목할 만한 성취가 있어야 전문가라는 소리를 듣는다. 전문가가 되기 위해서는 목표 수준을 높여야 한다. 자신이 추진하는 일에 모든 에너지를 쏟아붓고 완벽을 추구해야 그 수준에 도달할 수 있다.

둘째, 학습 능력이 있어야 한다. 늘 새로운 것을 배우고 기존의 지식을 현장에서 활용해야 전문성을 유지할 수 있다. 날마다 새로워지지 않으면 도태되기 쉽다. 그런 의미에서 전문가는 '초심자의 마음가짐'을 가져야 한다.

그렇다면 어떤 사람이 사회에서 인정하는 전문가일까? 흔히 전문가라고 하면 학위나 경쟁력 있는 자격증을 소지한 사람을 떠올린다. 실제로 기업이나 사회에서는 그런 요구를 한다. 그러나 학위나 자격증은 전문가임을 증명하는 수단에 불과할 뿐, 전문성은 그것으로 획득되고 유지되는 것이 아니다. 시간이 지나면 장롱 속 운전면허증처럼 효력을 잃거나 값만 비싸게 치른 액세서리가 되기 쉽다. 한때 기업에서 승진의 필수 조건으로 MBA 학위를 요구했지만 요새는 어떤가. 보유자가 너무 많아 차별화 요소라고 할 수도 없지 않은가.

책은 자신의 전문성을 객관적으로 입증해 보일 수 있는 최고의 수단이다. 자기만의 노하우나 전문성을 담은 책을 쓰면 자신의 브랜드 가치를 높일 수 있다. 책을 씀으로써 세상에 나를 알리고 다른 사람의 머리와 가슴속에 내 이름을 각인시킬 수 있다.

그렇다 해도 과연 책 한 권을 쓴다고 정말 전문가가 될 수 있을까? 책 쓰기와 전문가의 핵심 역량은 어떤 상관관계가 있을까?

- 성과 달성: 전문가는 한 분야에서 탁월한 성과를 달성하는 능력을 갖추고 있다. 책을 쓰면 인생에서 커다란 업적을 쌓게 된다.
- 학습: 전문가는 끊임없이 공부하며 자기계발을 한다. 많이 알기 때문에 책을 쓰지만 책을 쓰면서 많이 배우기도 한다.
- 문제 해결: 전문가는 문제의식을 갖고 해결책을 제시하는 능력을 갖추고 있다. 책을 쓰면서 다양한 책을 읽게 되므로 자연히 문제 해결력이 커진다.
- 커뮤니케이션: 전문가는 알고 있는 지식을 다른 사람에게 효과적으로 전달한다. 책을 쓰면 핵심을 요약하고 전달하는 능력이 향상된다.
- 브랜딩: 전문가는 자기 분야를 대표하는 강력한 퍼스널 브랜드를 갖고 있다. 책 쓰기를 통해 독자에게 감동을 선사한다면 자신만의 브랜드를 구축할 수 있다.
- 비전 수립: 전문가는 확고한 비전과 소명의식을 갖고 있다. 책을 쓰면 자신의 비전과 소명을 발견할 수 있다.

지식의 소비자에서 지식의 생산자로

2016년 1월 다보스 포럼에서 처음 제기되어 요즘 한창 주목받고 있는 '4차 산업혁명'은 네트워크, 빅데이터, 인공지능, 클라우드, 사물인터넷 등 과학기술의 진보를 바탕으로 가상 공간과 실제 공간을 결합하는 새로운 플랫폼을 출현시키고 있다. 이 플랫폼은 생산과 소비의 모습에 큰 변화를 일으키고 있다. 특히 소비자가 중심이 되는 맞춤형 생산이 늘어나고, 소비자가 플랫폼을 매개로 생산 활동에 능동적으로 참여하는 프로슈머prosumer의 시대가 열리고 있다.

스마트폰이 보편화되고 개인들이 블로그, SNS 등 다양한 소셜 플랫폼을 활발히 이용하면서 콘텐츠가 이제 더는 특정 계층의 전유물이 아니게 됐다. 누구나 콘텐츠를 생산하고 공유함으로써 영향력을 행사할 수 있는 시대가 된 것이다. 매일 수많은 UCC User Created Contents(사용자 제작 콘텐츠) 동영상이 등장하고, 블로그와 SNS에 글이 끊임없이 올라오고 있다. 재미와 공유에 기초한 이런 인터넷 활동은 이제 하나의 패러다임이 됐고, 대한민국의 핵심 문화로 자리 잡았다.

시대가 변함에 따라 전문가의 패러다임도 진화하고 있다. 과거에는 개인 위주의 배타적 권위를 획득함으로써 전문성을 인정받았다면, 오늘날에는 능동적인 소통과 공유를 통해 전문가로 진입할 수 있다. 현재는 롱테일 법칙Long Tail Theory이 지배하는 시대로, 누구나 전문가로 발돋움할 수 있는 통로가 열려 있다. 즉, '머리' 부분을 이루는 지배적인 소수보다 '긴 꼬리' 부분을 차지하는 이름 없는 다수가 만들어내는 경제 효과가 더 크다는 얘기다.

예전에는 책이 귀했고 특정 계층에서 독점했기에 책을 쓸 수 있는 사람이 많지 않았다. 그러나 이제는 기술이 발달하고 매체가 다양해져서 누구나 글을 쓰고 책을 출간할 수 있다. 특히 블로그와 온라인 카페, SNS 등 인터넷상의 개인 공간에서 다양한 글쓰기를 하면서 그 축적물을 책으로 엮고자 하는 사람이 크게 늘었다. 전업 작가가 아닌 일반인이 일상에서 보고 느끼고 생각한 것과 수집한 정보를 담아낸 책들이 점점 늘어나고 있다.

20세기에는 학위나 자격증으로 전문성을 인정받았지만, 21세기에는 책을 썼느냐 아니냐가 하나의 기준이 될 것이다. 따라서 전문가가 되려면 자신의 책을 써야 한다.

일하면서 글을 쓰는 사람들

평생직장의 개념이 사라지고 평생직업의 시대로 진입하면서 공부하는 직장인이 늘어나고 있다. 현대 사회는 어제의 진리가 오늘은 모순이 될 정도로 지식의 부침이 심하다. 대략 3년에 한 번꼴로 자신이 가진 지식의 3분의 1을 새로운 지식으로 대체하지 않으면 시대에 뒤처지게 된다. 풍부한 지적 소양을 갖추기 위해서는 자기 분야 이외의 새로운 분야에 대한 학습도 필요하다. 평생 학습이 전문가의 핵심 조건인 이유가 여기에 있다. 미국의 철학자 에릭 호퍼^{Eric Hoffer}는 "급변하는 시대에 끊임없이 학습하는 사람은 미래를 물려받지만, 그렇지 않은 사람은 과거 속에서 살 수밖에 없다"라며 평생 학습의 중요성을 강조했다.

일본에서는 한 분야에서 10년 넘게 일한 직장인들이 책을 출간하는 문화가 어느 정도 자리 잡았다. 우리나라에서는 거의 열풍이라 할 정도로 직장인의 책 쓰기가 더 뚜렷하게 나타나고 있다. 일하면서 글을 쓰는, 이른바 '샐러라이터^salawriter'들이다. 1990년대 후반에 본격적으로 등장한, 일하면서 공부하는 직장인을 지칭하는 신조어가 '샐러던트^saladent'라면 전문직에 종사하면서 자기 일과 직간접적으로 연관된 대중적인 실용서나 자기계발서 등을 쓰는 사람들을 '샐러라이터'라고 한다. 이들은 대체로 원론적인 지식보다는 독자의 욕구를 면밀히 파악하여 당장 활용할 수 있는 효율적인 방법론을 제안한다. 현장에서 일하는 사람이 쓴 책에는 지식과 기술이 살아 있다. 단순히 글을 잘 쓰고 못 쓰고는 전혀 문제가 되지 않는다. 일하며 경험하고 공부하며 깨달은 지식은 독자에게 믿음과 긍정적인 자극을 준다.

지금 맡고 있는 일을 세밀하게 관찰하고 특화해라. 먼저 자기 주변을 둘러보고 중요한 이야깃거리를 찾아라. 그동안 일하면서 얻은 노하우도 차근차근 정리해보라. 10년 넘게 한 우물을 판 프로라면 후배들을 위해 책 한 권쯤은 분명 남길 수 있다.

그들은 어떻게
전문가가 됐을까

호랑이는 죽어서 가죽을 남기고 사람은 죽어서 이름을 남긴다고
했다. 이름은 그 사람의 '정체성'을 뜻하며, 특히 시장에서 통용
되는 이름을 '브랜드'라고 한다. 브랜드는 나와 관계를 맺은 사람
이 나에 대해 갖게 되는 인식이나 감정을 의미한다. 누군가의 이
름을 들었을 때 연상되는 것, 바로 그것이 그 사람의 브랜드다.

　개인의 브랜드 가치를 높이는 가장 강력한 방법은 해당 분야
의 전문가가 되는 것이다. 그러자면 먼저 자신의 재능을 활용하
여 차별적인 전문성을 키워야 한다. 그런 다음 자신과 관계하는
사람에게 제공하는 가치를 자기만의 상징화된 언어로 표현할
줄 알아야 한다. 나이키의 슬로건 '저스트 두 잇Just Do It'처럼 한

번 들으면 머릿속에 각인되는 간단하고 분명한 표현이어야 한다. 또한 구본형 변화경영연구소의 모토 '우리는 어제보다 아름다워지려는 사람을 돕습니다!'처럼 자신이 서비스하는 가치를 독특하게 드러내는 슬로건이 필요하다.

최근 책이라는 매체가 개인의 브랜드를 구축하는 효과적인 수단으로 대두되고 있다. 책을 통해 강력한 개인 브랜드를 구축하는 사례가 빈번해졌다. 이런 변화에는 저명한 학자나 전업 작가가 아닌 사람들이 적잖이 동참하고 있다. 그중에는 한때 평범한 직장인이었다가 책을 통해 한 분야의 전문가로 거듭난 사람들도 있다. 대기업 경영혁신팀장에서 변화경영전문가로 변신한 구본형, 서른넷에 다니던 직장을 그만두고 6년간 세계의 오지를 홀로 여행한 한비야, 그리고 길 위의 철학자 에릭 호퍼가 바로 그들이다. 이들은 어떻게 책을 통해 자기만의 브랜드를 구축했을까?

대기업 팀장에서 변화경영전문가로, 구본형

10년 전만 해도 인터넷 서점들이 경영과 자기계발 분야에서 저자 개인의 이름을 내건 코너를 따로 마련해준 국내 저자는 다섯 손가락으로 다 꼽을 만큼 드물었다. 그중 한 사람이 지금은 작고한 구본형이다. 살아생전에 그를 잘 모르는 사람들은 그에게

'박사'라는 호칭을 붙이곤 했지만 그는 박사도 아니고 외국에서 공부한 적도 없다. 그저 20년을 한 직장에서 보냈고, 그 가운데 16년을 한 부서에서 일한 다소 평범한 경력을 가지고 있었을 뿐이다.

구본형은 40대에 접어들면서 인생의 고비를 맞았다. 그때까지 그는 독서와 산행을 즐기고 IBM이라는 세계적인 기업의 일원으로 잘 포장된 삶을 살고 있었다. 그런 그에게 어느 날 삶에 대한 회의가 찾아들었다. '나는 누구인가? 지금까지 나는 무엇을 해놓았는가? 앞으로 나는 어떤 삶을 살아야 하는가?' 그는 불확실한 미래를 극복하기 위해 치밀하게 자신을 성찰하고 경영혁신이라는 자신의 일에서 최고가 되기 위해 애썼다. 그리고 그 과정에서 배운 것을 세상 사람들과 나누기 위해 매일 새벽에 일어나 책을 썼다. 그 책이 바로 1998년 출간한 『익숙한 것과의 결별』이다. 이후 2년에 세 권꼴로 책을 낸 그는 '변화경영전문가'라는 새로운 직업인으로 사람들의 머릿속에 각인되었다.

2000년, 구본형은 마흔여섯의 나이로 직장생활에 마침표를 찍었다. 그리고 '구본형 변화경영연구소'를 세우고 1인 기업가로서 새로운 인생을 시작했다. 이후 꾸준히 책을 낸 결과, 사람들이 변화와 혁신이라는 키워드를 생각할 때 가장 먼저 떠올리는 사람이 되었다. '변화경영전문가 구본형'이라는 브랜드는 이렇게 탄생했다.

오지여행가에서 사회적 롤모델로, 한비야

이름 석 자만으로 이 시대의 상징이 된 여성이 있다. 한비야. 오지여행가에서 출발해 국제구호 전문가 겸 교육자로 활동 중인 한비야는 대학을 졸업하고 미국의 유타대학교에서 국제홍보학으로 석사 학위를 받았다. 이후 국제홍보회사에 들어가 성공의 사다리를 오르며 고속으로 승진했다. 그러던 어느 날, 그녀는 회사에 사표를 던지고 세계 여행길에 올랐다. 그녀는 왜 그런 무모한(?) 결정을 했을까? 어릴 적에 쥘 베른^{Jules Verne}의 『80일간의 세계일주』를 읽고 아버지와 약속했던 세계일주의 꿈을 실현하기 위해서였다. 그녀는 한 인터뷰에서 이렇게 말했다.

> "용기가 없었으면 못 했지요. 용기라는 것이 어디서 나오겠어요? 어떤 일에 용기가 난다는 건 그 일을 하고 싶어 하는 마음에 비례하는 것 같아요. 직장? 그거 다 버릴 수 있는 거죠. 이 일을 하다 죽어도 좋다 싶은데 직장이 뭐 대수겠어요. (……) 회사는 좋은 곳이었지만, 그냥 여러 직장 중에 하나일 뿐이잖아요."
>
> — 월간지 《북새통 Booksetong》과의 인터뷰, 2003년 12월.

1996년 그녀는 홀로 6년간 세계를 여행하면서 겪은 일을 『바람의 딸 걸어서 지구 세 바퀴 반』이라는 책으로 출간했다. 이 여행기를 통해 그녀의 인생은 완전히 바뀌었다. 베스트셀러 작가가 된 것은 물론이고 꿈에 그리던 국제 NGO 월드비전의 긴급 구호팀장으로 일하게 되었다. 그리고 2005년 수년간 세계 곳곳의 재난 현장을 누빈 경험을 담은 『지도 밖으로 행군하라』를 펴냈는데, 이 책은 국제구호 이야기를 담은 책으로는 이례적으로 100만 부가 넘게 팔렸다. 이후에도 그녀가 쓴 책들은 대부분 베스트셀러나 스테디셀러가 되었다.

샐러리맨에서 베스트셀러 작가, 국제구호 전문가로 변신한 한 비야는 늘 이렇게 다짐한다. "내일로 미루지 않고 오늘 당장 시작한다. 그것뿐이다. 중요한 것은 일의 결과보다는 과정이고, 무엇보다 오늘, 내가 행복해야 한다는 것이다." 그녀는 자신이 하고 싶은 여행과 책 쓰기를 실행에 옮겼고, 이를 통해 자신만의 브랜드를 만들었다.

길 위의 철학자, 에릭 호퍼

20세기를 대표하는 철학자 에릭 호퍼는 미국 뉴욕에서 독일계 이주민의 아들로 태어났다. 일곱 살 때 사고로 어머니를 잃고 시력 또한 상실했다. 8년간의 실명 상태에서 기적적으로 시력을 회복한 후에는 언제 시력을 다시 잃을지 모른다는 불안감에 시달리며 독서에 매달렸다. 열여덟 살에 아버지마저 여의고 로스

앤젤레스로 건너가 레스토랑 웨이터, 사금 채취, 오렌지 수확, 부두 노동자로 생활했다. 그러면서도 독서와 사색에 몰두했다. 그는 정규 교육을 받은 적이 한 번도 없었지만 끊임없이 배우고 익혔다. 이 떠돌이 사상가의 유일한 학교는 책이었다. 길은 그를 떠돌게 했고, 책은 그를 철학자로 만들었다.

샌프란시스코에서 부두 노동자로 일하던 1951년 마흔아홉 살의 호퍼는 자신의 첫 책 『맹신자들』을 발표했다. 이 책은 미국 사회에 커다란 반향을 일으켰다. 1967년 CBS TV와의 인터뷰 프로그램이 방영되면서 미국 전역에서 호퍼 붐이 일었고, 이후 세계적으로도 명성을 얻게 되었다. 그는 자신만의 독자적인 사상체계에 근거한 인상적인 글과 열 권의 저서를 남겼다. 1982년 그는 생애 마지막으로 자서전을 출간하고, 이듬해 여든한 살의 나이로 세상을 떠났다.

8년간의 실명 상태, 어머니와 아버지의 죽음, 방랑, 자살 미수 등 그가 걸어온 삶의 궤적은 그야말로 파란만장했다. 실명의 경험이 그를 지독한 비관주의자로 내몰았지만 그는 자기 연민에 빠지지 않았다. 단순한 떠돌이 노동자로 살 수도 있었지만 언제나 책을 손에서 놓지 않았던 독서열과 저술에 대한 집념, 아울러 떠돌아다니면서 만난 동시대 사람들의 삶에 대한 풍부한 경험이 그를 독특한 사회철학자로 성장시켰다. 사람들은 그를 '길 위의 철학자'로 불렀다.

당신은 어떤 사람으로 기억되고 싶은가

평범한 사람이 책을 써서 자신만의 고유 브랜드를 만든 사례는 그 외에도 많다. 『주홍글씨』의 저자인 나다니엘 호손은 보스턴 세관에서 일했다. 미국을 대표하는 작가로 노벨문학상을 받은 윌리엄 포크너William Faulkener는 『내가 죽어 누워 있을 때』라는 작품을 하루 12시간 막노동을 하면서 짬을 내서 썼다. 국내에도 『시골의사의 부자경제학』과 『시골의사의 아름다운 동행』을 써서 베스트셀러 작가가 된 외과 의사 박경철의 사례가 있다. 이들은 특정 영역에서 확고한 존재감을 구축했다. 누군가의 말처럼 이런 사람들이야말로 그 이름에 'the'를 붙일 수 있는 고유한 존재들이다.

인생의 절반은 일이 차지한다. 자신의 일과 일하는 방식을 계발하지 못하는 사람은 결국 다른 사람이 시키는 일을 하게 되고, 일보다는 돈에 전전긍긍하게 된다. 강점을 발휘하여 자신의 방식으로 일하고 명예를 얻을 수 있다면 인생의 절반은 성공한 셈이다. 이들이 바로 고유한 브랜드를 가진 사람들이다.

살면서 자기 자신에게 계속 던져야 하는 질문은 '나는 어떤 사람으로 기억되길 원하는가?'이다. 이 질문에 자신 있게 대답할 수 있는 사람은 자신의 브랜드를 성공적으로 만들었거나 만들 수 있는 사람이다. 자기 분야를 대표하는 고유 브랜드가 되고 싶다면 책을 쓰는 데 도전해보라. 책은 당신이 하나의 브랜드가 되는 데 튼튼한 디딤돌이 되어줄 것이다.

오래된 상처를
치유하라

책 쓰기는 자신의 묵은 고민과 어려움을 푸는 문제 해결 과정이다. 자신의 문제도 제대로 해결하지 못하면서 다른 사람을 설득하기는 쉽지 않다. 내 입안에 박힌 가시를 먼저 빼내야 한다. 그런 점에서 첫 책은 자신의 문제를 해결하고 자신을 구원하는 방편으로 삼는 것이 좋다.

책을 쓴다는 것은 문제를 체계적으로 연구하고 해결해나가는 고도의 지적 작업이다. 그래서 미국의 발명가 찰스 케터링Charles Franklin Kettering은 "어떤 문제를 글로 잘 표현하기만 해도 절반은 해결된 것이나 마찬가지"라고 말했다. 우리 경험에 의하면 책을 쓰는 행위 자체보다는 문제를 선명하게 정의하고 자료를 찾고 생각을 숙성시키는 과정이 훨씬 더 어렵다. 저자가 책 쓰기라는 탐구 과정을 통해 문제 해결의 실마리를 얻은 책은 독자에게 열정을 불어넣고 감동을 준다.

나는 IT 업계에서 20년 넘게 일해왔다(오병곤). 첫발을 내디딜 당시 IT 산업은 매우 유망한 분야였다. IT회사에서 근무한다는 것은 고소득과 창창한 미래라는 두 마리 토끼를 잡을 기회가 내 손안에 있다는 뜻이었다. 그러나 막상 입사하고 보니 일이 무척 힘들었다. 매일같이 야근이었고 휴일까지 고스란히 반납해야 했다. 하루도 쉬지 못하고 1년 내내 출근해야 할 만큼 일이 끊이질 않았다. 여기에 2년 동안 지방 근무를 하고 나니 몸이 만신창이가 되었고 정신조차 피폐해졌다.

겉보기와 달리 소프트웨어를 개발하는 일은 막노동이나 다름없었다. 일하는 사람이 하나의 부품처럼 취급되었다. 이런 열악한 현실을 알면서도 변화를 꾀하지 않는 나약함과 나태함이 나를 더욱 견딜 수 없게 했다. 탈출구가 보이지 않았다. 도대체 언제까지 이 일을 계속해야 하나? 왜 이렇게 무미건조하게 기계처럼 일하는 걸까? 과연 이 분야에서 꿈을 이룰 수 있을까?

이런 물음들은 나의 고단한 현실을 구원하는 문제와 직결되었다. 나는 이 물음에 답을 찾아보고 싶은 오기가 생겼다. 그래서 내가 걸어온 길을 새로운 시각으로 바라보면서 대안을 모색했다. 그 대안이 바로 책을 쓰는 것이었다.

첫 책인 『대한민국 개발자 희망보고서』를 써가면서 고민이 깊어졌다. 사회구조적인 문제는 단숨에 해결하기 어려우므로 나는 개인의 변화부터 선행되어야 한다고 생각했다. 그래서 책의 주제를 IT 업계에서 어떻게 전문가로 성장할 수 있을 것인가에 대한 로드맵으로 잡았다. '생존-정진-도약-비전'의 4단계를 제시하고 단계별로 꼭 알아야 할 원칙과 노하우를 정리했다. 기술 연마보다 더 중요한 일은 사람 중심의 가치관을 회복하고 일상에서 물음을 던지면서 살아가는 것이라고 강조했다. 나는 중국 작가 루쉰魯迅의 말에서 이 물음들에 대한 답을 찾았다.

"희망이란, 본래 있다고도 할 수 없고, 없다고도 할 수 없다. 그것은 땅 위의 길과 같다. 본래 땅 위에는 길이 없었다. 걸어가는 사람이 많아지면 그것이 곧 길이 되는 것이다."

– 루쉰, 이욱연 편역, 「희망은 길이다」, 예문, 2003년, 22쪽.

꿈꾸는 인생을 위해 직장에서는 무엇을 준비해야 하는가? 2014년에 출간한 『회사를 떠나기 3년 전』을 준비하면서 내가 던진 질문이다(오병곤). 나는 직장생활을 하면서 어떻게 스스로 미래를 개척해나갈 수 있는지, 그에 대한 로드맵과 구체적인 조언을 충실히 담아낸 책을 내고 싶었다. 평생직업을 창조할 수 있는 '3개년 로드맵'을 비롯해 생애 설계, 경력 계발, 마음 경영, 비즈니스 모델 탐색 등의 관점에서 체계적으로 준비할 수 있도록 실제적인 도움을 제공하면서 창업에 관한 실무 지식과 꼭 필요한 팁들도 책에 제시했다. 그리고 자기 혁명을 위한 준비 사항을 다음 열 가지 강령으로 정리했다.

1. 주도성을 회복하라: 기업가 정신으로 내 인생은 내가 개척한다는 뜻을 품어라.

2. 잃어버린 절실함과 꿈을 찾아라: 희미해진 절실함과 꿈을 찾아야 내면의 변화를 이룰 수 있다.

3. 나만의 철학을 세워라: 철학이 나약하면 오래갈 수 없다. 가치의 우선순위를 다시 정립하라.

4. 기억에 남을 성과를 이루어라: 일은 성과다. 기억할 만한 성취를 만들어라.

5. 필살기를 계발하라: 자신의 재능을 찾고 그에 부합하는 중요한 일을 필사적으로 계발하라.

6. 평생 함께할 파트너를 만들어라: 어떤 사람을 남겼느냐에 따라 인생이 달라진다.

7. 자신만의 차별화 전략을 세워라: 남들이 가는 길에는 내 길이 없다. 차별화만이 새로운 기회다.

8. 자기 혁명 로드맵을 수립하라: 자기 혁명은 전략이다. 3개년 자기 혁명 로드맵을 세워라.

9. 감정을 경영하라: 불안, 분노, 우울, 수치심 등 감정의 의미를 재해석하는 연습을 하라.

10. 터닝포인트를 만들어라: 새로운 인생으로 나아가려는 분기점에 나만의 상징의식을 만들어라, 절대 과거로 돌아가지 마라. 매일 나에게 투자하는 습관을 들여라.

물론 여기서 제시한 열 가지 강령이 확실한 해결책이 되리라고는 생각지 않는다. 책에 대한 오해 가운데 하나가 문제에 대한 해결책이 모두 책 속에 있다고 생각하는 것인데, 실상은 그렇지 않다. 오히려 책을 읽을수록 궁금증이 늘어난다. 스스로 물음을 던짐으로써 답을 찾아나가는 과정이 중요하다. 그 과정을 거치다 보면 막다른 골목에 선 듯한 기분이 들 때도 있다. 그렇지만 그때의 답답함은 막막함과는 다르다. 답을 찾기 위해 내면에서 부르짖는 상태라고 할 수 있다.

소설가 공지영은 『우리들의 행복한 시간』을 쓰기 위해 구치소를 방문했다가 사형수들이 남긴 자서전 다섯 권을 우연히 발견했다고 한다. 1997년에 쓰인 것으로, 당시만 해도 사형 집행이 심심찮게 이뤄졌다. 사형선고를 받고 시한부 인생을 살아가는 그들에게는 미래가 없었다. 그런 사형수들에게 한 수녀님이 각자의 삶을 기록해보라고 제안했다. 사형수들은 처음에는 당장 내일 일을 장담할 수 없는데 과거 따위를 기록해서 뭐하냐며 시큰둥한 반응을 보였다. 하지만 얼마 안 있어 조금씩 기록하기 시작했고 그들의 삶이 점차 변해갔다. 그 기록이 소설『우리들의 행복한 시간』의 소재가 되었다.

공지영은 이 책을 쓰고 나서 작가의 말에 이렇게 썼다.

"진정으로 참회하고 새로 태어난 사람들, 삶과 상처를 딛고 차마, 아무도 하지 못하는 용서를 하려는 사람들, (……) 그분들과 함께 나는 감히 '우리들의 행복한 시간'을 보냈다. (……) 인간에게는 누구나 공통된 것이 하나 있는데 그것은 누구나 사랑받고 싶어 하고 인정받고 싶어 하며 실은 다정한 사람과 사랑을 나누고 싶어 한다는 것, 그 이외의 것은 모두가 분노로 뒤틀린 소음에 불과하다는 것, 그게 진짜라는 것……"

– 공지영, 「우리들의 행복한 시간」, 푸른숲, 2005년, 313~315쪽.

누구나 이제까지 살아온 인생을 반추해보면 기쁨과 슬픔이 교차한다. 그 순간에 영원히 머물고 싶은 행복도 있고, 다시는 돌아보고 싶지 않은 아픔도 있다. 만약 잊지 못할 고통의 시간을 보내면서 아직도 어둠 속에 갇혀 있다면 자신의 인생사를 써보길 권한다. 울고 웃고 아파하며 남김없이 글로 쏟아내 봐라. 이는 단순히 버리는 행위가 아니라 창조적 배설 작업이다. 자신을 내다 버리는 것이 아니라 자신을 진정으로 보살피는 일이다. 상처를 치유하려면 그것을 내 것으로 인식해야 한다. 글을 통해 자신의 상처를 어루만지면 새살이 돋는 법이다.

문제나 상처는 누구에게나 있다. 그러나 문제를 풀고 상처를 보듬고자 하는 사람은 많지 않다. 변화를 싫어할뿐더러 원인을 바깥에서 찾으려 하기 때문이다. 변화하기 위해서는 먼저 자신이 갖고 있는 문제와 상처를 정면으로 응시해야 한다. 중요한 문제일수록 더욱 그렇다.

하늘은 스스로 돕는 자를 돕는다고 했다. 문제 해결과 상처 치유의 열쇠는 자기 안에 있다. 열쇠를 찾는 일은 곧 기회를 잡는 일이다. 책 쓰기는 매혹적인 기회이며 중요한 열쇠다. 기회와 열쇠를 내 것으로 만들기 위해서는 지속적으로 질문을 던지고 적극적으로 답을 찾아나가야 한다. 1년 정도를 잡고 자신이 당면한 어려움과 씨름한다는 각오로 책을 써보자. 여기에는 무엇보다 내면의 문제와 한판 승부를 벌인다는 마음가짐이 필요하다. 보상이나 승리를 쉽게 얻으리라고 말할 순 없지만 그 과정과 경험의 깊이만큼 성장하리라는 점은 분명하다.

누군가에게
위로와 힘이 되다

사람이 책을 만들고 책이 사람을 만든다. 나를 새롭게 만든 책을 꼽아보면 열 권 남짓 된다(오병곤). 『어린 왕자』, 『감옥으로부터의 사색』, 『연금술사』, 『익숙한 것과의 결별』 등이 대표적이다. 예기치 않게 좋은 책을 만나면 얼마나 고마운지 모른다. 특히 시련에 부딪히거나 헤쳐나갈 길이 보이지 않는 문제에 직면했을 때, 힘을 북돋워 주고 위로가 되어주는 책은 사막 한가운데에서 만난 오아시스와 같다.

10년 전 이 글을 처음 쓸 때 나에게 큰 위로가 되어준 책은 정호승 시인의 산문집 『내 인생에 힘이 되어준 한마디』다. 한동안 나는 힘들다는 말조차 하기 어려울 정도로 힘들었다. 얽히고설

킨 실타래처럼 어디서부터 문제를 풀어야 할지 알 수가 없었다. 마흔이라는 성장통을 앓으면서 되는 일이 하나도 없던 그때, 책 속의 한 구절이 눈에 들어왔다. "이제는 실타래가 풀리는 일만 남았다. 그러니 너무 힘들어하지 마라." 이 글을 읽고 나는 자신에게 이렇게 속삭였다. "그래, 엉킬 대로 엉켰으니 이제 한 가닥씩 풀어나가면 된다. 술술 풀려나갈 테니 너무 걱정하지 말자."

누구나 한 번쯤은 글을 쓰고 싶다는 마음을 품은 적이 있을 것이다. 특별히 책을 내겠다는 것보다는 그냥 몇 자 끼적이고 싶은 그런 마음 말이다. 또 이런 상상을 해본 적도 있을 것이다. 내가 쓴 글이 다른 사람에게 위로가 되고 즐거움을 줄 수 있다면? 상상만으로도 미소가 지어질 것이다.

사람들은 왜 글을 쓰고 싶어 할까? 누구나 표현의 욕구를 갖고 있기 때문이 아닐까? 꼭 글이 아니더라도 음악이나 미술 작품을 감상하면서 '나도 이런 걸 해보고 싶다' 같은 충동을 느낄 때가 있지 않은가.

글을 쓰는 사람은 자기만의 세계에서 혼자 논다는 편견이 있다. 이 책을 쓰는 우리 역시 그렇게 생각한 적이 있다. 그러나 글 쓰는 사람들에게 "글을 왜 씁니까?"라고 물어보면 의외의 답변이 나온다. "나를 쏟아내고 싶어요", "나를 알리고 싶어요"라고 말이다. 쓴다는 것은 자신을 남들 앞에 노출하여 자기 존재를 확인하는 행위다. 글쓰기는 홀로 하는 고독한 작업인 동시에 대중을 향해 끊임없이 소통의 신호를 보내는 일이다.

2008년 세상을 떠난 소설가 이청준은 이런 마음으로 글을 쓴 다고 했다. "내 글이 상처받은 사람의 마음을 쓰다듬었는가? 누 구의 빈 가슴을 채워주었는가? 이웃들과 따뜻한 눈빛을 나누었 는가?" 소설가 황석영은 포털사이트 네이버에 2008년 2월부 터 6개월 동안 연재한 인터넷 소설『개밥바라기별』을 책으로 펴 냈다. 이 소설이 연재되는 동안 그의 블로그는 방문자 수 180만 명을 기록하며 뜨거운 호응을 얻었다. 한국 문학을 대표하는 그 가 인터넷 공간에서 네티즌과 소통하고 부대끼며 놀았다는 것 자체가 화제가 되었다. 인터넷 매체는 가벼워서 문학이 들어설 수 없다는 오랜 편견을 깬 사건이었다. 그는 연재를 마치며 다음 과 같이 소회를 털어놨다.

"'광장'은 '방'이 없다면 그 개념이 성립되지 못합니다. 방은 내밀한 곳이며 개인적인 일상의 공간입니다. 그가 소통하기 위하여 나오는 곳이 광장이지요. 광장이 없다면 방은 자폐되 고 말겠지요. 그야말로 모닥불과 장작의 인과관계와 같습니다. 묘하게도 이 툭 터진 광장에 모여든 방들은 저마다 내밀한 자 신의 언어를 간직하고 있습니다. 그리하여 소통이 시작됩니다. (……) 소통이 진행되는 동안 이해의 따뜻한 공감대가 형성됩 니다. (……)

저는 이번 작품을 쓰는 도중에 얼굴도 이름도 모르는 무수한 광장의 벗들과 글 쓰고 대화하면서 '동시대의 글쓰기'에 대하여 오랜만에 신명을 느꼈습니다. 글 쓰고 덧글 다는 '폐인'이 된 거예요. 나는 청소년들과 시민들이 책 읽고—소통의 내용을 채우기 위해서는 알아야 하니까—공부하며 다른 이들과 생각을 나누고 하는 과정이야말로 책을 쓰는 이에게 얼마나 많은 상상력과 충고가 되는지 경험했지요. 서로 주고받는 것입니다. 글쓰기란 최종적으로 세상과 대화하기 위한 행위니까요."

– 네이버 블로그, '황석영의 개밥바라기별', 「연재를 마치면서…」 중에서
(https://blog.naver.com/hkilsan/130033577840)

커뮤니케이션의 핵심은 상대의 말을 경청하고 자신의 의도를 효과적으로 전달해 상대의 마음을 움직이는 것이다. 프랑스 작가 미셸 투르니에 Michel Tournier는 "한 권의 책이 살아서 날 수 있게 되려면 바로 이 가벼운 새가 독자의 심장에 내려앉아 그의 피와 영혼을 빨아들여야 한다"라고 말한다. 책이 단순히 정보를 전달하는 기능에만 머물러서는 독자의 마음을 훔칠 수 없다. 깊이 생각하게 하고 감동하게 만들어야 글쓴이와 읽는 이가 이심전심할 수 있다. 통하는 기쁨이 없으면 책을 읽을 수 없다.

글은 말보다 강하다. 글은 무수히 많은 사람에게 자신의 생각과 마음을 전달하는 도구다. 말은 내뱉는 순간 사라지지만 글은

기록으로 오래 남는다. 내가 쓴 글이 책으로 엮여서 사람들의 책상에 놓인다고 생각하면 가슴이 따뜻해진다. 내 글이 읽는 사람에게 한 줌의 위로가 될 수 있다고, 내 책이 읽는 사람의 가슴에 메아리를 남길 수 있다고 생각하면 가슴이 뭉클해진다. 사람들에게 잊히지 않는 의미가 되는 그런 책을 써야 한다.

"얼마나 많은 사람이 한 권의 책을 읽고 자기 인생의 새로운 기원을 마련했던가!"

– 헨리 데이비드 소로우, 강승영 옮김, 『월든』, 은행나무, 2011년, 165쪽.

어제와 다른
오늘 만들기

많은 사람이 변화를 꿈꾼다. 지루하고 시시한 일상에서 벗어나 자신의 꿈을 찾아 떠나는 모험을 하고 싶어 한다. 대부분 그것은 상상으로 끝난다. 하지만 어떤 사람은 인생 최고의 반전을 이뤄 낸다. 아름다운 반전을 이뤄낸 사람 중 누군가는 책 쓰기를 통해 어제와는 전혀 다른 나를 창조해낸다. 책 쓰기에서 자신의 길을 찾고 소명을 발견한다.

폴 오스터Paul B. Auster는 '우연의 미학'이라는 독창적인 문학 세계를 구축한 미국의 소설가다. 그는 자전적 에세이집 『왜 쓰는가?』에서 어릴 적에 겪은 한 사건이 자신이 작가가 되는 데 큰 영향을 미쳤다고 말한다. 그 사건은 다음과 같다.

어린 시절 오스터는 야구를 매우 좋아했는데, 특히 뉴욕 자이언츠의 열렬한 팬이었다. 여덟 살 무렵 4월의 어느 날 그는 부모님, 그리고 부모님 친구들과 함께 난생처음 메이저리그 경기를 보러 갔다. 경기가 끝난 후 오스터는 우연히 선수들의 로커 근처에서 자신의 영웅인 윌리 메이스를 만났다. 꼬마 오스터는 용기를 내어 메이스에게 다가갔다.

"메이스 씨, 사인 좀 해주시겠어요?"

"물론이지, 꼬마야. 해주고말고. 연필 갖고 있니?"

오스터에겐 연필이 없었다. 불운하게도 부모님을 포함한 일행 중 누구도 연필을 가지고 있지 않았다. 메이스는 연필을 가진 사람이 아무도 없다는 사실을 알고는 어쩔 수 없다는 듯 말했다.

"미안하다, 꼬마야. 나도 연필이 없어서 사인을 해줄 수가 없구나."

그가 떠나자 여덟 살 오스터는 울음을 터뜨렸다. 그에게 윌리 메이스는 '누구보다도 위대하고 누구보다도 완벽하고 누구보다도 존경스러운' 야구 선수였다. 그런 메이스의 사인을 받을 절호의 기회를 놓친 것이다. 그날 이후 오스터에게는 한 가지 버릇이 생겼다. 집을 나설 때면 늘 연필을 가지고 다닌 것이다. 오스터는 다음과 같이 썼다.

"그날 밤 이후, 나는 어디에나 연필을 갖고 다니기 시작했다.

외출할 때는 반드시 주머니에 연필이 들어 있는지 확인하는 것이 습관이 되었다. 그 연필로 뭔가를 하겠다는 특별한 계획이 있었던 것은 아니지만, 늘 준비를 갖추어 놓고 싶었다. 빈손일 때 한 번 당했으니, 다시는 그런 일이 일어나지 않게 할 작정이었다.

다른 것은 몰라도 세월은 나에게 이것 한 가지만은 확실히 가르쳐 주었다. 주머니에 연필이 들어 있으면, 언젠가는 그 연필을 쓰고 싶은 유혹에 사로잡힐 가능성이 크다. 내 아이들에게 즐겨 말하듯, 나는 그렇게 해서 작가가 되었다."

– 폴 오스터, 김석희 옮김, 『왜 쓰는가』, 열린책들, 2005년, 41쪽.

이 이야기는 실패의 경험을 반면교사로 삼아 자신의 길을 찾은 사례다. 오스터는 글을 쓰면서 자신의 재능을 발견하고 소명에 관한 확신을 갖게 되었다. 알 수 없는 예감이 어느 순간 깨달음으로 바뀌면서 소명을 발견한 것이다.

때때로 소명은 밤하늘의 별처럼 다가온다. 깜깜한 밤에 별을 볼 수 있듯이 암흑 속에서 자신의 소명과 만나는 것이다. 그래서 고통을 겪으면서 또는 겪고 나서 소명을 발견하는 경우가 많다. 그런데 왜 그럴까? 왜 유독 고통과 상실감 속에서 소명을 발견하게 되는 걸까? 어쩌면 시련과 상실을 겪으면서 우리가 더 예민해지기 때문이 아닐까? 고통과 상실이 우리를 일깨우고 감각을 예리하게 단련시켜주기 때문이 아닐까?

소명은 배움을 통해 발견되는 것이 아니다. 삶의 어느 순간 전혀 기대하지 않을 때 불현듯이 다가온다. 많은 사람은 그런 순간을 대수롭지 않게 흘려보낸다. 그것에 큰 가치를 두지 않거나 미처 알아채지 못할 때도 있다. 하지만 일단 알아채면, 소명은 인생의 변곡점이 되어 우리 삶을 바꾼다.

책 쓰기는 자기 자신과의 만남이자 자신을 발견하는 열쇠다. 책을 씀으로써 우리는 삶의 전환점을 맞이할 수 있다. 자신의 꿈과 소명을 발견할 수 있다. 책을 쓰면 관심을 갖는 대상을 이전과는 다른 눈으로 바라보게 된다. 긴밀한 만남과 공명이 시작되는 것이다. 김춘수 시인의 「꽃」이라는 시에 나오는 표현처럼, 내가 그의 이름을 부르는 순간 그것은 나에게로 와서 꽃이 되는 경지라 할 수 있다.

책을 쓰면서 우리는 마음속 깊이 원하는 것이 무엇인지 알게 된다. 우리의 잠재의식이 글을 통해 구체적인 모습을 드러낸다. 대부분은 자신이 경험한 것을 글로 쓰지만, 글로 쓴 것을 나중에 경험할 수도 있다. 책을 통해 우리는 어떤 것이라도 될 수 있다. 책을 쓰면서 세계 오지를 탐방하는 여행 전문가가 되기도 하고, 맛집을 찾아다니면서 음식 평을 하는 푸드스타일리스트도 될 수 있다. 그리고 언젠가 반드시 그 길을 가겠다고 다짐할 수도 있다. 책을 쓰면서 막연히 생각했던 꿈들이 점차 분명해지는 것이다.

훌륭한 삶은 자신의 꿈과 소명을 발견하고, 그것을 성실히 따르는 것이다. 신화학자인 조지프 캠벨Joseph Campbell은 "천복bliss을 좇되 두려워하지 말라. 당신이 어디로 가는지 모르고 있어도 문은 열릴 것이다"라고 말했다. 책 쓰기는 꿈을 찾고 뚜렷하게 인식하는 가장 좋은 도구다.

그동안 꾸준히 책을 쓰면서 우리는 소명을 발견했고 그것이 점점 뚜렷해졌다. 이런 경험을 통해 한 가지를 확신하게 되었다. 어떤 계기를 통해 자신의 꿈과 소명에 눈뜨고, 그것을 향한 설렘과 흥분을 일상으로 연결하는 것보다 위대한 일은 없다는 것이다. 그리하여 어제와 다른 오늘을 만들고, 어제의 나보다 발전한 오늘의 나를 만들 수 있다. 그렇게 꿈과 소명을 따르면 내일은 신화가 되고 내일의 나는 영웅이 될 것이다.

첫 책 출간의
기쁨을 맛보라

봄이 얼마 남지 않은 2007년 2월 토요일 오후, 내 인생의 첫 책 『대한민국 개발자 희망보고서』가 배달되었다(오병곤).

"택배 왔습니다."

나는 박스를 받자마자 포장을 힘차게 죽 뜯었다. 따끈따끈한 책들이 내 시야를 가득 메웠다.

'아, 드디어 책이 나왔구나! 내 책이야.'

가슴이 벅차올랐다. 강렬한 붉은색 표지가 마음을 흔들었다. 조심스럽게 책장을 넘겼다. 맨 먼저 내 인생의 스승인 구본형 사부가 쓴 추천사가 나왔다. 나는 읽고 또 읽었다. 나를 '성실한 독종'이라고 치켜세워 주시면서 일상적 삶과 땀이 가득하기에 좋은 책이라고 칭찬을 아끼지 않은 사부는 맨 마지막에 이렇게 덧붙이셨다.

"나는 이 책의 추천사를 쓸 수 있게 되어 자랑스럽다."

이제껏 살아오면서 이런 찬사를 들어본 적이 없었다. '자랑스럽다'라는 글귀에서 나는 시선을 떼지 못했다. 눈으로 한 번 읽고 마음으로 수없이 읽었다. 이윽고 눈시울이 뜨거워지면서 눈물이 맺혔다.

마침 이날 변화경영연구소 2기 연구원의 마지막 수업이 있었다. 연구원들에게 줄 책에 일일이 사인을 한 다음 서둘러 세검정에 있는 어느 북카페로 향했다. 모임에 참석한 사람들이 환하게 반겨주었다. 책을 건네자 모두 책을 치켜세우며 환호했다. 예상 밖의 반응이었다. 연구원들은 마치 자신의 책이 출간된 것처럼 기뻐해 주었다.

한동안 우리 아이들은 친구가 집에 놀러 오면 내 책을 보여주며 자랑했다.

"우리 아빠 책이다. 예쁘지? 아빠가 회사에 다니면서 1년 동안 썼어. 나도 나중에 재미난 동화책 쓸 거야."

그때마다 아빠로서 아이들에게 큰 선물을 준 것 같아 매우 흐뭇했다. 또 부모님은 책 한 권을 낸 것이 가문의 영광인 양 기뻐하시며 따로 구입해서 친척들에게 나눠주셨다.

책을 내면 내가 해냈다는 성취감도 크지만 주변 사람들의 찬사에 더 많은 격려를 받는다. 기쁨을 나누면 배가 된다고 하지 않던가.

책이 출간되었을 때 신문사와 잡지사 몇 군데와 인터뷰를 했다. 막상 신문과 잡지에 내 이름과 사진이 실리니 기분이 묘했다. '드디어 내 이름으로 세상에 출사하는구나!' 하는 믿어지지 않는 감동과 '내가 제대로 알고 이야기한 것인가' 하는 두려움이 뒤섞여 한동안 갈피를 잡지 못했다.

책이 알려지면서 원고 청탁과 강연 요청도 들어왔다. 회사에서 사내 강사로 활동해왔기 때문에 강연에는 웬만큼 이골이 났는데도 막상 책을 내고 연단에 서니 몹시 설레고 떨렸다. 강의를 하는 동안 시간이 어떻게 지나가는지도 몰랐다. 그 자리에 참석한 사람들은 나를 선생님이라고 불러주었다. 저자로서, 그리고 전문가로서 대우받고 있음을 실감할 수 있었다.

그리고 얼마 후 놀랄 만한 일이 벌어졌다. 케이블TV에서 출연 섭외가 들어온 것이다. 내가 방송에 출연하게 되다니. '자기계발의 달인'이라는 코너였는데, 창피하고 부담스러워 망설이다가 결국 출연에 응했다. 촬영은 새벽부터 시작돼 집 근처의 초등학교 운동장에서 기수련을 하는 장면부터 찍었다. 출근 시간에 지하철에서 책을 읽고 인터뷰하는 장면을 찍을 때는 수많은 사람의 시선 때문에 얼굴이 화끈거렸다. 회사에서는 동료들과, 퇴근 후에는 연구원들과 함께 촬영했다. 그리고 텔레비전에 내 얼굴이 나왔을 때는 난생처음 경험해서인지 흥분되고 쑥스러웠다.

한번은 외근을 나갔다 돌아오는 길인데 낯선 사람이 말을 걸어왔다.

"혹시 『대한민국 개발자 희망보고서』 저자 아니십니까?"

"네……, 맞는데요. 어떻게?"

"아, 방송을 보고 알았습니다. 반갑습니다."

"아, 네……."

"저, 명함 한 장만 주세요. 나중에 연락드리고 싶어서요."

나는 고맙다고 말하며 명함을 건넸다. 방송의 위력을 실감하는 순간이었다. 그 후에도 몇 차례 길거리에서 나를 알아보는 사람을 만났다. 거래처와 면담할 때도 알아보는 사람들이 꽤 되었다. 그해 가을 회사를 옮기면서 새로 만난 동료들에게 책 한 권을 선물했을 때 그 사람들의 눈빛이란! 순간 나는 기분이 좋아서 어깨가 으쓱 올라갔다. 이 모든 것이 책 출간의 위력이다.

책이 나온 뒤 나는 인터넷 서점과 포털사이트를 들락거리며 올라온 서평을 유심히 살펴보았다. 책은 IT 분야에 한정된 내용이라 많이 팔리지는 않았지만 호평이 많았다. 기분이 매우 좋았다. 내 책이 누군가에게 힘이 되고 도움이 된다니 새삼 흐뭇했다. 그때 내 가슴을 뿌듯하게 해주었던 리뷰를 옮겨본다.

이 책은 이제까지 읽은 IT 관련 국내 도서 중에 가장 만족한 책이다. 개발자들이 가장 어려워했던 많은 부분을 건드리고 있다. 15년 이상 IT 현장에서 쌓은 저자의 경험이 이 책을 완성하고 독자들의 공감대를 형성하는 데 큰 몫을 하고 있다. 이 책에서 가장 좋았던 부분은 에필로그였다. '질문을 품고 살아가기!' 최근 너무 맹목적으로 살아가는 나 자신에게 경종을 울리는 듯했다. 마치 큰 망치로 내려치는 듯했으며 나 자신을 돌아보는 계기가 되었다. 힘든 여건에서 이같이 좋은 책을 써주신 오병곤 님께 감사드린다. 개인적으로 기회가 된다면 오프라인 상으로 꼭 뵐 수 있기를 바란다.

– 강남컴퓨터서적 박재성 님

왜 이제야 이런 책이 나왔는지 모르겠다. 열악한 IT 현장에서 고민하고 체득하며 대한민국 개발자로서 살아갈 이 땅의 많은 사람에게 들려주는 삶의 지혜와 숨결을 느낄 수 있었다. 좌절하지 않고 한 분야에 매진해온 저자의 고뇌와 철학이 오롯이 녹아 있다. 책 한 권 때문에 가슴이 뜨거워졌다. 내 인생을 돌아보게 해준 정말 고마운 책이다.

– 예스24 '팔레로' 님

첫 책은 내게 아주 중요한 도약의 발판이 되었다. 책 출간은 내 인생의 역사적 사건으로, 마치 내가 다시 태어난 듯했다. 이제까지 경험해보지 못한 또 다른 인생의 묘미를 만끽할 수 있었다. 그때까지 나는 평범한 월급쟁이에 불과했는데 첫 책이 나오는 순간 나의 존재감을 확인하게 됐다. 세상에 내가 무언가 할 말이 있었구나, 세상에 나를 표현하기 시작했구나 하는 생각이 들었다.

내가 첫 책을 쓴 이유는 두 가지였다. 하나는 내 인생의 터닝 포인트로 삼고 싶었다. 마흔을 목전에 두고 더는 이대로 살아선 안 되겠다는 위기의식이 엄습했다. 당시 나는 누구보다도 치열하게 살아왔다고 자부했지만, 앞으로의 삶을 어떻게 개척해야 할지 막막했다. 무언가 탁월하게 성취해내야 한다는 생각이 뇌리를 스쳤다. 그때 떠오른 것이 책을 내는 것이었다. 이미 업계 최고의 자격증인 '기술사'를 갖고 있었지만 책을 내는 데 비할 수는 없었다.

두 번째 이유는 10년 넘게 일한 IT 분야에서 새로운 길을 모색하고 싶었다. 밤낮없이 일할 수밖에 없는 환경에서 지쳐가는 후배들에게 희망의 메시지를 주고 싶었다. 내게 책 쓰기는 피로한 현실을 구원하기 위한 탐색의 과정이었다. 마침 국내에는 이런 책이 없었다.

책을 내고 나서 내 삶이 백팔십도 바뀐 건 아니지만 몇 가지 의미 있는 변화가 일어났다. 내 위치가 한 단계 도약했고 많은 사람과 유대 관계를 맺게 되었다. 무엇보다 값진 열매는 '꿈★은 이루어진다'는 믿음이었다. 간절히 원하고 노력하면 꿈은 반드시 이뤄진다는 것을 직접 경험하면서 다른 꿈들도 이룰 수 있다는 자신감을 얻었다.

일에 쫓기면서 자투리 시간을 이용해 자료를 모으고, 분석하고 고민하고 정리해서 마침내 책을 냈다는 사실은 내게 매우 소중한 경험이었다. 이제껏 살면서 이보다 값진 성취감을 느껴본 적은 없었다. 책은 나를 구원하고 환희를 맛보게 했다. 책아, 고맙다!

; 나는 내 책에게 충분히 위로받았다

– 김미자(그림책 꽃밭 리더, 『그림책에 흔들리다』 저자)

『그림책에 흔들리다』는 그림책에 기대어 내 삶을 몽땅 풀어낸 책이다. 이 책 덕분에 작가라는 타이틀을 선물 받았고 그림책을 좋아하는 다양한 사람을 만났다. 책을 내고 난 뒤 내 안에 그림책 이야기는 점점 더 풍성해지고 있다.

내가 젊은 엄마였을 때, 아이들에게 그림책을 읽어주면서 어쩌면 이런 이야기를 이런 그림으로 표현할 수 있을까? 놀랐다. 또 하나는 그림책을 보면서 나도 모르게 아이 대접을 받지 못하고 기죽어 살았던 어린 시절의 나를 떠올렸다. 어른이 되었어도 여전히 남아 있는 속상함, 억울함, 외로움, 아픈 기억들을 굳이 피하지 않고 식구들 잠든 밤에 글을 썼다. 내 안에 있는 억울함, 상처들이 쌓이면 언제 어느 순간 독이 되어 나올지 나도 모른다. 때로는 쌓인 독을 힘없는 아이에게 쏟아내고 난 뒤 엄마들은 얼마나 후회하고 괴로워하는가? 반복되는 에너지 소모와 자책을 순하게 겪어내는 방법 중 하나가 '글쓰기'라고 나는 확신한다. 그림책은 내가 마음을 풀어 글을 쓸 수 있게 좋은 다리가 되어주었으니 이 또한 고마울 뿐이다.

오병곤 선생님이 운영하는 '내 인생의 첫 책 쓰기' 프로그램에 나간 것은 말 그대로 내 인생에 중요한 기회 중 하나였다. 그곳에서 보통 사람이 작가가 되는 과정과 실제 결과물들을 내 두 눈으로 보았다.

그제야 나는 용기를 내어 밀고 나갔다. 작가가 아닌 보통 사람이 쓴 원고를 출판사에 보낸다 해서 아무도 뭐라 하지 않을 뿐 아니라, 관심 가지고 원고를 기다리는 출판사가 있다는 사실도 알았다. 그런 거였구나. 나는 조심조심 몇 군데 출판사에 원고를 보내놓고 기다렸다. 그러던 중 낮은산출판사에서 연락을 받았다. 내 글을 책으로 출판하겠다는 편집자의 얘기를 듣고 집 앞산으로 달려가 소리를 질렀다. 도저히 믿을 수가 없었다. 책도 책이지만 그동안 좋은 그림책을 많이 만들기로 유명한 낮은산출판사라니! 나는 '글을 쓸' 수는 있지만 '책을 낼' 수는 없는 사람이라 생각했었다. 책을 내는 사람들은 다른 부류인 줄 알았다.

아동문학을 공부하고 글쓰기를 배우면서 '마음을 푼다'는 게 무엇인지를 알고 실천하며 살아온 삶이 새삼 고마웠다. 낮은산 출판사에서 혹시 써놓은 원고가 더 있느냐고 물었다. 나는 얼른 대답했다. "당연히 있고말고요!"

세상에 책 한 권을 낸다는 것이 내게 어떤 의미일까 생각해보았다. 편집자와 함께 그동안 내가 쓴 글을 모으고 다듬으며 책이 만들어지는 전 과정을 경험한 시간은 특별했다. 편집자와 솔직하게 의견을 주고받으며 내가 취미로 그림을 그린다는 사실도 알릴 수 있었다. 완벽하진 않지만 글쓴이가 직접 그린 그림이 들어가면서 내 책은 훨씬 따뜻한 분위기가 났다.

금방 인쇄되어 나온 내 책을 만지고 펴보고 몇 번을 읽었다. 내가 어떻게 이런 글을 썼을까? 혼자 내 글에 빠져들어 눈물 찔끔 흘리기도 했다. 지금껏 그림책을 붙들고 살아온 내 삶이 틀리지 않는다고 내 책이 격려해주었다. 나는 내 책으로부터 충분히 위로받았다.

가끔 도서관이나 학교에 가서 '작가와의 만남'을 갖는다. 사람들은 내 책에 실린 쉽고 솔직한 이야기가 좋았다고 말하며 몇 가지 질문을 한다.

"그림책을 보고 어떻게 그렇게 많은 이야기를 풀어낼 수 있나요?"

"저에게도 딱 맞는 그림책을 소개해주세요."

"아이에게 그림책을 읽어줄 순 있지만 어른에게 읽어주는 일은 쑥스럽지 않은가요?"

그동안 나온 그림책 관련서들은 주로 그림책을 소개하는 내용이었다. 글쓴이가 그림책과 객관적인 거리를 가지고 책 내용과 장면, 작가의 세계를 분석하는 책들이 많았다. 앞서도 말했지만 나는 그림책을 보며 '마음을 푸는' 글쓰기를 했다. 따라서 내 책에는 그림책에 관한 전문 지식보다는 만난 사람들, 경험한 일들이 주로 담겨 있다. 지극히 개인적인 이야기를 썼다는 평가도 종종 있었다. 고백하자면 나는 다시 책을 낸다고 해도 나와 내 주변 사람들 이야기를 할 것이다. 그것 말고 다른 것은 자신이 없다.

낮은산출판사에서 내 글을 선택해준 것은 앞서 나온 그림책 관련서와 달리 그림책으로 다양한 삶을 얘기했기 때문이었다. 보통 그림책 관련서를 만들 때 독자의 이해를 돕기 위해 본문에 그림책 사진을 꼭 넣는다. 그러나 내 책은 그림책 사진 없이도 독자가 글을 읽는 데 무리가 없으리라 판단하고 사진 없이 갔다. 대신 내가 그린 그림이 많이 들어갔다.

나처럼 보통 사람이 '인생의 첫 책'을 내기는 어렵다. 책이 어떻게 나오는지를 알고 나면 그다음부터는 좋은 글을 쓰기 위해 노력만 하면 된다. 사실은 그게 더 어려울 수도 있겠다.

아이들이 성인이 되어 각자 자기 길을 가는 지금, 나에게 주어진 시간을 온통 공부하는 데 쓸 수 있다. 나는 《한겨레신문》을 읽고 나서 기억하고 싶은 칼럼을 가위로 오려놓는다. 내가 쓰고 싶은 주제와 소재를 누군가 멋지게 풀어놓은 글을 여러 번 읽는다. 책을 읽으며 좋은 문장을 따라 적고, 읽은 책을 반복하여 읽는다. 좋은 그림책을 보고 글을 쓰는 일은 여전히 내게 제일 중요한 일이다. 혼자서 글쓰기를 실천하기는 아무래도 쉽지 않다. 그림책 모임에 나가 후배들과 함께 정해놓은 그림책을 읽고 글을 써 가서 읽는다. 모임에 가져가기 전에 프린트한 글을 들고 거실을 서성이며 소리 내어 읽고 잠자기 전에 또 한 번 읽어본다. 내 맘에 들 때까지 고치고 고친다. 자칫 긴 문장을 쓰다가 비문을 만들어놓으니 짧게 끊어 두 문장으로 쓴다. 글을 잘 쓰고 싶거든 지금 당장 앉아서 쓰라는 말을 믿는다.

가끔 나는 좋은 그림책을 가지고 강의를 한다. 현장에서 강의를 하고 나면 공부한 내용이 비로소 내 속에 차곡차곡 확신으로 쌓인다. 학부모들을 만나 그들이 좋아하는 것, 궁금해하는 것을 알고 글 쓰는 방향이 쉽게 잡힐 때도 있다.

『그림책에 흔들리다』를 잇는 좋은 책을 쓰고 싶다는 소망이 내 속에 있다. 그 소망은 곧 좋은 삶을 살고 싶다는 것과 닿아 있다. '좋은 삶이란 무엇인가?' 하는 고민은 지금도 계속하고 있다.

남편이 곧 회사를 퇴직하면 우리 부부는 당진으로 내려가 살 계획이다. 지금 당진에 그림책이 어우러진 공간을 만드는 중이다. 그 공간에다 아름다운 그림책을 꽂아놓고 그림책 좋아하는 사람들이 찾아올 수 있게 할 것이다. 거기서 살아내는 내 두 번째 인생, 거기서 만나는 자연과 사람들 이야기가 내 두 번째 책을 채울 것이다. 두 번째 책 이름을 지어놓았지만 아직은 비밀이다.

제2장

원칙 세우기
어떤 마음가짐으로 써야 하나

The First Book
Written by Myself

좋은 책을 쓰기 위해서는 많이 읽고 깊이 생각하고 매일 써야 한다. 책을 쓰는 일은 즐거움과 괴로움이 뒤섞인 과정의 연속이다. 즐거울 때나 괴로울 때나 자기만의 원칙을 가슴에 품고 꿋꿋하게 나가야 한다. 자기만의 원칙은 책 쓰기의 나침반이다.

많이 읽어야
잘 쓴다

니체는 독서에 임하는 태도를 두 가지로 구분한다. 하나는 약탈하는 병사들처럼 또는 무기력하게 항복하는 패잔병처럼 읽는 태도이고, 다른 하나는 소가 밭을 갈듯 그 의미를 되새기며 읽는 것이다. 책 쓰기를 위한 올바른 독서법은 후자에 가깝다.

읽기와 쓰기의 관계는 듣기와 말하기의 관계와 유사하다. 듣지 못하면 말하지 못하는 것처럼 책을 읽지 않으면 제대로 된 글을 쓸 수 없다. 그런 의미에서 책 읽기와 책 쓰기는 동전의 양면과 같다. 그냥 읽는 것과 책 집필을 염두에 두고 읽는 것은 분명히 다르다. 책을 쓰겠다는 목표를 가지고 읽으면 읽는 것 자체가 새롭게 다가온다. 그저 종이 위에 쓰인 문자를 읽는 게 아니라 책을 쓰는 저자의 입장에서 접근하게 된다. 가장 먼저 서문과 목차를 보고, 다음으로 논리의 전개 방식과 문체 등을 면밀히 살핀다. 그런 연후에 내가 쓸 책과 연관 지어본다. 내 책의 콘셉트와 비교하여 분석하고, 새로운 아이디어를 떠올리거나 내 책에 넣을 만한 인용문을 찾는다. 책을 어떻게 읽어야 하는지 지금부터 보다 구체적으로 알아보자.

많이 읽어라

책을 얼마나 읽어야 하는지에 대해서는 한마디로 단정 짓기 어렵다. 우리나라 성인의 연평균 독서량이 대략 열두 권임을 고려한다면 그 두 배인 스물네 권을 목표로 삼을 수 있다. 1년에 스물네 권이면 2주에 한 권씩 읽는 셈이다. 최소한 이 정도는 읽어야 독서를 습관화할 수 있다. 일주일에 한 권 이상 읽는 사람은 독서를 즐기는 사람이다.

　책을 읽지 않고 제대로 된 책을 쓰기를 기대하는 건 난센스다. 어떤 책이든 참고문헌이 많을수록 내용이 튼실하다. 참고한 문헌이 많다는 건 그만큼 저자가 책을 쓰면서 정보를 찾는 데 골몰했다는 뜻이기도 하다. 첫 책을 쓰면서 우리는 각자의 지식을 총동원하여 관련된 책을 대부분 찾아 읽었다. 주제와 직접적인 관련이 있는 책 20권을 읽었으며, 그 밖에 참고서적과 소설 등

가벼운 책을 포함해 50여 권을 더 읽었다.

일본 최고의 저널리스트로 70권이 넘는 책을 집필한 다치바나 다카시立花隆는 책을 쓰기 위해서는 정보를 '투입하는 과정Input'과 '밖으로 꺼내는 과정Output'이 필요하다고 얘기한다. 인풋과 아웃풋의 비율을 'IO비'라고 부르는 그는 "최소한 100권을 읽어야 책 한 권을 쓸 수 있다"라고 강조한다. 또 어떤 이는 한 권의 책을 쓰기 위해서는 도서관에서 자신이 쓰려는 분야(주제)의 책장에 꽂힌 책의 절반은 읽어야 한다고도 말한다. 그러니까 책을 쓰면서 책을 읽을 시간이 어디 있느냐는 말은 통하지 않는다. 읽을 시간이 없으면 쓸 시간은 더더욱 없다. 좋은 책을 많이 읽을수록 책을 쓰고 싶은 열망은 강해진다.

책만 읽으면 머리가 아프다는 사람이 있다. 실제로 한 페이지를 읽을 때마다 약 300만 개의 적혈구가 파괴된다고 한다. 그럼 책 한 권을 다 읽으면 큰일 아닌가. 다행히도 적혈구는 파괴되는 만큼 새로 생긴다고 하니까 걱정하지 말고 마음껏 읽기 바란다.

좋은 책을 골라 읽어라

좋은 책이란 어떤 책일까? 독자를 끊임없이 생각하게 이끌어 행동에 변화를 주는 책이다. 그런 책이 아니라면 독서는 시간 낭비다. 영국의 비평가 존 러스킨John Ruskin은 "인생은 짧다. 이 책을 읽으면서 저 책을 읽을 수는 없다"라고 했다. 좋은 책은 운명적인 사랑처럼 다가온다. 사랑하는 사람을 첫눈에 알아보듯이 좋은 책은 책장을 넘기지 않아도 단박에 알아챌 수 있다. 1년 동안 그저 그런 책 100권을 대충 읽는 것보다 운명적인 사랑 같은 책 10권을 깊이 있게 읽는 것이 훨씬 유용하다. 그런데 역설적이게도 운명적인 사랑 같은 책은 책을 많이 읽어야 만날 수 있다.

독서의 질은 어떤 책을 읽느냐에 크게 좌우된다. 그렇다면 좋은 책은 어떻게 골라야 할까? 좋은 책을 고르는 절대적인 기준은 없다. 자기만의 기준을 갖는 게 현명하다. 내가 읽어서 좋은 책이 좋은 책이다. 다만 책을 선택할 때 광고 카피에 현혹되는 것은 인스턴트 음식을 먹는 것과 다를 바 없다. 미국의 시인이자 사상가인 랠프 월도 에머슨Ralph Waldo Emerson은 "출간되고 나서 1년 이상 지나지 않은 책은 절대 읽지 마라"라고 단도직입적으로 말했다. 조금 다르게 말하면 신간보다는 스테디셀러를 읽으라는 뜻이다. 스테디셀러는 시간이라는 가장 확실한 검증 과정에서 살아남은 책이다. 이는 곧 오랫동안 많은 독자에게 긍정적인 영향을 미치고 있다는 의미이기도 하다.

탁월한 신화학자인 조지프 캠벨은 젊은 시절부터 '전작 독서'라는 독특한 방식으로 책을 읽었다. 제대로 알고 싶은 저자 한 명을 정해서 그 사람이 쓴 책을 모두 읽고, 그다음에는 그 저자에게 가장 큰 영향을 미친 인물의 저작을 모두 읽는 방법이다.

캠벨은 오랫동안 이런 독서 과정을 반복하며 깊이와 넓이를 아우르는 자신만의 지적 체계를 구축했다. 캠벨이 한 것처럼 좋은 책을 읽고 나서 그 책의 저자가 쓴 또 다른 책이나 그 책에서 자주 언급한 책을 읽는 것도 유용한 독서법이다.

천천히 정독하라

책 읽기는 마라톤과 같다. 마라톤을 뛸 때 처음에 힘차게 출발하면 절반쯤 가서 지겨워지기 시작하면서 힘이 떨어진다. 책 읽기도 마찬가지다. 빨리 읽겠다며 과욕을 부리면 도중에 포기하거나 다 읽고 나서도 남는 것이 없다. 게다가 '속독'이 곧 '속해'인 것도 아니다. 속독의 장점은 속도감과 집중력에 있다. 이해가 목적인 독서라면 속도보다는 사고의 흐름이 더 중요하다. 그러므로 책의 성격과 난이도, 독서 목적에 따라 책 읽는 속도를 달리해야 한다.

독서 속도는 사람마다 천차만별이다. 천천히 읽는 것이 꼭 좋은 것은 아니며, 빨리 읽는 것이 나쁜 것도 아니다. 브리태니커 백과사전의 편집자로 잘 알려진 철학자 모티머 J. 애들러^{Mortimer J. Adler}는 "쓸데없이 천천히 읽지도 말고 이해도 못 할 만큼 빨리 읽지도 마라"라고 충고한다.

책 쓰기를 위한 독서라면 책의 내용을 음미하고 곱씹어야 한다. 어린아이처럼 편견을 버리고 있는 그대로 흡수해야 한다. 그러려면 무엇보다 고정관념에 얽매이지 않아야 한다. 마음속에 깊이 뿌리박힌 편견을 떨쳐버려야 새로운 관점을 모색할 수 있다. 여기에 인생의 연륜을 보태 깊이를 더한다. 가슴에 와닿는 구절이나 인용할 만한 문구는 따로 메모해뒀다가 두고두고 되새기는 것도 좋다.

책을 쓸 때 최소한 주제와 관련된 참고 도서는 반드시 정독해야 한다. 그냥 맛만 보는 것은 속독이고 위장에서 소화시키는 것이 정독이다. 그 책의 저자가 되어 역지사지하는 마음가짐으로 읽어야 한다. 프랑스 신학자 베르나르 디 클레르보Bernard de Clairvaux는 "사색 없는 독서는 위태롭고 독서 없는 사색은 방황하게 한다"고 말한다.

그렇다고 모든 책을 정독할 필요는 없다. 모든 책이 운명적인 사랑처럼 다가오지는 않기 때문이다. 또 운명적인 사랑인 줄 알고 다가갔는데 그쪽에서 먼저 등을 돌릴 수도 있다. 끝까지 읽을 필요가 없는 책은 서문과 목차 등을 훑어보고 내용을 개략적으로 정리해두는 것으로 충분하다.

매일 같은 시간에 읽어라

책을 잘 읽는 방법 가운데 하나는 매일 같은 시간에 읽는 것이다. 첫 책을 쓸 때 우리는 매우 바빴다. 끝이 보이지 않는 야근과 휴일 근무가 계속되었다. 당시 우리에겐 책 읽을 시간을 확보하는 것이 절체절명의 과제였다. 고민 끝에 출퇴근하는 2시간을 활용하기로 했다. 그때부터 우리는 아무리 피곤하고 정신이 혼미해도 일단 지하철을 타면 책부터 펼쳤다. 이것이 습관화되자 일주일에 한 권은 거뜬히 읽었다.

매일 꾸준히 하는 것처럼 좋은 수련법은 없다. 독서는 가끔 하는 외식이 아니라 매일 먹는 밥처럼 습관화되어야 한다. 밥 먹듯 책을 읽으며 하루하루를 보내다 보면 독서를 즐길 수 있다.

독서노트를 써라

독서 못지않게 읽고 나서 정리하는 일도 중요하다. 사실 책을 읽는 것보다 더 까다롭고 귀찮은 일이 읽고 나서 정리하는 것이다. 기록은 기억보다 강한 법이다. 책을 읽고 나서 핵심 내용과 느낀 점을 정리해두지 않으면 십중팔구 잊어버리기 마련이다. 그러면 분명 읽었는데도 남는 것이 없다. 책을 읽고 공부한 것을 간추려서 기록해둬야 한다.

책을 잘 읽고 잘 배우려면 세 가지를 명심해야 한다. 첫째, 핵심을 이해해라. 책을 읽고 핵심 내용을 이해하고 숨은 의미를 파악하는 것은 독서의 기본이다. 둘째, 재미있고 좋은 사례를 찾아

라. 좋은 사례는 복잡한 것을 단순화하여 이해를 돕고 핵심을 명쾌하게 전달해준다. 셋째, 의미를 되새겨보고 발전시켜라. 책은 재료이지 완성된 음식이 아니다. 좋은 재료를 골라 맛있는 음식을 만드는 것은 전적으로 독자의 몫이다. 독서에서는 해석과 표현이 중요하다.

위의 세 가지를 실천하는 좋은 방법은 나만의 독서노트를 작성하는 것이다. 독서노트는 따로 정해진 틀이 없으며 자기에게 편한 방식으로 정리한다. 일반적으로 '핵심 내용(3쪽)+소감(2쪽)+저자 되기(1쪽)' 형식으로 작성하면 실용적이고 탄탄한 독서노트가 된다.

첫째, 책을 읽고 중요한 내용을 간추려서 정리해두고 가슴에 와닿는 구절들을 발췌한다. 특히 감동적인 구절에 대해서는 자신만의 해석과 그 구절에 꽂힌 이유를 적어놓으면 내공을 쌓는 데 큰 도움이 된다. 이때 저자에 대한 객관적인 애정을 가지고 저자의 목소리에 귀 기울인다는 자세로 임하면 책의 정수를 더 잘 파악할 수 있다. 책에 따라 발췌문을 줄이고 주제별로 정리하는 것이 효과적일 때도 있다. 주제에 대한 생각이 책 전체에 고루 퍼져 있다면 주제별로 정리하는 것이 좋다.

둘째, 읽고 나서 느낀 점과 떠오른 생각들을 작성한다. 책의 주제를 정한 다음에는 내 책을 쓸 때 참고할 만한 사항을 기록한다. 특히 평소에 품고 있던 문제나 질문들 가운데 책을 읽으면서 실마리를 얻었다면, 따로 메모해두고 나중에 자신의 글쓰기 주제로 삼아보자. 문제 해결은 물론이고 소재 발굴과 글쓰기 훈련까지 일석삼조의 효과를 거둘 수 있다.

셋째, 그 책의 저자가 되어 콘셉트를 발전시키고 질문을 던져본다. 이 책의 장점과 단점은 무엇인가? 이 책은 다른 책과 비교하여 어떤 차별점이 있는가? 내가 저자라면 목차는 어떤 식으로 구성할까? 이 사례를 왜 넣었을까? 더 적합한 사례는 없을까? 장과 절의 제목은 어떻게 표현하는 게 좋을까? 저자가 되어보는 과정은 자신의 책을 기획하고 사고를 벼리는 데 큰 도움이 된다.

독서노트를 쓰다 보면 둘째와 셋째 항목, 즉 소감 기록하기와 저자 되기의 내용이 겹칠 때가 있다. 그럴 때는 이 둘을 하나로 통합해도 무방하다. 중요한 건 자신에게 효과적인 독서노트 방식을 취하되, 책의 주요 내용을 내 것으로 정리하고 정신을 확장하는 것이다.

독서노트 작성은 책 읽기 전부터 시작해야 한다. 처음으로 접하는 저자라면 책을 읽기 전에 인터넷 등을 통해 저자에 대해 샅샅이 조사하여 참고할 만한 사항을 메모해둔다. 저자의 이력과 이제까지 쓴 책, 그리고 이 책을 썼을 당시의 상황을 파악해두면 내용을 이해하는 데 도움이 된다. 또한 책에서 말한 내용을 저자 스스로 실천했는지도 확인할 수 있다. 훌륭한 저자는 책의 내용과 삶이 일치한다.

그런 다음 본격적으로 책을 읽으며 내용을 정리한다. 일본에서 한때 유행한 '삼색 볼펜 독서법'이 있다. 말 그대로 세 가지 색 볼펜으로 밑줄 긋기를 하면서 책을 읽는 것이다. 우리는 이 개념을 발전시켜 책을 읽을 때 사색 볼펜을 사용한다. 먼저 가슴을 후비는 문장이나 객관적으로 중요하다고 생각되는 내용은 검은색으로 밑줄을 친다. 그중에서 특별히 인용하고 싶은 구절은 빨간색으로 표시한다. 나만의 단어 목록에 추가하고 싶은 매력적인 단어는 초록색이다. 마지막으로, 책을 읽으면서 느낀 점과 저자 입장에서 생각한 점들은 파란색으로 여백에 적어둔다. 이렇게 해두면 책을 다 읽고 난 후에 따로 정리할 필요가 없다. 내용이 어려운 책을 읽거나 줄거리를 이해하여 정리해야 할 때는 마인드맵을 활용하면 유용하다.

대개 5일 동안 책을 읽고 점심시간 등 자투리 시간을 이용해 밑줄 친 내용과 메모를 독서노트에 기록한다. 다 옮겨 적고 나서 그 내용을 다시 살펴보고 음미하며 내 것으로 만든다. 그러다 보면 자연스럽게 또 다른 생각이 일어난다. 독자는 또 다른 저자다. 한 권의 책을 읽을 때마다 독자가 또 다른 한 권의 책을 쓰는 셈이다. 즉, 책은 독자의 수만큼 새로운 버전으로 만들어지는 것이다.

지금까지 설명한 내용을 간단하게 정리해보겠다.

- 많이 읽어라. 많다는 것의 기준은 따로 없으며 한 달에 두 권 이상 읽으면 된다.
- 좋은 책을 골라 매일 같은 시간에 읽는다. 매일 꾸준히 읽는 것보다 좋은 독서법은 없다.
- 책의 성격과 독서 목적에 따라 읽는 속도를 달리한다. 좋은 책은 반드시 정독한다.
- 책을 읽기 전에 저자의 이력과 이제까지 쓴 책, 이 책을 썼을 당시의 상황을 미리 파악해둔다.
- 책을 읽고 독서노트를 기록한다. 중요한 내용과 가슴에 와닿는 구절을 발췌하고, 읽으면서 떠오른 생각을 메모해둔다. 책을 읽으면서 떠오른 질문은 따로 정리해둔다.
- 책을 읽으며 적극적으로 질문을 던지고 저자와 대화를 나눈다. 특히 책의 장점과 단점을 평가하고, 자신이 저자라면 어떻게 기획 및 구성하고 집필할지 생각해본다.
- 발췌한 내용과 리뷰를 스크랩해뒀다가 출퇴근 시간을 활용하여 읽고 나만의 언어로 재해석해본다. 아주 좋은 공부 방법이며 내공을 쌓는 지름길이다.

책 읽기는 그 자체로도 유용하지만 책을 쓰기 위해서도 반드시 필요한 과정이다. 읽지 못하면 쓸 수 없고, 쓰지 않으면 깊어질 수 없다. 그리고 깊어지지 않으면 다른 사람의 마음을 움직일 수 없다.

"책을 읽을 시간이 없는 사람은 글을 쓸 시간도 없는 사람이다. 결론은 그렇게 간단하다."

- 스티븐 킹, 김진준 옮김, 「유혹하는 글쓰기」, 김영사, 2002년, 179쪽.

매일 꾸준히
써라

글쓰기는 단기간에 익힐 수 있는 재능이 아니다. 부단한 반복과 연습을 통해 습득할 수 있다. 수단이나 글의 종류는 중요하지 않다. 연필로 쓰건 컴퓨터로 쓰건, 원고지나 공책에 쓰건, 비즈니스 문서를 쓰건 문학 소설을 쓰건 무엇이든 좋다. 핵심은 매일 꾸준히 쓰는 것이다.

몸으로 배운 건 쉽게 잊히지 않는다

'근육학습mussel learning'이라는 말을 들어본 적이 있는가? 문자 그대로 머리가 아니라 몸으로 배운다는 뜻이다. 일종의 체화를 말하는데, 영어로 한다면 'Learning by Doing'이 된다. 근육학습은 글쓰기 능력을 기르는 가장 강력한 방법이어서 한번 배운 것은 쉽게 잊히지 않는다. 행동을 통해 몸으로 자리 잡기 때문이다.

가령 어린아이가 자전거 타는 법을 배운다고 해보자. 우선 아빠가 타는 법을 가르쳐준다. 핸들 잡는 법, 페달 밟는 법, 서고 달리는 법 등. 아이는 연신 고개를 끄덕이며 열심히 설명을 듣고는 딱히 어려울 것도 없다고 생각한다. 그러나 막상 자전거에 올라앉으면 겁부터 난다. 넘어질 것만 같아서 발을 땅에서 떼어 페달에 올릴 수가 없다. 아빠가 뒤를 잡아주자 겨우겨우 양발을 페달에 놓고 조금씩 달리기 시작한다. 하지만 아빠가 손을 놓는 순간 균형을 잃으면서 이내 넘어지고 만다. 무릎이 깨지고 피가 흐른다.

그렇게 몇 시간이 지나면 어느 순간 아이는 혼자 자전거를 타기 시작한다. 처음에는 결코 탈 수 없을 것 같던 자전거를 이제는 곧잘 탄다. 어떻게 된 것일까? 근육학습이 이뤄진 것이다. 자전거 타는 법은 이렇게 한번 배워두면 몇 년 동안 타지 않아도 잊히지 않는다. 근육이 기억하기 때문이다. 알고 보면 습관도 근육학습의 결과다. 매일 글을 쓰려면 근육학습이 반드시 필요하다.

근육학습의 본질은 행동이지만 아무렇게나 한다 해서 되는 건 아니다. 근육학습은 몸으로 익히는 수련 과정의 하나다. 수련에는 훈련, 자기 규율, 지속성이 필요하다.

세계적인 발레리나 강수진의 발 사진이 인터넷에 공개되면서 화제가 된 적이 있다. 강수진의 발이라는 설명이 없었다면 아마 몹쓸 병에 걸린 사람의 발이라고 생각하는 사람이 많았을 것이다. 오랫동안 독일 슈투트가르트 발레단에서 프리마 발레리나로 활동한 강수진은 1985년에 세계 최고 권위의 주니어 발레 콩쿠르인 로잔콩쿠르에서 1위를 차지했다. 이듬해인 1986년에는 슈투트가르트 발레단 최연소 단원으로 입단했을 정도로 재능을 인정받았다. 그러나 프로의 세계는 완전히 다른 세계였다. 처음 얼마간은 무대에 설 수조차 없었고, 겨우 배역을 받았을 때도 발레단의 말석인 군무群舞, 그것도 뒷줄 맨 구석에서 시작했다.

하지만 그녀는 실망하지 않고 하루 10시간 넘게 강훈련을 계속했다. 발레단 내에서 토슈즈를 가장 많이 갈아치우는 발레리나로 알려질 만큼 그녀는 혹독하게 연습했다. 그 결과, 입단 10년 만인 1996년에 비로소 발레단의 '꽃 중의 꽃'인 프리마 발레리나로 등극했다. 못생긴 발은 그녀의 훈장인 셈이다. 혹독한 훈련이 없었다면 결코 오르지 못했을 자리에 그녀는 당당히 올랐고, 기형적인 발은 많은 사람에게 감동을 주었다.

수련은 자연스러운 과정이 아니다. 시간이 가면 무언가가 저절로 이뤄지는 게 아니라는 뜻이다. 목표로 하는 사고와 행동이 몸에 익을 때까지 끊임없는 노력을 해야 한다. 그래서 자기 규율이 매우 중요하다. 러시아 출신의 피아니스트 거장 안톤 루빈

시테인Anton Grigorievich Rubinstein은 "하루 연습하지 않으면 자기가 알고, 이틀 연습하지 않으면 동료가 알고, 사흘 연습하지 않으면 청중이 안다"라고 했다. 수련에서 가장 위험한 적은 자기 자신이다. 수련에 성공하려면 자신과의 싸움에서 이겨야 한다. 다른 사람은 속일 수 있지만 자신은 속일 수 없다. 자신은 스스로 가장 잘 알고 있으므로 도저히 속일 수 없는 상대이며, 그렇기에 가장 어려운 적이다.

매일 쉬지 않고 지속하는 것이 가장 좋은 수련 방법이다. 당장 눈에 보이는 성과가 없더라도 그 일을 유일한 것으로 믿고 계속해야 한다. 하다 보면 성과가 나오고 운이 좋으면 부와 명성까지 얻을 수 있다. 때로 현실에 안주하고 싶은 마음이나 이 정도면 됐다는 생각이 들기도 할 것이다. 이때가 수련 기간 중 가장 경계해야 할 시기다. '그까짓 것 하루 연습하지 않는다고 해서 뭐가 달라지랴.' 이런 안일한 생각을 하는 순간 자기 규율은 무너지고 글쓰기는 퇴보한다.

근육학습은 곧 수련이다. 최고의 수련 방법은 자기 규율을 갖고 날마다 지속적으로 연습하는 것이다.

정해진 시간에 쓰자

글쓰기는 매일 꾸준히 해야 실력이 는다. 이를 위해서는 하루 중

글 쓰는 시간을 따로 정해두는 것이 좋다. 실제로 1년에 1~2권씩 책을 내는 사람은 거의 매일 글을 쓴다. 소설가 안정효는 아침에 일어나자마자 세수도 안 한 채로 4시간 동안 글만 쓴다. 매우 규칙적인 생활을 한 것으로 알려진 철학자 임마누엘 칸트도 매일 정해진 시간에만 글을 썼다. 그는 매일 새벽 5시에 일어나 7시까지 강의 준비를 한 후 9시까지 집에 딸린 강의실에서 수업을 한다. 그다음부터 꼼짝하지 않고 1시까지 글을 쓴다. 칸트의 이런 생활 방식은 죽을 때까지 계속되었다.

안정효와 칸트는 글쓰기로 먹고살 수 있었기에 자신의 뜻대로 시간을 활용할 수 있었다. 하지만 하루 대부분의 시간을 회사에서 보내는 직장인은 어떻게 해야 할까? 『바셋주 이야기The Barsetshire Chronicle』 같은 방대한 분량의 대작을 쓴 영국의 여류 소설가 앤서니 트롤럽Anthony Trollope의 삶에서 답을 찾을 수 있다.

열아홉 살 때 우체국에 들어가 33년 동안 근무한 트롤럽은 일하면서 소설을 썼다. 처음에는 쓰는 작품마다 실패했지만, 그럼에도 글쓰기를 포기하지 않았다. 그녀는 매일 기계적으로 글을 썼다. 아침 5시 30분부터 8시까지 2시간 30분 동안은 무슨 일이 있어도 글만 쓴 것이다. 순회우편감독관으로서 여러 지방을 돌아다닐 때도 2시간 30분 동안은 호텔이나 배 안에서 글을 썼다. 글쓰기를 시작하고 2시간 30분이 지나면, 문장을 쓰는 도중이더라도 거기서 멈추고 다음 날 아침에 이어서 썼다. 한번은

500쪽이 넘는 대작을 완성하고 15분가량 시간이 남았는데, 이때도 다음 책의 첫 페이지를 쓰기 시작했다. 이런 방식으로 그녀는 예순일곱 살에 타계할 때까지 50편이 넘는 장편소설을 완성했다.

트롤럽 같은 대가에 비할 수는 없겠지만, 나도 첫 책을 쓸 때 매일 2시간 30분씩 글을 썼다(홍승완). 그때만 해도 나는 아침형 인간이 아니라 저녁형 인간이었다. 저녁이 되면 머리가 맑아지고 일을 해도 능률이 올랐다. 글도 저녁에 쓸 때 부담감이 덜하고 새로운 생각이 잘 떠올랐다. 그래서 첫 책의 상당 부분을 저녁에 회사에서 썼다.

당시 나는 컨설팅회사에 다녔는데, 저녁 6시가 지나면 회사에는 아무도 없었다. 컨설팅이라는 업종의 특성상 책이나 자료를 검토하거나 글을 쓰는 것을 막는 사람도 없었다. 나는 매일 업무를 마치고 2시간 30분씩 글을 썼다. 업무가 끝나는 시간이 매일 조금씩 달랐기 때문에 시작하는 시간은 일정하지 않았지만 글을 쓰는 시간만큼은 2시간 30분을 고수했다. 대부분 저녁 7시나 7시 30분에 시작해서 9시 30분이나 10시까지 썼다. 집에 와서는 내가 하고 싶은 활동을 하며 시간을 보냈다. 약속이 없을 때는 책을 읽거나 자료를 수집했다. 기존에 써둔 글을 수정하기도 했다.

어느 직장인이 10년 동안 해온 일에 관해 책을 쓴다고 해보

자. 그는 매일 출퇴근하는 데 2시간가량을 지하철에서 보낸다. 당신이라면 이 상황에서 글 쓰는 시간을 어떻게 확보하겠는가? 다음과 같은 방법을 고려해볼 수 있다. 매일 아침 5시에 일어나 첫 지하철을 탄다. 구석 자리에 앉아 책을 읽기 시작해 1시간쯤 지나면 회사 앞 지하철역에서 내린다. 회사에 도착하면 커피와 함께 간단히 아침을 먹는다. 식사를 마치고 6시 30분부터 8시 30분까지 2시간 동안 글을 쓴다. 다른 직원들이 출근할 무렵이 되면 글쓰기를 중단하고 업무를 준비한다. 첫 책을 낸 많은 직장인이 이런 방식을 따랐다.

매일 글을 쓰는 방법은 간단하다. 첫째, 글 쓰는 시간을 정한다. 둘째, 의자에 앉아서 쓴다. 셋째, 정해진 시간을 채울 때까지 일어나지 않는다. 넷째, 매일 반복한다. 이상 끝.

글 쓸 시간이 없어요

글을 쓰고 싶고 책도 내고 싶습니다. 그런데 문제는 글 쓸 시간이 없다는 거예요. 회사 일이 정말 바쁘거든요. 평일 저녁에는 인터넷 강좌를 들으며 자격증 공부도 하고 있습니다. 사실 자격증 공부는 뭔가 하지 않으면 불안해서 시작했어요. 자격증을 따면 도움이야 되겠지만 의사나 회계사처럼 확실한 전문가로 인정받긴 힘들 것 같아요. 그래서 책을 쓰려고 하는데 글 쓸 시간이 없다는 게 가장 큰 걱정이에요. 저 같은 사람이 책을 쓰려면 어떻게 해야 할까요?

—김찬기(39세, IT 기획자)

책을 쓰려면 많은 시간이 필요한 건 사실이에요. 단기간에 끝나는 일이라면 다들 어렵지 않게 책을 쓰겠죠. 그런데 자격증 취득에도 적지 않은 시간이 필요하죠. 많이들 공부하는 영어도 마찬가지고요.

책 한 권을 쓰는 데 걸리는 시간은 딱 잘라 말하기 어려워요. 주제와 책의 형식, 쓰는 사람의 능력과 여건 등 변수가 많아요. 저희는 첫 책을 쓸 때 주제 선정부터 자료 수집과 정리, 최종 원고 완성까지 14개월 정도 걸렸어요. 여러 사람의 경험을 평균하면 첫 책을 쓰는 데 빠르면 6개월, 길면 18개월 정도 걸리는 것 같아요. 원고를 쓰는 데 걸리는 시간이 이 정도고요. 출판사의 편집 기간(보통 2~3개월)까지 합치면 전체 시간은 더 늘어나죠. 하지만 편집은 출판사에서 주도적으로 진행하기 때문에 저자가 많은 시간을 쏟을 일은 별로 없어요.

책을 쓰고 싶다면 기본 테스트를 해볼 필요가 있어요. 하루에 1시간씩 한 달 동안 글을 써보는 거예요. 이 테스트를 하려면 먼저 하루에 1시간을 구체적으로 어디서 확보할 것인지를 정해야 해요. 즉 언제, 어디서 글을 쓸 건지를 분명히 해야 하죠. 아침인지 저녁인지, 집에서 쓸 건지 회사 또는 제3의 장소에서 쓸 건지도 결정하세요. 그런 다음 하루에 1시간은 글만 쓰세요. 30일 동안 매일 1시간씩 쓰는 것이 가장 중요해요. 일주일에 두 번이나 세 번 쓰면 안 돼요. 매일 써야 해요. 일주일에 하루, 일요일은 쉴 수도 있겠죠. 그렇더라도 30일 중 26일은 채워야 해요.

이 테스트에는 두 가지 의미가 있어요. 첫 번째는 테스트를 하는 동안 자신이 글쓰기가 가능한 사람인지 아닌지 알 수 있다는 거예요. 한 달 동안 매일 1시간 글을 쓰는 것은 자신의 재능과 끈기를 가늠하고, 글쓰기의 즐거움과 어려움을 맛보는 과정이에요. 자신이 글을 쓸 수 있는지 없는지는 해보기 전에는 몰라요. 이 훈련을 소화할 수 없는 사람은 아직 책을 쓸 수 없다는 것이 저희 생각이에요. 두 번째는 이 테스트를 하면 글 쓸 시간을 확보할 수 있다는 거예요. 하루에 1시간을 확실하게 확보할 수 있으면 2시간으로 늘리는 것도 어렵지 않아요. 반대로 1시간을 확보하지 못하는 사람이 2시간을 빼기란 거의 불가능하지요.

'한 달 동안 매일 쓴다고 무슨 차이가 있을까? 괜한 짓 하는 건 아닐까?' 이런 의문이 들 수도 있어요. 물론 하루에 1시간은 짧은 시간이에요. 한 달도 책을 쓰기에는 너무 짧죠. 하지만 아무것도 하지 않은 채 책을 쓸지 말지 고민만 한다면 얻는 게 없어요. 그러는 동안에도 시간은 흘러가니까요. 매일 1시간씩 한 달을 쓰면 적어도 자신이 글을 쓸 수 있는 사람인지 아닌지는 확인할 수 있어요. 그리고 하루에 1쪽씩 한 달이면 30쪽은 쓸 수 있어요. 아무것도 안 하면 0이고요. 30과 0, 이것은 결코 작은 차이가 아니지요.

특별한 시작 의식을
만들어라

미국의 현대무용가 트와일라 타프 Twyla Tharp는 창조적 작업을 하려면 일정한 '시작 의식'이 필요하다고 말한다. 『천재들의 창조적 습관』에서 그녀는 하루를 시작하는 자신의 의식을 소개한다. 그녀는 매일 아침 5시 30분에 일어나 연습복을 입고 집을 나선다. 택시를 불러 뉴욕 퍼스트 애비뉴 91번가에 있는 헬스장으로 가자고 말한다. 그곳에서 매일 아침 2시간 동안 스트레칭과 달리기를 한다.

그녀가 말하는 하루를 시작하는 의식이 헬스장에서 운동하는 것이라고 생각한다면 오산이다. 그녀의 시작 의식은 바로 택시를 타는 것이다. "운전사에게 목적지를 말하는 순간 나의 의식은 끝난다"라고 타프는 말한다. 그녀는 매일 아침 이런 의식을 해왔으며 이제는 습관이 되었다. 택시를 타고 헬스장에 가는 매우 간단하고 일상적인 행동이 어떻게 의식이 될 수 있느냐며 의아해할 수도 있다. 이에 관해 타프는 다음과 같이 말한다.

> "첫걸음을 떼는 일은 힘들다. 매일 깜깜한 새벽에 일어나 지친 몸을 이끌고 헬스장으로 향하는 것을 좋아할 사람은 아무도 없다. 다른 사람들처럼 나도 눈을 뜨고 천장을 바라보며 '아, 오늘은 정말 운동하기 싫은데'라고 생각하는 날이 있다. 그러나 내가 이 의식에 부여한 반종교적인 힘 덕택에 다시 벌렁 누워 잠에 빠지는 일은 없다."
>
> – 트와일라 타프, 노진선 옮김, 『천재들의 창조적 습관』, 문예출판사, 2006년, 27쪽.

우리는 보통 어떤 일을 시작하기 전에 차를 마시거나 신문을 보면서 마음을 가다듬는다. 이처럼 글쓰기에도 예열하는 수단이 필요하다. 글을 쓰는 것은 창조적인 동시에 자율적인 작업이다. 글을 쓸지 말지는 전적으로 자기 자신의 선택이며 누구도 강요할 수 없다. 창조적인 동시에 자율적인 일은 첫걸음을 떼기가 어렵다. 그래서 물러서거나 미루거나 포기하기 쉽다. 글쓰기를 시작하는 의식, 즉 자동적이면서도 단호한 행동 방식을 정해둘 필요가 있다.

「불새」와 「봄의 제전」으로 유명한 작곡가 이고르 스트라빈스키Igor Fedorovich Stravinsky도 매일 아침 스튜디오에서 피아노로 바흐의 푸가를 연주했다. 그가 많은 곡 중에서 왜 하필 바흐의 푸가를 골랐는지는 알 수 없다. 하지만 매일 똑같은 일과를 반복한다는 사실에서 그 행위가 일을 시작하는 의식이었음을 미루어 짐작할 수 있다.

20세기 최고의 미국 소설로 꼽히는 『빌러비드』를 쓴 토니 모리슨Toni Morrison은 "작가라면 누구나 뭔가와 접촉해서 자신이 통로가 되는 공간, 즉 창작 습관이라는 신비로운 과정을 시작하는 공간에 다가갈 방법을 나름대로 고안한다"라고 강조했다. 실제로 글을 쓰는 적지 않은 사람들이 글쓰기를 시작하는 습관화된 의식을 가지고 있다. 『도쿄 타워』를 쓴 에쿠니 가오리江國香織는 "소설의 제목과 결말을 모두 욕조에서 결정한다"라고 고백할 정도로 거의 매일 욕조에 몸을 담그고 길게 목욕하는 습관이 있다. 영화 「300」의 원작인 『불의 문』의 저자로 널리 알려진 스티븐 프레스필드Steven Pressfield는 매일 아침 호메로스Homeros의 『오디세이』에서 가져온 '뮤즈를 부르는 기도문'을 진심을 담아 큰 소리로 외우며 글쓰기를 워밍업했다. 또 변화경영전문가 구본형은 물 한 잔을 마시지 않으면 글쓰기를 시작할 수 없다고 했다. 이런 의식들을 과학적 근거나 논리로 설명할 수는 없다. 하지만 효과가 있다면 굳이 의심할 필요는 없지 않을까.

나는 서른 살 무렵 첫 책을 준비하며 매일 글쓰기를 시작하는 일정한 패턴을 만들었다(홍승완). 먼저, 큰 머그잔에 커피를 가득 탄다. 그리고 천천히 커피를 마시며 담배 한 대를 피운다. 집이든 회사든, 어디서나 늘 이렇게 했다. 이것이 글쓰기 엔진에 시동을 거는 나의 의식이다. 2시간 30분 동안 글을 쓰면서 커피를 두 잔 마신다. 이 책의 초판을 출간하고 지난 10년 사이에 나의 '글쓰기 의식'에도 조금 변화가 생겼다. 마흔에 접어들며 담배를 끊어서 흡연은 의식에서 빠졌고, 여전히 커피를 선호하지만 이제는 커피만 고집하지는 않는다. 다만 커피나 차 같은 마실 게 없으면 글쓰기를 시작하는 데 애를 먹는다. 내게 마실 것은 글쓰기를 시작하라는 종소리와 같다.

나는 이 책의 개정판 작업을 하며 새로운 의식을 만들고 있다. 2017년 가을에 이사를 하며 새롭게 서재를 꾸렸다. 그리고 서재로 들어가는 정면 벽에 불교 경전 『숫타니파타』에 들어 있는 글귀를 옮겨 적은 종이를 붙였다. 법정 스님의 친필 인쇄본으로 글귀의 내용은 이렇다. "소리에 놀라지 않는 사자와 같이, 그물에 걸리지 않는 바람과 같이, 진흙에 더럽히지 않는 연꽃과 같이." 나는 불교도가 아니지만 법정 스님을 '마음속 스승'으로 존경하고 있다. 무엇보다 글귀의 내용이 내가 지향하는 존재를 함축적으로 보여주고 서재에서 내가 하는 일과 딱 맞아떨어진다. 서재에서 나는 책을 읽고 사유하고 글을 쓴다. 이 모두는 내게 지적 여행이자 내면 탐험이며, 이를 통해 작은 나를 놓아버리고 진정한 내가 되고자 한다. 나는 서재에 들어갈 때마다 이 글귀를 차 마시듯 천천히 읽고 음미하는데, 한 손에는 거의 늘 차나 커피를 담은 큰 머그잔이 들려 있다. 이 의식을 수행하며 내 존재의 지향점을 되새기고 마음가짐을 다잡는다.

　글쓰기를 시작하기 위해서는 에너지가 필요하다. 나는 좋아하는 글귀를 묵상하고 커피나 차를 마시면서 에너지를 모은다. 컨디션이 좋을 때는 여행 가는 마음으로 에너지를 모으고 컨디션이 떨어질 때는 탐험을 떠나는 각오로 에너지를 끌어모은다. 어떤 행동이든 일단 의식으로 받아들이면 마음가짐이 완전히 달라진다. 좋은 의식은 지금 내가 하려는 일의 의미를 분명하게 알려준다. 그래서 의식이 습관화되면 '내가 이 일을 왜 하는 거지?'라는 의문이 말끔히 사라진다. 또한 의식은 자신이 그 일을 좋아하는지 싫어하는지 생각할 여지도 없애준다.

　글쓰기 엔진에 시동을 걸어주는 이런 의식들은 두 가지 조건을 갖춰야 한다. 첫째, 자기 자신이 만든 것이어야 한다. 다른 누군가의 의식을 따라 하거나 남이 만들어준 것은 효과가 없다. 자신이 주도적으로 만들어야 하며, 자신에게 남다른 의미가 있어야 한다. 둘째, 단순해야 한다. 시작 의식은 기도, 명상과 참선, 자기암시와 같이 다양한 얼굴을 가질 수 있다. 다만 어떤 행위든 실행에 옮기기 쉬워야 한다. 준비하기 너무 번거롭고 수행하기 어려운 의식은 에너지를 불어넣어 주지 못한다. 목욕하기, 연필 깎기, 아침 산책, 기도문 외기, 커피 내리기처럼 간단하게 시작할 수 있어야 한다.

글쓰기 엔진에 시동을 걸어주는 자신만의 의식을 만들어보자. 어떤 방법이든 상관없다. 과학적이거나 논리적일 필요도 없다. 시작 의식을 만들고 그것을 실행에 옮기는 순간, 우리는 이미 시작할 준비를 마친다. 그러면 자연스럽게 글쓰기의 장으로 들어갈 수 있다.

> "의례의 기능이란 오로지 여러분의 마음을 지금 여러분이 하는 일의 의미에 집중케 하는 것뿐이다."
>
> – 조지프 캠벨, 박중서 옮김, 『신화와 인생』, 갈라파고스, 2009년, 128쪽.

마음을 움직이는
글을 써라

어느 화창한 봄날, 눈이 보이지 않는 거지가 종이 팻말을 들고
구걸하고 있었다. 팻말에는 이런 문구가 적혀 있었다.

"나는 장님입니다. 한 푼만 도와주세요."

행인들은 눈길 한 번 주지 않은 채 바쁘게 걸음을 옮겼고 걸
인의 모자 안에는 동전 몇 개밖에 보이지 않았다. 그 앞을 지나
던 중년 신사가 장님에게 팻말의 문구를 고쳐보라고 조언했다.
그러고는 팻말을 뒤로 돌려서 뭔가를 써주었다. 새로 쓴 팻말을
들고 있자 뜻밖에도 사람들이 동전을 넣어주기 시작했고, 얼마
안 되어 모자가 무거워졌다. 어떤 내용인지 궁금해진 장님은 지
나가는 사람에게 팻말을 내밀며 읽어달라고 부탁했다. 거기에는

다음과 같이 쓰여 있었다.

"오늘은 정말 아름다운 날입니다. 그런데 저는 그걸 볼 수가 없습니다."

처음의 문장과 그걸 수정한 두 번째 문장은 둘 다 그가 장님임을 밝히고 도와달라고 청하는 내용이다. 그런데 두 번째 문장은 사람들이 지갑을 열게 했다. 이유가 무엇일까? 사람의 마음을 움직였기 때문이다.

여름 휴가철에 관광지에 가면 이런 문구를 쉽게 볼 수 있다.

"쓰레기를 버리지 마십시오. 이곳에는 CCTV가 설치되어 있습니다. 쓰레기를 투기하다가 적발될 경우 관련 법령에 따라 벌금이 부과될 수 있습니다."

법 조항까지 동원하여 위협적으로 보이지만 이런 경고문은 대부분 효과가 없다. 사람들은 으레 붙어 있는 문구라고 생각하고 개의치 않는다. 오히려 이 문구 아래에 쓰레기가 더 많이 모이곤 한다. 목적은 같지만 내용은 전혀 다른 경고문이 있다.

"다음에 찾아오는 사람들도 우리처럼 해변과 숲을 거닐며 즐거운 시간을 보내도록 해주세요. 사진과 추억은 가져가고 발자국만 남겨주세요."

미국 캘리포니아주 몬터레이 해변 관광지에 실제로 걸려 있는 경고문을 조금 수정한 것이다. 두 문장은 모두 쓰레기를 버리지 말라는 내용을 담고 있지만 영향력은 확연히 다르다. 첫 번째 문장은 머리로는 이해가 되는데 가슴에 와닿지 않는다. 반면에 두 번째 문장은 머리를 거쳐 가슴까지 파고든다.

걸인의 팻말을 고쳐준 사람은 행인들의 심리를 잘 알고 있었다. 마찬가지로 몬터레이 해변의 경고문을 쓴 사람도 관광지를 찾아오는 이들과 떠나는 사람들의 마음을 잘 헤아리고 있다. 좋은 글은 읽는 사람의 시선을 사로잡고 가슴을 파고든다. 자, 지금부터 어떻게 해야 마음을 움직이는 글을 쓸 수 있는지 알아보자.

마음을 있는 그대로 표현하라

사람의 마음을 움직이는 가장 좋은 방법은 자신의 마음을 보여주는 것이다. 사람은 서로 마음이 통할 때 경계심을 허물기 때문이다. 작가가 웃으면서 쓴 글은 읽는 사람에게 웃음을 선사할 수 있고, 울면서 쓴 글은 읽는 사람을 울릴 수 있다. 자신이 경험해보지 못한 것은 전달하기 어렵다.

풍부한 어휘력과 뛰어난 묘사력은 글을 잘 쓰는 데 필수 조건이 아니다. 무언가를 유심히 관찰하고 느낄 줄 알면 된다. 그리고 관찰한 내용과 느낀 점을 글로 옮겨 쓰는 것이다. 마음으로 글을 쓴다는 건 나를 표현하는 행위다. 내가 느낀 것, 생각한 것, 관찰한 것, 그리고 내 안에 있는 것을 솔직하게 그려보는 것이다. 적절한 표현과 문장은 그 과정에서 자연스럽게 떠오른다.

글쓰기에는 다양한 목적과 상황이 주어지고 주제 역시 다양하다. 모든 글을 마음으로 쓰기는 어렵다. 느낌보다 논리가, 주관적인 생각보다 객관성이 더 중요할 때도 있다. 그런 글을 쓸 때는 객관적이고 논리적으로 쓰기 위해 노력해야 한다. 하지만 자신의 경험과 내면을 표현하고자 할 때는 마음으로 써야 한다.

마음으로 글을 쓰는 건 쉽지 않지만 그렇다고 특별한 비법이 필요한 것도 아니다. 그저 자신의 내면을 들여다보고 솔직하게 표현하면 된다. 마음에 초점을 맞춰라. 그리고 시작하고 싶은 곳에서 첫 문장을 시작하라. 일단 시작해서 계속 나아가면 차츰 글쓰기에 흐름이 생긴다.

묘사하는 대상과 하나가 되라

베트남전쟁에서 젊은 미국인 해군이 부상을 당해 병원에 실려왔다. 천만다행으로 심각한 부상은 피해서 생명에는 지장이 없었다. 그는 자신을 걱정하고 있을 아내에게 소식을 전하고 싶었지만 팔을 다쳐 글을 쓸 수가 없었다. 그래서 간호사에게 대신 써달라고 부탁했다. 그가 문장을 불러주었다.

"여기 간호사들은 별로 예쁘지 않아."

한창 받아 적던 간호사가 기분이 상해서 퉁명스럽게 말했다.

"말씀이 지나치시군요."

그러자 해군이 그녀를 바라보며 조용히 말했다.

"당신, 내가 누구에게 편지를 쓰고 있는지 잊었군요."

마음을 움직이는 글을 쓰는 사람은 감정 이입에 능하다. 과학 철학자 카를 포퍼Karl Raimund Popper는 새로운 이해를 얻을 수 있는 가장 유용한 방법은 '공감적 직관'이라고 했다. 그가 말하는 공감적 직관을 다르게 표현하면 '감정 이입'이다. 대상의 내부로 들어가 그의 눈으로 세상을 바라보는 것이다. 뛰어난 사냥꾼이 되려면 스스로 사냥감이 되어 생각해야 하고, 훌륭한 배우는 자신이 맡은 배역과 하나가 되며, 뛰어난 형사는 범인의 입장에서 생각할 줄 안다.

훌륭한 작가도 다르지 않다. 우리에게 잘 알려진 『마지막 수업』의 작가 알퐁스 도데는 작가는 자신이 쓰는 소설의 등장인물과 하나가 될 줄 알아야 한다고 강조했다. 다시 말해 자기가 묘사하는 인물이 되어서 그의 관점과 감각으로 세상을 보고 느낄 수 있어야 한다는 뜻이다.

감정 이입은 저절로 되지 않으며 훈련이 필요하다. 감정 이입에 도움이 되는 몇 가지 훈련법을 소개한다.

첫째, 자신의 내면을 들여다본다. 자신의 내면을 들여다보고 느낄 줄 알아야 다른 사람의 내면도 들여다볼 수 있다. 이를 위해서는 자신의 모든 감각에 집중해야 한다. 시각, 후각, 촉각, 미각, 청각 중 자신이 무엇에 민감하고 무엇을 잘 활용하는지 파악해둔다. 감각은 나와 환경 사이에 놓인 다리다. 느낌은 대부분 감각이라는 다리를 통해 내게로 전해진다. 또한 감각은 창이다. 감각이라는 창을 통해 우리는 외부의 것들과 관계를 맺는다. 그래서 감각이 예민한 사람은 외부의 어떤 존재에 쉽게 다가간다.

둘째, 어떤 사람이나 사물이 되어본다. 누군가를 사랑하면 그 사람이 무엇을 좋아하고 싫어하는지, 그 사람의 속마음은 어떤지 끊임없이 헤아리게 된다. 이런 과정을 통해 다른 사람은 모르는 그 사람만의 매력을 알게 되고 관계가 깊어진다. 감정 이입의 대상이 꼭 사람일 필요는 없다. 나무도 좋고 의자도 좋고, 어떤 사물이든 가능하다. 글을 쓰는 사람이라면 글의 재료와 읽는 사람을 감정 이입의 대상으로 삼는 것이 좋다.

셋째, 문학 작품을 많이 읽는다. 감정 이입에 접근하는 손쉬운 통로다. 훌륭한 문학 작품에는 다양한 캐릭터가 살아 숨 쉰다. 주인공의 심리에 대한 치밀하고 생생한 묘사를 통해 우리는 간접 체험의 기회를 얻고 문학적 감수성을 키울 수 있다. 문학적 감수성은 감정 이입을 촉진한다.

즐거움과 괴로움을
모두 껴안아라

책을 여러 권 출간하고 나서 글쓰기에 관심이 있는 사람들을 많이 만났다. 그들은 내게 글을 쓰고 책을 내는 일이 즐거운지 묻곤 했다. 나는 '그렇다'라고 답한다(홍승완). 미국의 소설가 스티븐 킹Stephen Edwin King도 "가장 바람직한 글쓰기는 영감이 가득 찬 놀이"라고 하지 않았던가. 글을 쓰는 사람만이 맛볼 수 있는 즐거움이 있다. 가슴에 맴돌던 생각이 명쾌하게 표현될 때의 기쁨, 딱 들어맞는 사례나 빈 곳을 절묘하게 채워주는 인용구를 발견했을 때의 환희, 시간을 잊은 몰입과 그 속에서 느끼는 에너지, 내가 글을 쓰는지 글이 나를 수단으로 삼은 것인지 알 수 없을 정도로 글이 터져 나오는 황홀경, 자신이 써놓고도 '어떻게 내가 이런 문장을 썼을까?' 하고 감탄하는 순간, 어제보다 나아지고 있다는 확신, 그리고 내 이름이 박힌 따끈따끈한 책을 손에 쥐었을 때의 떨림. 이 모두가 글쓰기에서 피어나는 즐거움이다.

책을 쓰는 데 관심이 있는 또 다른 사람들은 반대로 질문하기도 한다. 매일 글을 쓰고 책을 출간하는 작업이 괴롭지 않냐고. 나는 이번에도 '그렇다'라고 대답한다. 『분노의 포도』를 쓴 존 스타인벡John E. Steinbeck은 "글쓰기는 세상에서 가장 외로운 노동"이라고 말했다. 실제로 글쓰기는 홀로 어둠 속에서 헤매는 듯한 불확실성과의 싸움이다. 책상에 앉기까지의 머뭇거림, 첫 문장의 부담감, 진부한 도입부, 튼튼하지 못한 구성, 어딘가에서 꽉 막혀 전진할 수 없을 때의 답답함, 깔끔하지 못한 마무리, 뭔가를 쓰고 싶지만 고갈된 소재, 에너지가 완전히 방전된 듯 끔찍한 슬럼프, 몇 번이나 반복해야 하는 고단한 고쳐 쓰기, 수시로 찾아드는 '내 주제에 무슨 책을 써?' 하는 자괴감, '과연 책으로 출간할 수 있을까?' 하는 의구심, 그리고 어렵사리 원고를 완성하고 나서도 몇 번씩이나 겪게 되는 출판 거절. 이런 온갖 어려움은 책을 쓰는 거의 모든 사람이 직면하는 일이다.

정반대의 질문에 내가 똑같은 답을 한 것이 의아하게 보일지도 모른다. 하지만 이건 모순이 아니다. 내가 거짓말을 한 것도 아니다. 왜냐하면 글쓰기는 즐거움과 괴로움의 버무림이기 때문이다. 나만 이런 것도 아니다. 어니스트 헤밍웨이는 종종 글쓰기라는 일의 끔찍한 책임감과 부담감에 대해 이야기하곤 했다. 그는 거의 매일 아침 6시부터 정오 무렵까지 글을 썼는데, "정말 견디기 힘든 건 다음 날 글을 쓸 때까지 기다리는 시간"이라고 고백하기도 했다. 헤밍웨이처럼 꾸준히 글을 쓰기 위해서는 글쓰기의 괴로움을 피해서도 안 되고 글쓰기의 즐거움에 사로잡혀서도 안 된다. 괴로움과 즐거움을 온전히 받아들이고 글쓰기의 연료로 삼아야 한다.

책 한 권을 쓰려면 한 편 한 편 글을 쓰며 흐름을 만들어나가야 한다. 글이 그냥 써지지 않듯이 흐름도 그냥 만들어지지 않는다. 거기에는 영감과 눈물과 땀이 필요하고, 매 순간 몰두해야 한다. 글쓰기의 즐거움과 괴로움을 모르거나 회피하거나 둘 중 하나에 갇히는 사람은 글쓰기의 심장부에 다가갈 수 없다.

우리는 이 책을 쓰면서 금주했다. 우리 둘은 술을 아주 좋아하지만 맑은 정신으로 치열하게 집필하기 위해 술을 끊었다. 금주는 생각보다 어렵지 않았지만, 그래도 불쑥 찾아 드는 허전함을 견디기 버거울 때도 있었다. 책을 쓴다는 건 때로는 고행과도 같다. 철저한 자기관리가 뒷받침되지 않으면 포기하거나 흐지부지 끝내기 쉽다. 소설가 이외수는 책 쓰기에 대해 이렇게 말한다.

"백 매를 쓰고 천 매의 파지를 만든다. 그리고 다시 써놓은 백

매를 태워버린다. 울고 싶은 심정뿐이다. (……) 기침을 한다. 목구멍에서 약간의 피비린내가 나고 있다. 어디까지 망가져 있는 것일까. 그러나 망가져도 좋으니 하나만 쓰게 해다오."

– 이외수, 하창수 엮음, 『마음에서 마음으로』, 김영사, 2013년, 17쪽.

이처럼 간절한 목마름과 치열한 실천이 오늘의 그를 만들었을 것이다. 단어들이 술술 흘러나와 글이 쉽게 써지는 일은 많지 않다. 오히려 그 반대일 때가 더 많다. 그만큼 글쓰기는 외롭고 힘겨운 싸움이다. 그렇다고 다른 누군가가 이 싸움을 대신 해줄 수도 없다. 스스로 극복해야 한다. 그래서 글쓰기는 자신과의 대결이기도 하다.

이와 동시에 글쓰기만큼 깊이 배울 수 있으며 자유롭고 창의적인 작업도 드물다. 공자는 "아는 것은 좋아하는 것만 못하고 좋아하는 것은 즐기는 것만 못하다"라고 했다. 우리가 이 책의 원고를 완성할 때까지 술을 입에 대지 않은 이유는 매 순간 오롯이 몰입하고 하루하루 신나게 글을 쓰기 위해서였다. 또한 우리 두 사람의 정신과 육체에 남아 있는 첫 책 집필의 과정을 생생히 되살리기 위해서였다.

토니 모리슨은 소설가로 입문한 이후에도 직장에 다니며 두 아들을 홀로 키우느라 매우 바쁘게 살아야 했다. 하지만 글을 쓰기 위해 책상 앞에 앉으면 완전히 달라졌다. 어쩌면 그녀에게 글쓰기는 뜻대로 되지 않는 삶의 무게에서 벗어나 자신이 마음껏 즐길 수 있는 유일한 세상이었는지도 모른다. 그래서일까, 글을 쓸 때만큼은 모든 걱정거리를 잊고 완전히 몰입했다. 그녀 말마따나 바로 그래서 소설을 창작해낼 수 있었다.

다시 한번 물어보자. 글쓰기는 힘들고 고통스러운 작업인가? 그렇다. 글쓰기는 즐겁고 흥미진진한 일인가? 그렇다. 또다시 강조하건대 글쓰기는 말 그대로 괴롭고 즐거운 과정이다. 유명한 전업 작가의 사정도 별반 다르지 않다. 스티븐 킹과 이외수는 폭넓은 마니아층이 있을 정도로 손꼽히는 이야기꾼이고, 존 스타인벡과 어니스트 헤밍웨이, 토니 모리슨은 노벨문학상 수상자다.

글쓰기는 개인적인 일이다. 글을 쓰는 사람은 수없이 많고, 글 쓰는 방식도 천차만별이다. 어떤 사람은 글쓰기를 헤파이스토스 Hephaistos(노동의 신)의 영역이라고 말한다. 글쓰기가 힘겨운 노동이라는 뜻이다. 또 어떤 이는 글쓰기를 뮤즈Muse(예술의 여신)의 영역이라고 말한다. 글쓰기가 영감과 재미로 가득한 놀이라는 의미다. 모두 맞는 말이다. 글쓰기는 즐겁고, 괴롭고, 놀이이며, 노동이다. 누구나 책을 한 권 쓰겠다고 생각할 수 있고, 그중 누군가는 정말로 책을 출간한다. 누가 책을 쓸 수 있는지는 정확히 맞힐 수 없지만, 분명한 사실은 책을 출간하는 모든 사람은 글쓰기의 즐거움과 괴로움을 온몸으로 체험해야 한다는 점이다.

글쓰기에 단 하나의 정답이라는 건 없다. 그럼에도 글을 쓰고 책을 내려는 사람이라면 누구도 피할 수 없는 진실이 있다. 잘 써지는 때가 있고 안 써지는 때도 있는데, 안 써지는 날은 건너뛰고 잘 써지는 날만 쓰면 책을 완성할 수 없다는 것이다. 잘 써지건 안 써지건 써야 한다. 즐거우나 괴로우나 써야 한다. 꾸준히 쓰다 보면 괴로움이 즐거움으로 전환되고, 또 그 반대 현상도 일어난다. 그리고 어느 문턱을 넘어서 흐름이 만들어지면 그 둘이 시너지를 일으킨다. 이때부터는 글을 쓰지 않는 게 쓰는 것보다 힘들어진다. 힘들여 구하는 것뿐만 아니라 일상에서 접하는 온갖 것이 글쓰기로 연결된다. 본격적으로 흐름을 타면 글쓰기를 멈출 수 없다. 글은 영감과 땀, 눈물과 미소 모두를 먹고 자란다. 그렇게 쓴 글로 한 장 한 장 채워진 책이어야 읽는 이에게 통찰과 감동을 줄 수 있다.

베스트셀러가
목표는 아니다

첫 책을 쓸 때는 베스트셀러가 되기를 기대하기보다는 좋은 책을 쓰는 데 주력해야 한다. 자기 자신을 진실하게 풀어놓는 일이 먼저다. 베스트셀러를 염두에 두고 책을 쓰면 하고 싶은 말을 다 하기 어렵다. 그러면 책을 출간하고 후회하기 십상이다. 책은 일단 출간되면 고치기 어렵다. 첫 책을 쓰고 후회가 남아서는 안 된다. 내일 죽더라도 이것만은 사람들에게 알려주고 싶다는 간절한 마음으로 써야 한다.

보통 베스트셀러는 인구 대비 1퍼센트가 읽은 책이라고 한다. 우리나라 전체 인구를 5000만 명으로 본다면 50만 권은 팔려야 베스트셀러라고 할 수 있다. 현재 기준으로 베스트셀러가 되려면 대형 서점의 경우 일주일 동안 적어도 500권 이상은 팔려야 한다.

베스트셀러는 좋은 책일까? 그럴 수도 있고 아닐 수도 있다. 일단 베스트셀러는 많이 팔린 책이다. 다만 많은 독자가 접했다고 해서 반드시 좋은 책이라고 할 순 없다. 반대로, 좋은 책이 반드시 많이 팔린다는 보장도 없다. 요즘에는 베스트셀러가 책의 내용이 아니라 출판사의 마케팅이나 트렌드에 의해 만들어지는 경우도 적지 않다.

베스트셀러를 선정하는 과정을 보면 한 가지 의문이 생긴다. 과연 누가 베스트셀러를 만드는 걸까? 표면적으로는 책을 사는 독자에 의해 만들어지지만, 실제로는 서점이 선택한 책들이 주로 독자의 눈길을 끈다. 어떤 책을 출간하고 어떤 책을 광고하며 어떤 책을 진열할지는 전적으로 출판사와 서점에서 결정한다. 당연하게도 그런 책들이 베스트셀러가 될 확률이 높아진다.

마케팅 전략에 의한 베스트셀러 만들기를 제외하고, 순수하게 책 자체의 힘으로 베스트셀러가 되는 경우는 다음 세 가지다. 첫째, 저자의 인생이 베스트셀러인 경우다. 동시에 저자의 이야기를 세상이 듣고 싶어 해야 한다. 예를 들어 한비야는『바람의 딸 걸어서 지구 세 바퀴 반』시리즈를 시작으로『지도 밖으로 행군하라』,『한비야의 중국견문록』,『그건, 사랑이었네』,『1그램의 용기』까지 출간하는 책 모두 베스트셀러가 되었다. 그녀는 평범한 직장인에서 자신의 꿈을 좇아 오지 탐험가가 되었고, 이후 국제 구호 활동가로 변모했다. 그럼으로써 사회적 롤모델이 되었기 때문에 그녀의 삶에 관심을 갖는 사람이 많다.

둘째, 그 분야의 차별적인 전문가여야 한다. 대체로 사람들은 한 분야에서 오랫동안 실력을 갈고닦은 전문가가 쓴 대중적 기록이나 이야기를 신뢰하고 선호한다. 구본형은 변화경영의 전문성을 기반으로 IMF 시대를 살아가는 직장인의 가슴을 뜨겁게 한 『익숙한 것과의 결별』이라는 첫 책을 통해 베스트셀러 작가가 되었다. 한국과학기술원 교수 정재승은 『과학 콘서트』라는 책을 통해 복잡한 사회현상의 이면에 숨겨진 과학 이야기를 흥미롭게 풀어내 대중적인 과학 저술가로 자리매김했다.

마지막으로, 이 시대를 살아가는 대중이 듣고 싶어 하는 이야기를 내놓아야 한다. 저자 입장에서는 어쩌면 이 점이 가장 모호한 요소일 것이다. 트렌드나 행운 등 통제하기 어려운 요인들이 작용하기 때문이다. 많이 이들의 관심을 끌 만한 이야기를 찾아내서 듣고 싶은 형태로, 좋은 타이밍에 내놓을 수 있는지가 관건이다. 무명이더라도 발군의 문장력을 갖췄거나 스토리텔링 능력이 뛰어나면 더욱 좋다. 읽어본 사람들이 재미있어하고 즐거워하면 입소문이 퍼져 나간다. 일설에 따르면 『해리포터』의 작가 조앤 롤링Joan K. Rowling은 기차를 타고 가다 아이들이 마법사 모자를 쓰고 망토를 입고 노는 장면을 우연히 보게 되었다. 마침 기차가 멈추면서 그 모습을 자연스레 관찰했고 아이들이 마법사를 무척 좋아한다는 걸 알게 되었다. 그녀는 이걸 책으로 쓰면 괜찮겠다는 생각이 들었다. 이렇게 나온 책은 생활고를 겪던 그녀의 삶을 완전히 바꿔놓을 정도로 엄청난 베스트셀러가 되었다.

첫 번째를 제외하고 두 번째와 세 번째 방식은 첫 책을 쓰는 저자라면 시도해볼 만한 방식이다. 저자는 자신이 하고 싶은 말을 해야 하지만 독자가 듣고 싶어하는 방식으로 이야기할 수 있을 때, 즉 저자와 독자가 황금 교차로에서 만날 때 많이 팔릴 수 있는 좋은 책이 출간될 확률이 높다.

전문가들이 좋은 책으로 선정한 도서들의 목록을 보면 베스트셀러와는 거리가 먼 책이 상당수를 차지한다. 이는 좋은 책의 기준과 베스트셀러의 기준이 다르기 때문이다. 그 이유는 단순하다. 전문가들은 독자에게 미치는 영향을 기준으로 책을 선정하지만, 베스트셀러는 그저 많이 팔리는 것이 기준이다. 물론 베스트셀러 중에는 독자에게 재미와 지혜를 주는 책들도 많다. 그렇지만 베스트셀러 위주로 읽고 베스트셀러가 말하는 가치를 무분별하게 받아들이는 건 바람직하지 않다. 그보다는 오랫동안 꾸준히 팔리면서 내용과 가치를 검증받은 고전과 스테디셀러를 함께 읽는 것이 좋다.

변화경영연구소의 연구원이 되면 첫해에 1년 동안 약 50권(일주일에 한 권)의 책을 읽는다. 그중 절반 이상은 이미 절판되었거나 출간된 지 아주 오래된 책들이다. 출판사 입장에서는 매출에 큰 도움이 안 되는 책들이 대부분이다. 그런데 그런 책들이 읽을 때마다 새로운 지혜와 통찰력을 주었다. 반짝 팔리는 베스트셀러보다는 오랫동안 사랑받아온 스테디셀러가 좋은 책인 이유가 여기 있다.

첫 책을 쓸 때 우연히 '시대의창'이라는 출판사의 독자 투고 안내문을 보게 되었다. 그중 눈에 띄는 구절이 있어 옮겨본다.

> "쓰는 사람도 무엇을 쓰는지 모르고 쓰는, 그런 '차원 높은(?)' 원고 말고, 여기저기서 한줌씩 뜯어다가 오려붙인, 그런 '누더기' 말고, 마음의 창을 열고 읽으면 낡은 생각이 묵은 껍질을 벗고 새롭게 열리는, 너와 나, 마침내 우리를 더불어 기쁘게 하는 땀으로 촉촉이 젖은 그런 정직한 원고."

이 구절을 읽는 순간 우리는 무릎을 쳤다. 그렇다, 바로 이런 책을 써야 한다! 좋은 책은 마음의 눈을 밝혀주고 너와 내가 한마음이 되게 한다. 시공을 초월한 공감의 기쁨을 맛볼 수 있다. 첫 책을 쓰면서 앞이 보이지 않을 때마다 우리는 이 글을 읽고 또 읽었다.

베스트셀러는 책 쓰기의 목표가 아니라 결과다. 출판사는 책을 많이 파는 것이 목표일 수 있지만 첫 책을 쓰는 저자는 책 쓰기의 목표와 결과를 혼동해서는 안 된다. 그렇다고 베스트셀러를 전적으로 무시하라는 의미는 아니다. 베스트셀러를 보면 그 시대의 트렌드를 이해할 수 있다. 그러나 시대를 이해하는 것과 시대에 편승하는 것은 분명 다르다.

다시 한번 말하지만, 첫 책을 쓸 때는 좋은 책을 쓰는 것을 목표로 삼아야 한다. 잘 팔리는 책보다 좋은 책을 쓰려는 마음가짐이 중요하다. 외적 보상보다 내적 만족을 즐겨라. 그럼에도 베스트셀러를 목표로 쓰고자 한다면 유행가처럼 잠시 반짝했다가 사라지는 책이 아닌 오랫동안 사랑받을 베스트셀러를 쓰도록 노력해야 한다.

저명한 소설가 시드니 셸던 Sidney Sheldon 은 『스누피의 글쓰기 완전정복』에서 베스트셀러 쓰는 공식을 다음과 같이 제시한다.

- 자기가 정말, 진짜로 좋아하는 글감을 택하라.
- 멋지다는 생각이 들 때까지 그 글감을 발전시켜라.
- 모든 단어들이 빛을 발할 때까지 1년이고 2년이고 다시 써라.

그 다음에는 손톱을 깨물고 숨을 죽인 채 열심히 기도하라.
– 몬티 슐츠 외, 김연수 옮김, 『스누피의 글쓰기 완전정복』, 한문화, 2006년, 52쪽.

시드니 셸던은 먼저 좋은 책을 써야 한다고 강조한다. 그에게 베스트셀러는 문자 그대로 '좋은best 책'이다. 첫 책을 쓸 때는 무엇보다 자신이 쓰고 싶은 글감을 골라 흡족할 때까지 최선을 다해 써야 한다. 그것이 우선이고 최선이다.

"베스트셀러? 그저 잘 팔렸으니까 베스트셀러겠지. 그 이상도, 이하도 아니야!"

— 대니얼 부어스틴 Daniel J. Boorstin

; 첫 책, 설익은 출사표를 구원하다

— 유선영(어미새강점경영연구소장, 「사장이라는 자리」 저자)

자유의지가 앓아누울 때쯤이었다. 딱 2년만 더 회사에 다니며 독립할 준비를 해야겠다고 생각하던 해에 나는 겉으로만 멀쩡하던 직장생활에 마침표를 찍었다. 나의 출사표는 설익은 채로 세상에 던져졌다. 혼자 허허벌판에 서 있는 듯 막막하고 두려웠다. 하지만 불구덩이 속으로 다시 들어가고 싶지는 않았다. 두려움과 각오가 매일 씨름을 했다. 헤드헌터들에게 전화가 올 때마다, 아이들에게 "엄마 오늘은 왜 안 나가?"라는 질문을 받을 때마다 마음이 요동쳤다. 말이 좋아 프리 에이전트, 나는 뿌리 뽑힌 갈대였다.

먹고사는 것도 고민이었지만 갈 곳 잃은 이 엄청난 열정을 어디에 쏟아야 할지 대책이 필요했다. 마음이 평온해질 수 있는 안식처와 살아갈 궁리를 함께 찾고 싶었다. 간절함이 마음속 숙원과제를 비추었다. 그래 나는 책을 쓰고 싶었다. 간절함은 결심으로, 결심은 우연의 이끌림으로 이어졌다. 그렇게 나는 '내 인생의 첫 책 쓰기 모임'에서 숙원과제 앞에 섰다. 모임에는 다양한 인연과 사연으로 모인 동료들이 있었다. 그 안에서 나는 있는 그대로의 나와 있는 그대로의 동료들을 마주했다. 우리는 모두 안아주고 싶은 벗이었고, 서로를 위해 힘껏 공헌하는 벗이 되었다. 그뿐인가. 우리의 간절함을 헤아리는 리더를 통해 우리는 깊이 배우고 깨우치고 어우러졌다. 그리고 서로에게 자주 물었다. "당신이 세상을 향해 진심으로 하고 싶은 이야기가 뭡니까?"라고 말이다.

다행히 나에게도 하고 싶은 이야기가 있었다. 경영 컨설턴트 시절부터 유난히 마음이 쓰이던 그들. 누구보다 분주하지만 누구보다 외로운 리더들. "코치님 한번 뵙고 싶습니다." 쭈뼛쭈뼛 다가와 자신의 고민을 털어놓고 간절하게 조언을 구하던 중소기업 CEO들을 위해 나는 첫 책을 쓰고 싶었다.

결심이 서니 챙길 일이 많아졌다. 방치되어 있던 새벽 시간과 흩어져 있던 이동 시간을 모았다. 여유가 있는 날은 어김없이 도서관에 자리를 잡고 노트북을 열었다. 첫 문장만 나와준다면 뱃

속까지 내려가서 쓸 준비가 되어 있는데, 노트북 앞에 앉아만 있을 뿐 영감은 쉽게 찾아오지 않았다. 의욕과 체력은 넘치고 필력은 부족한 예비 작가가 바로 나였다.

목표가 생겼고 장애물이 나타났으니 돌파를 해야 했다. 고백하자면 첫 책이 나오기까지 모든 과정은 작가로서 나의 한계를 만나고 돌파해나가는 일의 연속이었다. 첫 문장으로 어떻게 독자를 사로잡을까, 어떻게 더 담백하고 친절하게 내 생각을 써 내려갈까, 이미 나와 있는 책들과 나의 책은 어떻게 달라야 할까, 내게 이 책을 쓸 자격은 있는 걸까, 출판사가 내 책의 가능성을 알아볼까, 초고는 왜 이렇게 초라할까. 자주 내면 깊은 곳에서 딴지 반 도전 반의 질문이 올라와서 나를 시험에 들게 했다.

예비 작가로만 그 질문을 받았다면 나는 첫 책 쓰기의 관문을 통과하지 못했을지도 모른다. 다행히 나는 예비 작가이자 나를 믿고 돕기를 자처한 코치였다. 코치로서 나는 나의 책 쓰기 과정에서 마주하는 모든 장애물과 한계를 돌파하기 위해 총력전을 펼쳤다. 번뇌가 찾아오면 이렇게 응대했다.

"번뇌가 무엇인지 알겠습니다. 충분히 공감하고 이해합니다. 그럴 수 있지요. 다만 지금 당신 상황에서 당신에게 더 좋은 프로젝트는 없다는 걸 기억하세요. 그리고 자신과의 약속을 지키면서 번뇌를 넘어서세요. 세상에 하고 싶은 이야기를 성실하게 써 내려가는 것 말고는, 설익은 출사표를 던진 당신을 구원할 방법은 없습니다"라고.

그래도 마음이 흔들릴 때는 '자기 신뢰'와 '강점 활용'에 집중했다. 자기 신뢰, 자신을 믿고 지지하기 위해 나는 구체적으로 선언했다. "나에게는 잠재 능력이 있다. 이를 최대한 발휘하기 위해 나는 최선을 다해 나를 돕는다. 아름드리 떡갈나무로 자라날 잠재력을 지닌 도토리가 바로 나다. 스스로 자양분과 따뜻한 햇볕을 마련하고, 세심한 정성을 쏟자. 어쨌거나 떡갈나무가 될 자격은 이미 내 안에 존재한다." 내가 붙들어야 할 가장 강력한 주문이 만들어졌다.

다음은 강점 활용이었다. 책 쓰기는 개인의 강점과 연결될 때 강력한 힘을 얻는다. 이것은 강점 코칭 마스터로서 내가 가지고 있는 확신이다. 우리는 모두 고유한 개인으로, 사고하고 느끼고 행동하는 방식이 다르다. 그러므로 첫 책을 바라보는 의미도 모두 다르다. 누군가에게 책 쓰기는 아이디어를 구체화하고 지적으로 고도화하는 일이지만, 또 누군가에게 책 쓰기는 해결해야 할 문제의 근원이 무엇인지를 파악하는 일이다.

'나에게 책을 쓰는 일은 어떤 의미일까?' 강점 마스터로서 자신을 들여다보았다. 나는 주변 사람들과 깊고 친밀한 관계 맺기를 좋아한다. 특히 그들이 목표를 향해 나아가는 일에 공헌하는 데에서 깊은 만족감을 얻는다. 나는 왕성한 에너지와 성실함을 가지고 있다. 나는 단련된 조직개발 전문가이자 비즈니스 코치다.

그다음은 나의 강점들을 활용해 작가로서의 소명으로 확장해 나갔다. '나의 첫 책은 어떤 소명을 가지고 태어날 것인가?', '나는 어떤 작가인가?'라는 질문에 답해본다. 나의 첫 책은 중소기업 CEO의 절박한 질문에 답하기 위해 써 내려가는 편지글이다. 그들이 원하는 성공과 행복에 가까워질 수 있다면, 나는 기꺼이 때로는 따뜻하고 때로는 따끔한 메시지를 가지고 그들을 만날 것이다. 그 만남을 위해 나는 왕성하게 배우고 성실하게 써 내려가는 작가다. 첫 책을 통해 나는 더 많은 중소기업 CEO들에게 어미 새가 되어줄 것이다.

선언이 완성될 때쯤 나만의 오롯한 성취가 찾아온다. 수줍게 고백하던 나만의 이야기가 매력적인 모습과 권위를 지니고 나에게 온다. 그리고 세상에 나아가 안아주고 싶었던 그들을 위무하고 변화시키는 뭉클한 기적을 이뤄낸다. 가족과 지인들로부터 벅찬 축하를 받고 나를 알지 못하던 사람들로부터, 문턱 높은 기관의 담당자로부터 당신의 전문성에 의지하고 싶다는 요청을 받게 된다. 밥벌이에 치여 모르고 지냈던 깊은 독서의 즐거움을 알아가고, 각양각색의 계절 속에서 경이로움 가득한 하루하루를 마주할 수 있다. 그 안에서 나는 벅차고 행복해서 우는 울보가된다. 이것이 두려움 가득했던 신출내기 프리 에이전트가 방황하는 당신에게 첫 책 쓰기를 권하는 이유다.

나의 도전은 멈추지 않을 것 같다. 연애를 해보지 않은 사람은 있어도 연애를 한 번만 해본 사람은 없다고 하지 않는가. 또 한 번의 연애를 위해 오늘도 나는 울고 있는 친구의 고민에 귀를 기울인다. 그리고 친구의 고민에 진지하게 답하기 위해 두 번째 책 쓰기 여정에 올랐다. 여정 안에서 나는 자신에게 묻는다. '나의 필력이 얼마나 늘었을까?', '내가 이 책을 쓸 자격이 있을까?' 라는 질문 대신에 '정말 안아주고픈 그대를 위해 진심으로, 최선을 다해, 나만의 목소리를 가지고 쓰고 있는가?'라는 질문이다. 그에 답하면서 여정을 즐기고 있다. 머지않아 두 번째 책도 세상에 태어날 것이다. 세상에 나와서 우는 이들과 함께 울고, 웃는 이들과 함께 웃으며 품어진 소명을 구현해내리라 믿는다. 그래서 나는 오늘도 나를 믿고 나다움에 집중하며 써 내려간다.

제3장

구상하기
무엇을 쓸 것인가

The First Book
Written by Myself

좋은 글감을 구하기 위해서는 관찰자, 사냥꾼, 수집가가 되어야 한다. 예민한
관찰자는 남이 보지 못하는 것을 본다. 노련한 사냥꾼은 자신에게 온 사냥감
을 놓치지 않는다. 부지런한 수집가에게는 글감이 우물처럼 마르지 않는다.
글감을 포착하고 사냥하고 수집하라.

쓸거리는
일상에 있다

책을 쓰고 싶은 마음이 굴뚝같아도 막상 쓰려고 하면 막막하다. 도대체 무엇을 써야 할지 답답하다. 그러다 보니 몇 자 끼적대다가 포기하기 십상이다. 하고 싶은 얘기는 많은데 막상 글로 표현하려고 하니 손이 움직이지 않는다. 무슨 말을 해야 할까? 어디서부터 시작해야 할까?

　써야 할 글감이 섬광처럼 떠오르는 경우는 많지 않다. 더욱이 언제 그런 영감이 떠오를지 예측하기 어렵기 때문에 미리 준비해야 한다. 쓸거리를 확보하려면 관심과 관찰이 필요하다. 글감은 일상생활 속에 즐비하다. 우리가 무심코 지나치기 때문에 보지 못할 뿐이다. 싱싱한 글감을 찾는 방법을 함께 생각해보자.

온몸으로 관찰하라

미국의 현대무용가 트와일라 타프는 창의력을 키우는 데 관찰이 매우 유용하다고 말한다. 그녀는 특별한 무언가를 관찰하는 것도 좋지만 무작정 밖으로 나가 거리 풍경을 볼 것을 적극 추천한다.

그녀가 제안하는 관찰 방식은 이렇다. 거리에 남녀 커플이 있다. 이들의 행동을 관찰해 20개를 적어보는 것이다. '남자가 여자의 팔을 살짝 건드린다. 여자가 오른쪽 손가락으로 머리를 쓸어 넘긴다. 여자가 머리를 양옆으로 흔든다. 남자가 여자에게 기댄다. 여자가 주머니에 손을 넣는다. 남자가 지나가는 다른 여성을 보려고 고개를 돌린다.' 이런 식으로 아주 소소한 것이라도 모두 써본다. 그러면 금세 20개를 채울 수 있을 것이다.

그런 다음 적은 목록을 보면서 상상력을 발휘해 그 커플에 관해 이야기를 만들어본다. 이들은 어떤 관계일까? 친구? 아니면 장차 연인으로 발전할 사이? 오누이? 직장 동료? 불륜? 우연히 만난 이웃사촌? 이들은 싸우는 중일까, 깨지기 일보 직전일까, 아니면 사랑에 빠져 있는 걸까? 함께 주말여행을 가려고 계획을 짜고 있는 걸까? 혹시 서로 다른 영화를 보고 싶다고 말다툼을 벌이고 있는 건 아닐까? 이런 식으로 유추하다 보면 단편소설을 쓰고도 남을 만큼 많은 얘기가 펼쳐진다.

이번에는 조금 다른 방식으로 관찰을 해보자. 평소 우리는 많은 부분에서 자신만의 인식의 틀을 통해 세상을 보고 정보를 걸러내고 편집한다. 그 방식을 관찰에 적용하는 것이다. 먼저, 한 커플을 고른다. 그리고 둘 사이에서 생기는 일 가운데 재미있는 것이나 당신의 마음에 드는 것을 선별하여 20개를 적어본다. 이 일은 앞에서 했던 작업보다 훨씬 어렵고 시간도 더 많이 걸린다. 관찰에 자신의 판단이 개입되기 때문이다.

두 번째 방식에서 당신의 눈길을 잡아끈 것은 무엇인가? 커플 간에 충돌이 생길 때인가? 애정이 넘칠 때인가? 어떤 몸짓이었는가? 서로를 외면하는 시선인가? 두 사람이 점점 거리를 좁혀가는 모습인가? 발을 바꾸는 동작? 벽에 비스듬히 기대는 모습? 안경을 벗거나 턱을 긁적이는 행동?

이런 방식으로 관찰을 하면 두 가지 장점이 있다. 첫째, 관찰에 익숙해지고 관찰하는 방법을 배우게 된다. 둘째, 자신이 세상을 어떻게 보는지를 이해하게 된다. 이는 두 개의 목록을 비교하면서 자신이 관찰한 것 중 무엇을 선택하고 무엇을 버렸는지 분석해보면 알 수 있다. 이러한 과정을 여러 번 반복하다 보면 일정한 패턴을 발견할 수 있다. 자신이 어떤 것에 관심을 보이고 어떤 것에 관심이 없는지를 말이다.

『생각의 탄생』 저자 로버트 루트번스타인 Robert Root-Bernstein과 미셸 루트번스타인 Michele Root-Bernstein은 열세 가지 생각의 도구 중 '관찰'을 첫 번째로 꼽았다. 이들은 관찰이 '수동적 보기'가 아니라 '적극적 보기'라고 말한다. 실제로 뛰어난 관찰자들은 온몸으로 관찰한다. 온몸으로 관찰한다 함은 눈(시각)뿐만 아니라 귀(청각), 입(미각), 코(후각), 손(촉각) 등 모든 감각기관을 도구로 사용한다는 뜻이다. 이렇게 입체적으로 관찰하는 사람은 평범한 일상에서 의미심장하고 독특한 뭔가를 발견해낸다.

미국의 사회사상가 헨리 데이비드 소로우 Henry David Thoreou 는 1845년 미국 콩코드 지역의 월든 호숫가에 조그만 통나무집을 짓고 2년 2개월을 살았다. 인적이 드문 그곳에서 밭을 일구고 자급자족하며 독립적인 삶을 즐겼다. 소로우는 하버드대학교를 졸업한 엘리트였지만 세속적인 부와 명성에는 전혀 관심이 없었다. 그에게 중요한 것은 삶의 본질이었다. 그는 삶의 본질을 알고 싶었고 자기답게 사는 법을 배우고 싶었다. 그가 고백했듯이, 인생의 마지막 순간에 제대로 살지 못했다는 후회를 하고 싶지 않았던 것이다.

일한 만큼만 먹고 먹을 만큼만 생산하는 삶, 그것이 소로우가 선택한 삶이었다. 그는 최소한의 의식주를 해결한 후 남은 시간은 숲을 산책하고 동식물을 관찰하고 독서와 명상을 하며 보냈다. 사람들은 그를 빈둥거리며 삶을 허비하는 실패자라며 손가락질했지만, 그는 자신의 인생을 스스로 개척하고 자기 내면을 관찰했다. 그리고 그때의 경험을 바탕으로 한 권의 책을 썼다. 그 책이 바로 『월든』이다.

이 책은 생태문학의 고전이자 19세기에 쓰인 경전이라는 찬사를 받는다. 치열한 자기 성찰과 세밀한 외부 관찰, 번뜩이는 통찰력, 그리고 이 모두를 적절하게 표현한 간결한 문장이 돋보이는 책이다. 한마디로 좋은 책이 갖춰야 할 모든 걸 보여주고 있다. 미국의 글쓰기 고전 『영어 문장 다듬기』를 쓴 E.B. 화이트 E. B. White는 이 책을 높이 평가하여 "대학 졸업생들에게 졸업장과 더불어 소로우의 책을 한 권씩 줘야 한다"라고 말했다.

관찰의 네 가지 조건

관찰을 하는 데 꼭 필요한 것은 무엇일까? 시간, 관심, 인내, 그리고 혼자여야 한다는 점이다. '시간'을 들여 '혼자'서 충분한 '관심(주의)'과 '인내'를 가지고 관찰해야 한다. 이 네 가지 조건에 들어맞는 상황은 언제일까? 혼자서 누군가를 기다릴 때, 지하철이나 버스를 타고 있을 때, 홀로 여행이나 등산을 할 때 등이다. 이럴 때 어떤 사람이나 사물 또는 상황을 관찰해보자. 필요하다면 간단히 메모를 하거나 스케치를 하는 것도 좋다.

언젠가 광주에 있는 한 종합병원을 방문한 적이 있다(홍승완). 기독교 병원이어서 병원 안에 예배당이 있었다. 일 때문에 그 병원에 갔던 나는 온종일 예배당에서 무료하게 시간을 보내야 했다. 그러다 보니 자연히 예배당을 찾는 사람들을 유심히 보게 되었다. 처음에는 그저 무심코 여러 사람에게 시선을 두었는데 오히려 지루하기만 했다. 그래서 그들 가운데 마음에 드는 사람을 골라 집중적으로 관찰하기 시작했다. 유심히 바라보니 뭔가 가슴에 와닿는 게 있었다. 그 느낌을 상세하게 메모했다. 며칠 후 그때 관찰한 것을 바탕으로 짧은 글 한 편을 완성했다. 그 가운데 일부를 옮겨보면 다음과 같다.

정오가 한참 지났을 무렵이다. 아버지와 아들로 보이는 두 남자가 들어왔다. 연로하신 할머니와 젊은 여자도 함께였다. 아버지와 할머니는 휠체어를 타고 계셨는데 많이 편찮으신 것 같았다. 내 또래로 보이는 아들은 아버지의 휠체어를 조심스레 밀었다. 젊은 여자 역시 할머니의 휠체어를 천천히 밀었다. 아들은 아버지 쪽으로 고개를 숙였다가 다시 드는 행동을 반복했다. 아마도 아버지에게 뭔가를 말하는 것 같았다. 점점 휠체어가 내 자리 근처로 다가왔다. 대화를 들어보니 아들과 젊은 여자는 연인 사이인 듯했다. 자세한 사정은 알 수 없었지만, 그의 아버지와 그녀의 할머니가 같은 병원에 입원하신 듯했다. 아들은 아버지에게 이런저런 얘기를 했다. 어느 순간 아버지는 잠이 드셨지만 아들은 얘기를 계속했다. "아버지, 나 이제 농사 안 지으려고요. 아버지 건강해지면 다시 지을 거야. 그러니까 얼른 건강해지세요. 꼭 일어나셔야 해요, 알았죠?" 병든 아버지가 빨리 낫기를 바라는 아들의 마음이 느껴졌다. 그러나 아버지는 말이 없었다.

아들은 젊은 여자와 할머니에게도 말을 건넸다. 할머니는 깨어 있었지만 대답을 잘 못 하셨다. "할머니, 아름다우세요. 그거 아세요? 지금도 아주 예쁘세요." 좋지 않은 상황인 듯했지만 그와 그녀는 표정이 밝았다. 그는 잠든 아버지에게 간혹 농담을 했다. 그녀를 가리켜 보이며 이렇게 말하기도 했다. "아버지, ○○ 왔어요. 별로 안 예쁘죠? 그래도 농사는 잘 지어요. (웃으며) 빨래 잘하고 밥 잘하면 되죠. 살림 잘하는 게 최고잖아요. 아버지가 얼른 일어나셔서 용돈 주셔야죠." 여전히 아버지는 말씀이 없으셨다. 괜스레 집에 계시는 아버지 생각이 났다.

그들의 모습이 아직도 생생하다. 그들이 절실히 원하는 일, 즉 기도하는 것은 '아버지'와 '할머니'가 건강해지는 것이다. 그 광경을 지켜보며 나는 열심히 살아야겠다고 다짐했다. 아들과 딸, 아버지와 어머니, 그리고 친구를 만나고 대화를 나누는 소소한 일상이 누군가에게는 절실한 일이었다. 나는 관찰의 힘을 새삼 깨달았다. 자칫 무료한 시간으로 기억에서 사라질 뻔했던 하루가 능동적 관찰 덕분에 잊을 수 없는 소중한 하루로 바뀌었기 때문이다.

경험이 많아야 되는 건 아니다

우리 일상에서 유용한 쓸거리를 얻을 수 있는 영역은 '나'와 '일'이다. 두 영역에서 쓸거리를 찾는 방법을 살펴보자.

먼저 나를 관찰한다. 내가 하고 싶은 것, 내가 좋아하는 것, 내가 고민하는 것 등 나와 관련된 것들을 써본다. 사람들은 대다수가 자신의 이야기를 하고 싶어 하고 또 하기도 쉽다. 자신과 노는 것만큼 재미있는 일도 없다. 자신과 관련된 이야기는 하늘의 별처럼 무수히 많다. 다음을 참조하여 자신을 관찰해보자. 주의할 점은 내가(I) 아니라 나를(me) 관찰하는 것임을 잊지 마라. 자기 자신을 3인칭(그, 그녀)으로 표현하는 것도 좋은 방법이다.

- 인생 이야기_ 내 인생의 명장면, 아픈 상처, 터닝포인트, 부모님, 가족, 애인

- 나는 누구인가?_ 성격, 기질, 장단점, 10년 안에 이루고 싶은 꿈, 행복한 순간, 외로운 순간, 존경하는 사람, 사랑하는 사람, 좋아하는 친구, 내 얼굴 묘사하기

- 가치관_ 좌우명, 가훈, 유언장, 행복, 죽음, 변화, 성공, 사랑, 우정, 이별, 시련, 결혼

- 직업_ 직업관, 앞으로 해보고 싶은 직업, 일과 생활의 조화

- 경력_ 가장 뛰어난 업적 두세 가지, 가까운 장래에 가장 잘 해낼 수 있는 도전 과제나 일, 내가 가진 전문성(자격증, 인증서, 학

위, 참여한 프로젝트, 논문, 저서 등)

- **취미_** 가장 기억에 남는 책과 영화, 좋아하는 음악과 음식, 가
  보고 싶은 여행지
- **기타_** 원시 시대에 태어난다면? 나에게 보내는 편지

다음은 자신의 일과 관련된 것들을 관찰한다. 쓸거리가 없다는 사람들은 대부분 "저는 경험이 없어요. 사회생활을 한 지 3년도 안 됐는걸요"라고 말하며 경험 부족을 핑계로 댄다. 물론 경험이 많으면 할 얘기가 많겠지만, 경험이 부족하다고 해도 주변을 꼼꼼히 들여다보면 할 이야기는 무궁무진하다. 그 가운데 하나가 자신이 하고 있는 일과 관련된 것이다.

예를 들어 당신이 인사 부서에서 근무한다고 가정해보자. 다양한 인사 업무 중에서 총무 일을 맡고 있다. 주로 하는 일은 회사의 근무 환경 개선과 직원들의 복지 향상이다. 경력이 짧아서 인사 업무 전체를 대상으로 책을 쓰기가 어렵다면 자신이 맡은 총무 쪽으로 범위를 좁히고 일을 더 잘게 쪼개보자. 근무 환경 개선, 사무용품 구입 및 관리, 복리후생, 시설관리, 행사 준비 등으로 나누는 식이다. 그런 다음 그중에서 가장 관심이 가는 분야를 선정해 그 분야에서 하고 싶은 일을 적어본다. '직원들이 쾌적한 환경에서 일할 수 있도록 돕고 싶다. 그런데 사무실 환경을 개선하는 데는 적지 않은 비용이 든다. 이를 집행할 수 있는 경영진은

대부분 비용을 최소화하려 한다.' 여기서 고민이 시작된다.

그러면 자신에게 이렇게 물어본다. '직원들에게 최상의 근무 환경을 만들어주고 싶은데 쓸 예산은 적다. 두 가지를 모두 해결할 방법은 없을까?' 이 질문에서 '최소한의 비용으로 직원들의 업무 효율과 만족도를 높일 수 있는 근무 환경을 만드는 방법'이라는 주제를 뽑아낼 수 있다. 관련 도서와 자료를 조사해보고, 유사한 상황에서 좋은 근무 환경을 갖춘 회사들을 벤치마킹한다. 그리고 정보를 차곡차곡 모은다. 이야깃거리가 많아지면서 장애물들도 하나씩 극복할 수 있으리라는 기대감이 생긴다. 이런 과정과 경험 하나하나가 모두 싱싱한 글의 소재가 된다.

윤택한 토지에서 농작물이 쑥쑥 자라듯이 재료가 넘치면 자연스레 글을 쓰고 싶어진다. 땅이 비옥하려면 농부가 성실해야 한다. 마찬가지로 책을 쓰기 위해서는 평소에 소수의 관심사를 정해두고 부지런히 자료를 모으고 꾸준히 관찰하는 노력이 필요하다.

영감이 떠오르지 않아요

저는 매일은 아니지만 종종 글을 쓰고 있습니다. 어떤 영감이 떠올라 글을 쓸 때면 '나도 책 한 권을 쓸 수 있겠다'라고 생각합니다. 하지만 그런 일은 정말 드물어요. 대부분은 영감이 떠오르지 않아 전전긍긍합니다. 작가나 전문적으로 책을 내는 사람들에겐 영감을 얻는 특별한 비법이 있을 것 같아요. 그렇지 않고서야 어떻게 그렇게 많은 글을 멋지게 쓸 수 있겠어요?

—김영미(37세, 초등학교 교사)

김영미 님은 글쓰기를 영감에 의해 이뤄지는 정신적인 작업이라 생각하시는군요. 하지만 글쓰기는 딱히 정신적인 작업이라고 할 수도 없고, 육체적인 작업이라고 할 수도 없습니다. 글쓰기는 정신과 육체가 공존하는 작업입니다. 정신적인 면과 육체적인 면에서 많은 에너지를 필요로 한다는 뜻이지요.

영감으로 글쓰기를 시작할 순 있겠지만 완성할 수는 없습니다. 책은 더욱 그렇지요. 번뜩이는 영감으로 몇 편의 글을 쓸 수는 있습니다. 하지만 전적으로 영감에 의지해서 한 권의 책을 쓸 수는 없어요. 결국 책을 완성하는 원동력은 쓰는 사람의 의지와 노력이에요. 물론 좋은 영감이 찾아온다면 반갑게 맞이해야겠지요. 하지만 그것만을 오매불망 기다리는 건 바람직하지 않아요. 앉아서 영감을 기다리기보다는 마중을 나가는 게 훨씬 능동적이고 바람직한 자세예요.

지금부터 영감을 마중 나가는 두 가지 방법을 알려드릴게요. 첫 번째 방법은 '작게 시작하기'입니다. 작게 시작하기란 글의 주제나 소재를 작게 줄이는 거예요. 일주일 내에 '한국의 숲'에 대해 2쪽 분량의 에세이를 써야 한다고 가정해보죠. 이런 글쓰기 과제는 쉽지 않아요. 주제가 너무 거창해서 어디서 시작해야 할지 막막하거든요.

그럴 때 예전에 몇 번 가본, 일테면 북한산 같은 곳을 찾아가 보는 건 어떨까요? 가볍게 산을 오르면서 나무들을 바라보는 겁니다. 마음에 드는 나무를 하나 발견하면 성공이에요. 그 나무를 세밀하게 관찰하고 느끼는 거죠. 그리고 종이를 꺼내 메모를 해요. 북한산과 그 나무에 관해, 그리고 그것을 관찰하는 자신에 대해서요. 그러고 나서 집으로 돌아와 책상에 앉아서 초안을 쓰기 시작하는 거예요. 메모해둔 내용을 참조하여 부담 없이 쓰면 됩니다. 초안을 완성한 후에는 인터넷으로 관련 자료를 검색하고 책을 찾아 읽으면서 원고를 보강해요. 그리고 여러 번 고쳐 써야겠죠. 최종 원고에 '한국의 숲을 상징하는 나무 한 그루'라는 제목을 달면 완성입니다.

이 방법이 작게 시작하기예요. '한국의 숲'에서 '북한산'으로, 다시 '북한산에 있는 마음에 드는 나무 한 그루'로 소재가 좁혀졌죠. 주제가 거창하다고 해서 소재까지 거창할 필요는 없어요. 작게 시작해서 크게 나아가도 돼요. 작게 시작하기의 장점은 글을 쉽게 시작할 수 있다는 거예요. 영감이 떠올라서 쓰는 경우보다는 쓰다 보면 영감이 떠오르는 경우가 더 많아요.

두 번째 방법은 '적극적으로 아이디어 찾기'예요. 크고 좋은 아이디어는 작고 사소한 아이디어가 진화하여 탄생하는 경우가 많아요. 그러니 번뜩이는 영감이 떠오르기를 마냥 기다리기보다는 적극적으로 아이디어를 탐색하는 게 좋아요.

아이디어를 탐색하는 수단으로 가장 자주 사용하는 것이 책이에요. 새로운 책보다는 읽었던 책 가운데 특히 가슴을 뛰게 했던 책이나 큰 도움을 준 책을 다시 봐요. 자세히 보는 게 아니라 가볍게 훑어봐요. 밑줄 치면서 읽는 버릇이 있다면 밑줄 쳐놓은 부분을 중심으로 읽는 거죠. 쓰려고 하는 주제와는 다른 분야의 책을 읽는 것도 좋아요. 창의성은 기존의 아이디어나 개념을 새롭게 조합하고 결합하는 과정에서 나오니까요. 새로운 만남을 위해서는 같은 분야보다는 낯선 곳을 탐색하는 게 효과적이에요. 아이디어의 탐색 수단은 책뿐 아니라 자신이 좋아하거나 관심 있는 것이라면 무엇이든 상관없어요. 영화, 사진, 만화, 대화, 그리고 자연 속에 묻히는 것도 아이디어를 풍성하게 하는 방법이죠.

마지막으로, 아이디어를 탐색하면서 곧바로 기록하세요. 키워드도 좋고 문장도 좋고 스케치도 좋아요. 자신이 알아볼 수 있다면 어떤 형태든 상관없어요. 자기 마음에 들거나 한번 써보고 싶다는 느낌이 드는 것은 주저 없이 적어두세요. 이런 것들이 글 한 편의 씨앗이 되거든요. 쓰다 보면 작은 아이디어가 멋지게 진화해요. 이게 글쓰기의 묘미 중 하나예요. 그러니 종이와 연필을 아끼지 마세요.

결정적 순간
붙잡기

20대 초반의 한 젊은이가 프랑스 파리의 생라자르역을 서성이고 있었다. 젊은이는 역 뒤편의 울타리 판자 틈새에 카메라를 올려놓고 오랫동안 기다렸다. 그리고 찰나의 순간, '찰칵' 하고 셔터를 눌렀다. 놀라운 리듬감과 풍요로운 디테일, 멋진 반사광, 직선과 곡선의 조화. 이 모든 것이 한순간에 이뤄졌다.

'생라자르역 뒤에서'라는 이 사진은 '결정적 순간The Decisive Moment'이라는 사진 미학을 만들어낸 프랑스의 세계적인 사진작가 앙리 카르티에 브레송Henri Cartier Bresson이 스물네 살 전후에 찍은 작품이다. 이 사진에 담긴 도형적 완벽함은 그의 탁월한 관찰력 덕분이다. 어찌 보면 평범한 일상이자 익숙하고 사소한 장면을 카르티에 브레송은 어떻게 예술로 승화시켰을까? 한 가지만 꼽는다면, 그는 남과 다른 마음의 눈으로 익숙한 것을 낯설게 보는 능력을 갖추고 있었다는 점이다.

그는 자신을 '사격수' 또는 '사냥꾼'으로 여기며 결정적 순간을 찾아내기 위해 평생 노력했다. 결코 사진을 찍기 위해 작위적인 상황을 설정하지 않았다. 오직 눈앞에서 일어나는 상황을 결정적으로 포착할 뿐이었다. 이러한 그의 사진 철학은 많은 사진작가에게 영향을 주었고, '결정적 순간'이라는 사조를 남겼다. 그런 그가 말년에 남긴 "나는 평생 결정적 순간을 찾아다녔다. 하지만 내 인생의 매 순간이 결정적 순간이었다"라는 말은 많은 것을 생각하게 한다.

눈을 부릅뜨고 쓸거리를 찾아도 아무것도 보이지 않는 때가 있다. 주변의 모든 사물이 희미해지고 무의미하게 느껴질 때 말이다. 그럴 때는 순간적으로 떠오르는 주제에 관해 그냥 써본다.

이를테면 자유롭게 생각하면서 떠오른 단어와 연관된 모든 생각을 적어본다. 글감이 전혀 생각나지 않거나 쓰고 싶은 글감이 아니더라도 무작정 써본다. 의식의 흐름을 따라 써보는 것이다. 중요한 건 머리로만 생각하지 말고 손의 감각을 이용해서 써내려가야 한다는 점이다. 쓰다 보면 마음에 드는 뭔가가 나타나는데 그것이 쓸거리다. 그것에 관해 집중적으로 써본다.

영화 「파인딩 포레스터」에 이런 말이 나온다. "글은 생각하고 쓰는 것이 아니다. 아무 생각 없이 쓰는 것이다. 아무 생각 없이 자판을 두들기다가 마침내 살아남는 단 한 가지의 그 무엇에 대해 쓰면 된다."

쓸 것이 없다고 느낄 때, 쓸 주제에 대해 확신이 서지 않을 때 다음과 같은 방법을 활용해보자.

1. 두 번의 외출을 해보자. 첫째 날에는 큰 서점에 간다. 우선 신간 코너부터 시작해서 가장 관심이 가는 책의 제목과 주제를 찾는다. 관심 분야의 책들이 모여 있는 곳으로 가서 찬찬히 둘러본다. 카페에 가서 차를 한잔 마시면서 관심이 가는 주제를 대여섯 가지 적어본다.

2. 둘째 날에는 큰 도서관에 간다. 첫날 찾아낸 주제와 연관된 책들을 찾으면서 찬찬히 훑어본다. 관심이 있는 새로운 주제가 있으면 추가한다. 정기 간행물실에 가서 신문과 잡지를 쭉 훑으면서 관심 분야와 관련된 것이 있는지 찾는다. 관련 자료를 찾았으면 훑어보고, 어떤 광고와 기사들이 눈에 들어오는지 살펴보고 메모한다. 그리고 앞에서 찾아낸 관심 분야를 좀 더 구체화한다. 예를 들어 여행에 관심이 있다고 적었다면 '오지 여행', '음식 여행', '미술 여행', '치유 여행', '사진 여행' 식으로 구체적으로 적어본다.

3. 인터넷으로 관심 주제에 대해 검색을 하고 마찬가지로 구체화하는 작업을 한다. 관심 주제를 서로 연결할 수 있는지 생각해 보고 필요시 하나의 주제로 통합한다. 예를 들어 '명상'과 '인생 2막'에 관심이 있고 '사진'이 취미라고 해보자. 그러면 '명상으로 인생 2막을 성공적으로 열어낸 사람들'을 주제로 잡고, 여기에 '명상과 각 인물을 잘 포착한 사진'을 더할 수 있다.
4. 그 주제에 대해 자신이 하고 싶은 말을 자유롭게 직관적으로 써 내려간다.

글은 샘물과 같다. 많이 퍼낼수록 더 많이 솟는다. 또한 글은 강물처럼 흘러간다. 자료의 원천도 무궁무진하다. 책, 신문, 길거리의 간판, 지하철 안의 사람들, 점심시간의 대화 등 어디에나 있다. 필요한 건 독수리 같은 눈과 메모하는 습관이다. 메모는 순간을 기록으로 남기는 고귀한 작업이다. 기억의 불확실성에서 기록의 확실성으로 넘어가는 중간에 메모가 존재한다. 주머니에 들어갈 만한 작은 노트를 하나 마련하여 순간일지를 기록해 보자. 일차적인 목표는 보고 들은 걸 기억하는 것이지만, 그보다 더 큰 목적은 매 순간을 예민하게 받아들이고 관심을 촉발하는 것이다. 일상을 기민하게 포착할 수 있다면 쓸거리에 대한 부담은 크게 줄어들 것이다.

『메모의 기술』의 저자 사카토 켄지坂戸健司가 말하는 핵심적인 기술을 소개한다. 잘 기억해 실천에 옮겨보자.

- 언제 어디서든 메모하라. 머릿속에 떠오르는 생각은 바로 그 자리에서 기록한다. 늘 지니고 다니는 것, 항상 보이는 곳에 메모한다.
- 주위 사람들을 관찰하라. 일 잘하는 사람들을 관찰하고 따라 한다. 그들이 말하는 내용, 사고방식, 언어 습관 등을 기록한다.
- 기호와 암호를 활용하라. 자신에게 쓰기 편하고, 보기 편하고, 사용하기 편한 방법을 찾는다(예를 들면 ! : 아이디어, ? : 질문, ★ : 키워드 식이다).
- 중요한 사항은 한눈에 띄게 하라. 밑줄, 동그라미, 색깔 볼펜을 활용한다.
- 메모를 데이터베이스로 구축하라.
- 메모를 재활용하라. 메모한 것을 버리지 말고 일정 기간 보관한 후 다시 읽어본다.

글을 쓰는 사람에게 일상은 사냥터이고 순간은 사냥감이다. 순간을 붙잡는 좋은 방법은 메모다. 사소한 메모에서 영원히 남을 글 한 편이 나올 수 있다. 사람의 기억은 짧다. 1년도 아니고 한 달도 아니다. 사람은 오직 순간만을 기억한다. 그러니 순간을 놓치지 마라.

자료가 쌓이면
글이 익는다

아이디어는 단지 생각일 뿐이다. 창조적인 아이디어가 바람처럼 날아가지 않도록 붙잡아놓으려면 재빨리 기록해야 한다. 일상에서 문득 아이디어가 떠오르면 앞에서 말한 순간일지에 메모해둬야 한다. 그런 다음 컴퓨터의 '아이디어' 폴더에 대략적인 내용을 옮겨 적는다. 아이디어들 가운데 지속적으로 관심이 가는 주제가 생기면 별도의 폴더를 만들어 스크랩해둔다. 책 제목과 유사하게 이름을 붙인 다음, 관련 자료를 수집하면서 아이디어를 구체화한다. 예를 들어 '밥벌이의 기쁨과 슬픔', '삶을 위한 인문학', '깊은 독서' 등이다. 그리고 관심 주제를 머릿속에 저장해둔다.

이후에는 어떤 일을 하든 최대한 이 관심 주제와 결부시켜본다. 관심 주제와 연관된 책을 읽을 때는 인용할 만한 문장이나 유용한 정보, 책을 읽고 난 후 느낌 등을 관심 주제 폴더에 담는다. 길거리를 가다가 아이디어가 떠오르면 마찬가지로 폴더에 담는다. 어느 정도 시간이 지나 자료가 쌓이면 글을 쓰고 싶은 충동이 일어난다. 이런 폴더를 '관심상자'라고 하자.

관심상자에 적은 메모를 간단히 정리한 후 출력한다. 그런 다음 관심 주제에서 키워드를 뽑아본다. 키워드를 선별하는 과정은 매우 중요하다. 어떤 키워드를 뽑아내느냐에 따라 앞으로 자료 조사를 하면서 수고와 시간을 엄청나게 절약할 수도 있고 반대의 과정을 거칠 수도 있다. 무턱대고 자료 조사를 하기보다는 키워드를 도출하여 이에 따라 자료 조사를 하면 작업의 효율을 높일 수 있다. 평소에 관심상자를 만들어두면 첫 책을 출간한 후에도 글감 고갈에 시달리지 않고 계속해서 책을 쓸 수 있다.

이제 본격적인 자료 사냥이 시작된다. 정신과 전문의 정혜신은 『사람 vs 사람』이라는 인물 평전을 쓰면서 해당 인물에 관한 기록은 하나도 남김없이 읽어보았다고 한다. 인터넷 게시판에 올라온 글을 쉼 없이 읽다가 토할 지경에 이른 적도 있다고 한다. 일명 치열한 '땅굴 파기'다. 이런 과정을 거치면 쓸거리가 분명해진다.

오병곤이 에버노트에 만든 관심상자

베토벤은 점심을 먹고 나면 거의 매일 산책을 즐겼다. 그는 낮 시간 대부분을 산책하며 보냈는데, 영감이 떠오르면 기록해두기 위해 주머니에 펜과 오선지를 늘 넣어두었다. 일설에 따르면 베 토벤은 작곡에 관한 모든 것을 노트에 기록해두었다고 한다. 구 체적으로 말하자면 음악 한 곡을 만드는 과정을 작곡 아이디어 의 발달 단계에 따라 세 개의 노트에 나눠서 기록했다. 전체적인 작곡 아이디어를 메모하는 노트, 그 아이디어들을 심화한 노트, 마지막으로 완성한 악보를 기록하는 노트가 그것이다. 앞서 언 급한 관심상자와 비슷한 노트 체계를 만든 것이다.

흔히 유명인의 일화가 그렇듯이, 어쩌면 베토벤의 세 가지 노트도 시간이 흐르면서 과장되었을지 모른다. 하지만 베토벤이 아이디어를 놓치지 않기 위해 메모에 힘쓴 건 분명한 사실이다. 우리가 중요하게 짚어야 할 점은 역사적 사실관계가 아니라 세 개의 노트를 사용하는 방식이 문득 떠오른 아이디어와 쓸거리를 수집하고 발전시키는 데 매우 유용하다는 것이다. 책을 쓰기 위해서는 관심상자를 만들든 여러 권의 노트를 활용하든, 불현듯 떠오른 아이디어와 자료를 신속하게 붙들어둘 방법을 마련해두어야 한다. 본격적인 집필을 시작하기 전에 말이다.

루트번스타인의 『생각의 탄생』은 매우 훌륭한 책이다. 책 내용을 자세히 들여다보면 예화, 인용, 연구 결과가 대부분을 차지한다. 어찌 보면 방대한 자료 수집으로 완성한 책이라고 볼 수 있다. 이 책은 좋은 자료를 충분히 수집하고 잘 정리하는 일이 얼마나 중요한지를 보여준다. 제대로 된 자료 수집만으로도 충분히 좋은 책을 쓸 수 있음을 증명해 보인 예다.

다산 정약용은 자료를 수집, 분류하여 새로운 형태로 만들어내는 지식 편집의 귀재였다. 그가 7~8개의 저술 작업을 병행할 수 있었던 것도 평소의 세밀한 자료관리 덕분이었다. 수원화성을 축조한 후 정조는 수원, 광주, 용인, 과천, 남양 등 8개 고을에 지속적으로 나무를 심도록 명했다. 이후 7년간 각 고을에서 나무를 심을 때마다 보고서가 계속 올라왔다. 나중에는 그 문서가 수레에 가득 차고도 남을 지경에 이르러 심은 나무의 전체 수량조차 파악할 수 없었다. 이에 정조는 다산에게 그 자료를 정리하도록 명했다.

다산은 가로로 12칸(7년을 12차로 배열)을 만들고 세로로 8칸(8개 고을)을 만들어, 칸마다 나무 수를 적었다. 심은 나무는 총 1200만 9772그루였다. 수레에 가득 차고 넘치는 그 많은 서류가 단 한 장의 도표로 일목요연하게 정리됐다. 『다산선생 지식경영법』을 쓴 한양대 정민 교수는 이를 작업의 핵심 가치에 맞춰 자료를 재배열하고 분석한, 다산식 지식경영의 쾌거라고 말한다.

정민 교수 역시 아이디어를 수집하고 자료를 분류하는 데 일가견이 있는 사람이다. 그는 병원에서 환자 차트를 꽂아두는 거치대에 수백 개의 파일을 보관한다. 차트 파일에는 쓰고 싶은 책 제목을 적어넣고 그 안에 아이디어와 1차 자료를 넣어둔다. 수많은 생각의 씨앗들이 거치대에서 어느 정도 자라면 가제본한 책처럼 꾸미고 본격적으로 책을 쓴다. 정민 교수는 이 거치대가 살면서 가장 성공한 쇼핑 사례이며, 이제는 자신의 재산 목록 1호가 됐다고 말한다.

창조적 아이디어는 좋은 자료에서 나온다. 자료 자체는 과거의 흔적일 뿐이지만 자료가 쌓이고 숙성되면 새로운 생각과 글이 익는다. 많은 자료를 모으고 그 안에서 좋은 씨앗을 골라내 싹을 틔워라.

지식과 경험이 부족해요

> 대학을 졸업하고 중견기업에서 마케팅 업무를 담당하고 있습니다. 학창 시절부터 마케팅에 관심이 많았기 때문에 언젠가는 마케팅에 관한 책을 써보고 싶습니다. 책을 쓰려면 많은 지식과 경험이 필요하다고 해서 여러 노력을 기울이고 있습니다. 우선 회사 일을 열심히 하고, 독서도 꾸준히 할 생각입니다. 현장 경험과 독서 외에 지식과 경험을 쌓을 수 있는 좋은 방법이 있을까요?
>
> — 박승기(28세, 마케팅 기획자)

박승기 님, 회사 일에 전력을 다하고 독서량을 늘리겠다고 했는데 아주 좋은 생각입니다. 시대가 변해도 학습의 기본은 독서거든요. 저렴한 비용으로 최고의 인물들을 만나는 방법 또한 독서입니다. 기업 현장은 온몸으로 학습할 수 있는 배움터지요. 게다가 돈을 벌면서 배울 수 있으니 얼마나 좋습니까.

현장 경험과 독서 외에 가장 보편적인 학습법이 한 가지 더 있습니다. 바로 훌륭한 스승을 모시는 거예요. 존경하는 인물을 한 사람 정해 직접 지도를 받는다면 최상입니다. 현장과 책과 스승이 삼위일체가 되면 엄청난 시너지가 일어납니다. 경험을 쌓고 지식을 습득하는 수준이 달라지죠.

하지만 스승이란 존재는 찾는다고 바로 나타나지는 않습니다. 아직 스승을 만나지 못한 사람들에게는 개인대학을 만들어볼 것을 권하고 싶습니다. 개인대학은 자신을 위한 대학을 스스로 만드는 거예요. 낯선 개념이겠지만 그리 복잡하진 않아요. 개인대학은 비전과 목표, 실천 방법과 평가 기준을 한곳에 모아 스스로 커리큘럼을 짜는 게 골자예요. 저는 20대 초반에 경영 컨설턴트가 되고자 3년 동안 개인대학을 만들었어요(홍승완). 그때의 경험을 바탕으로 개인대학을 만들 때 유의할 사항을 정리하면 다음과 같아요.

첫째, 커리큘럼을 만들 때 완벽한 계획을 짜기보다는 큰 방향과 대강의 윤곽을 그리는 것에서 출발하세요. 중요한 것은 방향과 원칙입니다. 과정에서 배우고, 배우면서 조정해나가면 됩니다.

둘째, 매년 높은 목표를 세우고 엄격한 평가 기준을 설정하세요. 운영은 유연하되, 평가는 어떤 선생보다 엄격해야 합니다. 대담한 목표도 중요하지만 구체적인 평가 기준을 반드시 설정해야 해요. 추상적인 기준 여러 개보다 실현 가능한 소수의 기준을 정하고 철저하게 지키는 것이 바람직합니다.

셋째, 반드시 독학을 고집할 필요는 없어요. 개인대학 안에 스터디그룹이나 연구모임을 넣는 것도 고려해볼 수 있어요.

넷째, 일반 대학처럼 개인대학도 졸업작품을 완성해야 졸업할

	목표	실천방법	평가기준
1년 차	기본적인 경영지식을 쌓고 정리하기	– 경영 서적 읽기 – 일간지와 경제신문 정독하기 – 칼럼 쓰기	– 1년에 100권 읽기 – 매일 정독하기 – 2주일에 글 한 편 쓰기
2년 차	지속적인 경영지식 쌓기와 컴퓨터 활용 능력 배양하기	– 경영 서적 읽기 – MS오피스 숙달하기 – 홈페이지 운영하기	– 1년에 100권 읽기 – 교재 1권 이상 보기 – 개인 홈페이지 만들기
3년 차 (대학생활과 병행)	1년 장학금과 모든 과목에서 A+ 받기	– 경영 서적 읽기 – 기출문제 모두 풀기 – 수업시간 집중하기	– 1년에 100권 읽기 – 모든 과목에서 A+ 받기 – 수석 장학금 받기
졸업작품	3간간의 개인대학 경험을 정리하고 책으로 출간하기		

개인대학 사례: 경영 컨설턴트 준비(홍승완)

수 있습니다. 졸업작품을 완성하지 못하면 절대로 졸업이 안 됩니다.

지식과 경험을 제대로 쌓고 싶다면 책과 현장, 스승을 놓치지 마세요. 스승을 만나기 어려울 때는 스스로 개인대학을 만들어 보세요. 개인대학은 자신을 위한 좋은 수련장이자 실험실이 되어줄 거예요.

가슴 뛰는
주제를 써라

책을 쓰고자 할 때 피할 수 없는 과정 중 하나가 주제를 정하는 일이다. 무엇을 써야 할지 정하지 않으면 어떻게 써야 하는가를 고민하는 건 의미가 없다. 쓰고 싶은 주제가 몇 가지이든, 주제를 선정하는 과정은 매우 까다롭다. 어떤 주제가 좋은 주제인지, 그 주제를 책으로 쓸 수 있을지 의문이 들면 세 가지 질문을 던져보자.

- 첫째, 쓰고 싶은가?
- 둘째, 쓸 수 있는가?
- 셋째, 써야만 하는가?

첫 번째 질문은 꼭 쓰고 싶은 주제인가, 가슴을 뛰게 하는 주제인가 하는 것이다. 두 번째 질문으로는 자신의 지식과 기술, 경험과 능력, 인맥 등을 활용하여 잘 쓸 수 있는 주제인가를 짚는다. 마지막 질문에서는 자신이나 다른 사람에게 꼭 필요한 주제인가를 검토한다. 이 질문들에 대해 '그렇다, 중간이다, 그렇지 않다' 가운데 하나로 답해본다.

세 가지 질문에 모두 '그렇다'라고 대답할 수 있다면 이상적이다. 두 가지 이상에 '그렇다'라고 대답할 수 있다면 그 주제에 대해 써도 좋다. 그런데 세 가지 질문에 모두 '그렇지 않다'라고 대답한다면 다른 주제를 찾아봐야 한다. 쓰고 싶지도, 쓸 수 있다는 자신감도, 써야 하는 이유도 없는 주제이기 때문이다.

만약 하나의 질문에 대해서만 '그렇다'라고 대답한 경우는 어떨까? 예컨대 첫 번째 질문에는 '그렇다'라고 대답했는데, 두 번째와 세 번째에 대해서는 '예, 아니요'로 딱 잘라 답할 수 없는 경우다. 이럴 때는 세 가지 질문을 세 개의 원으로 바꾼다. 그리고 각 질문에 대한 확신 정도에 따라 각각의 원을 모아본다. 여러 모양이 생길 수 있다. 예를 들어보자.

세 가지 질문 모두에 '그렇다'라고 답한 경우 세 개의 원이 하나로 포개진다. 두 가지 질문에는 '그렇다', 한 가지 질문에는 '그렇지 않다'라고 답한 경우에는 두 개의 원이 포개지고 나머지 하나의 원은 따로 떨어져 있다. 하나의 질문에는 '그렇다', 나머

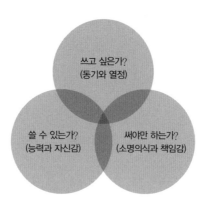

쓰고 싶은가?
(동기와 열정)

쓸 수 있는가?
(능력과 자신감)

써야만 하는가?
(소명의식과 책임감)

지 두 가지 질문에는 '중간'으로 답한 경우에는 자신이 생각하는 정도에 따라 원들의 일부가 겹쳐진다. 세 개의 원이 이루는 교집합이 클수록 그 주제에 대해 책을 쓰는 것이 긍정적이라고 볼 수 있다. 이런 과정은 글로 설명하면 복잡하지만 실제로 해보면 간단하다.

이 방식은 두 가지 측면에서 유용하다. 첫째, 책의 주제를 선정하는 기준이 된다. 둘째, 해당 주제에 대한 자신의 에너지 수준을 파악할 수 있다. 즉 자신이 그 주제로 책을 쓸 수 있는지를 가늠해볼 수 있는 대략적인 기준이 된다.

주제를 선정하는 세 가지 질문이 실제로 유용한지 알아보기 위해 구체적인 예를 들어보자. 이 모델을 변화경영연구소의 동료 연구원들이 출간한 책에 적용해보았다. 구체적으로 『대한민국 개발자 희망보고서』의 저자 오병곤과 『굿바이 게으름』을 쓴

1기 연구원 문요한의 첫 책 주제를 세 가지 질문으로 분석해보 았다.

세 가지 질문을 돋보기 삼아 오병곤의 책을 들여다보면 세 개의 원이 하나로 합쳐짐을 알 수 있다.

- 쓰고 싶은가?_ 그렇다. 오병곤은 연구원 초창기부터 이 주제로 첫 책을 쓰고 싶어 했다. 늘 이 주제가 집필 1순위였다.
- 쓸 수 있는가?_ 그렇다. 책을 쓸 당시 그는 10년 넘는 실무 경험과 다양한 프로젝트 수행 실적, 그리고 기술사 자격증을 보유하고 있었다. 경험, 지식과 기술, 인맥 면에서 책을 쓸 능력이 충분했다.
- 써야만 하는가?_ 그렇다. IT 관련 책은 매우 많지만 IT 개발자를 위한 자기계발서는 적었다. 그나마 있는 책들도 번역서가 대부분이었고, 토종 개발자가 쓴 자기계발서는 전무하다시피 했다. 그는 국내 IT 개발자의 실무와 자기계발을 돕는 책이 필요하다는 소명의식과 누군가는 그런 책을 써야 한다는 강한 책임감을 가지고 있었다.

문요한의 경우는 조금 다르다. 세 가지 질문이라는 시선으로 그의 책을 살펴보자.

- **쓰고 싶은가?_** 중간이다. 처음에 그는 '휴먼 에너지'를 가제로 삼고 폭넓은 주제의 개론서를 쓰고 싶어 했다. 하지만 주제가 추상적이고 너무 커서 첫 책에서 다루기에는 무리가 있다고 판단하고, 중간에 주제를 변경했다. 초기 기획서에서 '게으름'을 비중 있게 다루었고 오랜 시간 관심을 가져왔기에 고심 끝에 이를 주제로 선정했다.

- **쓸 수 있는가?_** 그렇다. 그는 정신과 전문의로서 깊이 있는 지식과 풍부한 임상 경험을 갖추고 있었다. 더욱이 '게으름'에 대한 칼럼을 써서 네티즌의 뜨거운 관심을 얻은 적도 있었다. 능력과 자신감 모두 충분했다.

- **써야만 하는가?_** 그렇다. 게으름은 병이라고 할 수는 없지만, 비전 실현과 잠재력 계발을 가로막는 주요 장애물 중 하나다. 많은 사람이 이 문제로 고민한다. 게으름에 관한 그의 칼럼에 많은 사람이 공감하고 힘을 얻은 이유다.

세 가지 질문과 세 개의 원은 사람마다 유연하게 응용할 수 있다. 우선, 세 가지 질문에 우선순위를 부여하는 방식을 고려해 볼 수 있다. 자신이 중요하게 생각하는 가치를 반영하는 질문이 가장 중요한 기준이 되는 것이다. 관심사(동기)와 열정을 중요하게 생각하는 사람에게는 첫 번째 질문이 가장 중요할 것이다. 어떤 사람은 능력과 자신감에 우선순위를 둘 수 있다. 물론 소명의식과 책임감을 가장 중요하게 여기는 사람도 있을 수 있다. 무엇을 우선순위에 두느냐는 사람마다 다르다. 또한 우선순위는 시간이 지나면서 달라질 수 있다.

첫 책은 세 개의 원이 하나가 되는, 다시 말해 세 가지 질문에 '그렇다'라고 대답할 수 있는 주제를 잡아야 한다. 만약 그게 어렵다면 첫 번째 질문에 '그렇다'라고 답할 수 있는 주제를 찾기를 권한다. 첫 책은 누구보다 쓰는 사람의 가슴을 뛰게 해야 하기 때문이다. 책을 쓰는 과정은 어렵고 고단하다. 많은 에너지가 필요하다. 에너지는 곧 열정이다. 책을 쓰는 여정에서 지치거나 뒤처졌을 때 다시 솟아오르게 하는 힘이 열정이다. 열정을 불러일으키려면 쓰고 싶은 주제를 선택해야 한다.

두 번째 질문에서 막혔다고 쉽게 포기해서는 안 된다. 세 가지 질문 가운데 두 번째 질문은 얼마든지 극복할 수 있다. 뭔가를 잘 알기 때문에 책을 쓰는 건 사실이다. 하지만 그 반대 역시 사실이다. 책 쓰기는 더 깊이 있게 배우는 매우 좋은 방법이다. 첫 번째와 세 번째 질문에 확신을 가지고 답할 수 있는 사람은 두 번째 질문을 도전 대상으로 삼고 다음과 같이 결심해야 한다.

'지금 나는 이 주제를 잘 쓸 수 있는 능력과 자신감이 부족하다. 하지만 이 주제는 나의 가슴을 뛰게 한다. 나뿐만 아니라 많은 사람을 도울 수 있는 주제다. 그렇다면 도전해보자. 열심히 연구하고 치열하게 쓰자. 연구가 배움이고 글로 정리하는 건 더 깊은 배움이다. 첫 번째 원과 세 번째 원이 포개진 바로 그곳으로 두 번째 원을 옮겨보자. 그리하여 마침내 세 개의 원을 하나로 만들자.'

핵심은 이것이다. 책의 주제를 선정할 때 세 가지 질문을 활용하라. 세 가지 질문 모두에 '그렇다'라고 답할 수 있는 주제는 반드시 잡아라. 두 가지에서 '그렇다'는 답이 나오는 주제는 신중히 검토하라. 그 주제는 당신과 잘 맞을 가능성이 크다. 첫 번째 질문에서 웃었는데 두 번째 질문에서 넘어졌다고 포기하지 마라. 당신은 도전할 수 있고 승리할 수 있다. 책을 쓰는 것 자체가 경험이고 지식이고 기술이다. 그것이 곧 능력이다.

; 내 인생의 날개를 달다

    – 문요한(정신과 전문의, 『굿바이 게으름』 저자)

2004년에 나는 정신과 의원을 운영하고 있었다. 병원 운영은 안정적이었지만 나는 지칠 대로 지친 상태였다. 그것은 단지 바쁘다거나 육체적인 고단함 때문이 아니라 일에서 생계 이상의 의미를 찾지 못하는 황폐함 때문이었다. '오늘은 몇 명 진료했지?', '오늘은 얼마 벌었지?' 하는 셈법에서 벗어나지 못한 채 내 피는 점점 차가워졌다.

  돌이켜보니, 내 피는 한 번도 뜨거운 적이 없었다. 그냥 시키는 대로 주어진 일만 하고 살았을 뿐, 내 인생의 주인이 되어본 적이 없었다. 마흔을 얼마 남겨두지 않아서였는지 더는 이렇게 살 수 없다는 생각이 치밀어올랐다. 하지만 이대로 살 수 없다는 절실함은 강했지만 어떻게 살고 싶다는 대안은 보이지 않았다. 방향을 찾아야 했다. 우선 병원을 정리했다. 그리고 두 달여 동안 나 자신과 대면하며 새로운 인생을 설계했다.

고민 끝에 세운 삶의 방향은 사람의 마음을 이해하고 치료하는 정신과 의사의 역할을 넘어 사람들의 잠재력을 계발하고 정신을 훈련하는 멘탈 코치로서의 일이었다. 삶의 방향이 서자 내적 질서가 잡혔다. 깊은 안식과 용기가 생겨났다. 그러나 경험은 일천했고 그런 결심을 알아주는 이도 없었다. 현실은 엄중했기에 차근차근 하나씩 준비해야 했다. 관련 프로그램을 쫓아다니고, 해당 분야의 사람들을 찾아다니기 시작했다. 그러면서 책을 통해 나의 존재를 세상에 알려나가는 것이 가장 좋은 방법이라는 것을 자연스럽게 알게 되었다. 그런 가운데 2005년도부터 시작한 구본형 변화경영연구소 연구원 과정은 책을 내겠다는 의지를 더욱 강화해주었다.

책을 쓰려면 가장 먼저 주제를 선정해야 하는데, 이 부분이 가장 어려웠다. 주제의 빈곤이 아니라 과잉이 문제였다. 새로운 삶의 방향이 잡히자, 관련 주제에 대한 관심이 다스릴 수 없을 만큼 넘쳐났다. 이 주제도 써보고 싶고, 저 주제도 써보고 싶었다. 주제를 정하지 못하고 변덕이 죽 끓던 그때, 구본형 소장이 충고해주었다. "자신의 살아 있는 경험이 담겨 있지 않은 책은 좋은 책이 아니다." 그 말씀이 마음에 와닿았고, 비로소 혼란이 잦아들었다.

나의 살아 있는 경험이라…… 나는 이내 '게으름'이라는 주제를 떠올렸다. 날마다 바쁜 하루를 보냈지만 무언가 늘 빠져 있다는 공허감을 떨쳐버리지 못했던 개원의 생활을 통해 나는 정말 큰 게으름은 자신의 선택이 아닌 똑같은 삶을 반복하는 것이라는 걸 깨달았다. 나는 이러한 깨달음을 사람들과 나누고 싶었다. 게으름은 생각보다 좋은 주제였다. 나의 경험과 고민이 잘 들어가 있는 데다가, 상담과 자기계발을 통합하고자 하는 새로운 삶의 방향을 알려나가는 데에도 잘 맞았다. 아울러 남녀노소를 불문하고 많은 사람이 비슷한 문제를 안고 있기 때문에 대중적인 주제이기도 했다.

이렇게 해서 2005년 말에 주제가 정해졌다. 다음으로, 책과 자료를 살펴보았다. 관련 도서와 자료를 2~3개월에 걸쳐 읽어가면서 어떻게 책을 쓸지 고민했다. 내 나름의 개념과 원칙을 두 가지 정도로 잡았다. 첫째, '게으르지 말자!'라는 빤한 내용보다는 게으름에 대한 새로운 해석을 담자고 생각했다. 둘째, 게으름에 대한 이해뿐 아니라 보다 실제적인 실천 방안을 제시하고 싶었다. 그러한 원칙이 있었기에 게으름을 비틀어도 보고, 오문오감 변화일기와 같은 새로운 실천 지침을 제시할 수 있지 않았나 싶다.

그다음에는 목차를 잡았다. 목차는 건물로 치면 골격이므로, 목차를 보면 쓰고자 하는 책의 주제와 개념을 알 수 있다. 목차를 쓰고 나니 마치 책의 절반을 쓴 것처럼 느껴졌다. 그렇지만 본격적으로 살을 붙이지 못했다. 당시 병원에 취직하여 일하고 있던 터라 덩어리 시간을 확보하기가 쉽지 않았다. 어차피 글을 쓸 준비가 되면 일을 정리하고 본격적으로 뛰어들 생각이었기 때문에 병원을 그만두었다. 그때가 2006년 8월이었다. 당시 아이들이 아직 어린 터여서 집에서 책을 쓸 수가 없었다. 나만의 조용한 공간이 필요했다. 결국 집 앞에 있는 고시원 방을 얻었다. 집과 고시원을 오가면서 온종일 책을 썼다. 어떤 책을 쓸지에 대한 밑그림이 잘 그려져서인지 3주 만에 초고가 완성되었다.

그러나 막상 써놓고 보니 책이라기보다는 하나의 논문에 가까웠다. 용어부터 문체까지 천 살이나 산 거북 등껍질처럼 딱딱했다. 평소 친한 사람들에게 원고를 보여주었다. 반응이 한결같았다. 너무 딱딱해서 재미가 없다는 것이었다. 무언가 근본적으로 바꾸어야 했다. 하지만 한번 완성한 글을 해체하고 다시 쓴다는 것은 고역이었다. 글이 고쳐지지 않았고 부드러워지지도 않았다. 시간만 속절없이 지나갔다. 마음 같아서는 그냥 다 때려치우고 싶었지만, 그럴 수가 없었다. 내가 선택한 길이 아닌가! 중도에서 포기할 수는 없었다.

그렇게 슬럼프에 빠졌을 때 한 친구가 떠올랐다. 학창 시절에 여러 차례 격려의 편지를 나누었던 막역한 사이로, 중년이 된 당시도 사춘기처럼 심한 방황을 겪고 있었다. 나는 그 친구에게 다시 한번 힘이 되어주고 싶었다. 그래서 학창 시절에 편지를 쓰던 심정으로 그 친구를 생각하며 글을 다시 써 내려갔다. 글이 훨씬 부드러워지고 따뜻해졌다. 드디어 글을 쓰기로 마음먹은 지 3개월여 만에 원고를 마쳤고, 2007년 2월 책이 세상에 나왔다.

첫 책은 예상을 뛰어넘어 많은 매체와 사람들의 관심을 받았다. 게으름에 대한 새로운 해석과 정신과 의사의 임상 경험이 잘 배어 있다는 평들이었다. 책이 나오기 전부터 나는 정신훈련 교육기관 설립을 추진하고 있었는데, 책 덕분에 보다 많은 사람이 관심과 응원을 보내주었다. 그중에서도 가장 기쁜 순간은 책을 읽고 나서 삶이 바뀌기 시작했다는 소식을 들었을 때다. 내 이야기가 누군가의 삶에 새로운 에너지가 된다는 것은 참으로 놀라운 경험이었다. 사람들의 관심과 반응은 내가 하고자 하는 일이 정말 이 시대에 필요한 것이라는 강한 확신을 안겨주었다. 정말이지 첫 책은 내 인생의 날개가 되어주었다. 책이라는 날개가 있었기 때문에 나는 내가 원하는 곳으로 날아갈 수 있었다.

마지막으로 첫 책을 쓰려는 분들을 위해 몇 가지 말씀을 드리고 싶다.

첫째, 첫 책의 주제는 자신의 인생과 현장 경험이 담긴 것으로

잡는 것이 좋다. 이왕이면 '게으름'이라는 키워드처럼 보다 분명한 주제라면 좋을 듯싶다.

둘째, 기존에 나와 있는 관련 서적을 참조하되 차별성을 명확히 하는 것이 필요하다. 즉 책의 내용에서 자신의 경험이 3분의 1이고, 기존의 지식이 3분의 1이라면 나머지 3분의 1은 자신만의 새로운 해석과 상상이 가미되는 것이 좋은 비율이 아닐까 싶다.

셋째, 글을 쓰기 위한 '덩어리 시간'을 꼭 확보해야 한다는 점이다. 책은 전체적 시야를 놓치지 않고 일관성을 유지해야 하는데, 규칙적으로 덩어리 시간을 확보하지 않으면 중구난방이 될 수 있다. 나처럼 꼭 일을 그만두고 써야 하는 것은 아니겠지만 하루 중에 가장 좋은 덩어리 시간을 책 쓰기에 할애하는 것이 꼭 필요하다.

넷째, 글을 쓸 때 막연한 독자를 생각하기보다 자기 주변의 구체적 대상을 떠올리면서 그 사람에게 하고 싶은 이야기를 하듯이 써 내려가면 좋다.

다섯째, 주관을 가지고 쓰되 주변의 반응을 잘 살펴볼 필요가 있다. 아무래도 첫 책은 신선할 수는 있지만 너무 힘이 들어가거나 군더더기가 많거나 거칠 수 있기 때문에 미숙할 수밖에 없다. 그러므로 지인들에게 원고를 돌려 피드백을 받아보고 개선할 부분은 고쳐나가는 것이 좋다.

끝으로, 나는 당신만이 쓸 수 있는 책이 세상에 있다는 것을 믿어 의심치 않는다. 당신은 누구와도 같지 않은 유일무이한 존재이고 당신만의 이야기를 가지고 있는 고유한 삶을 살아왔기 때문이다. 당신에게 돋아날 날개를 마음 깊이 응원한다!

제4장

기초 다지기
어떻게 쓸 것인가

The First Book
Written by Myself

좋은 글을 쓰기 위해서는 메시지를 명확하게 제시하고 쉽게 쓰고 스토리를 적절히 활용해야 한다. 글쓰기 능력은 훈련과 기술에 좌우된다. 글쓰기 훈련을 할 때 연애편지를 쓰는 마음으로 임하면 글쓰기의 어려움을 극복하는 동시에 즐거움도 놓치지 않을 수 있다.

죽은 글과
살아 있는 글

세상의 살아 있는 모든 것은 다른 존재와 공명한다. 뭔가를 서로 주고받으며 깊은 울림을 느낀다. 인간관계도 알고 보면 나와 다른 사람 사이의 공명이다. 서로 끌림과 울림을 공유하지 못하면 소통이 되지 않는다. 그래서 좋은 대화와 책에는 가슴을 울리는 말과 글이 있게 마련이다. 한 분야를 대표하는 고전은 넓고 깊은 공명 능력을 갖췄다. 오랜 시간 많은 사람과 깊이 공명해온, 생명력이 긴 책이 바로 고전이다. 글을 쓸 때도 공명이 중요하다.

연암 박지원은 「공작관문고자서孔雀館文稿自序」에서 공명하지 못하는 글을 '이명耳鳴'과 '코골이'에 비유했다.

글이 잘 되고 못 되고는 내게 달려 있고, 비방과 칭찬은 남에게 달려 있는 것이니, 비유하자면 귀가 울리고 코를 고는 것과 같다.

한 아이가 뜰에서 놀다가 제 귀가 갑자기 울리자 놀라서 입을 다물지 못한 채 기뻐하며 가만히 이웃집 아이더러 말하기를, "너 이 소리 좀 들어봐라. 내 귀에서 앵앵 하며 피리 불고 생황 부는 소리가 나는데 별같이 동글동글하다!" 하였다. 이웃집 아이가 귀를 맞대어 들어 보려 애썼으나 끝내 아무 소리도 듣지 못했다. 그러자 아이는 안타깝게 소리치며 남이 몰라주는 것을 한스러워했다.

일찍이 한 촌사람과 동숙한 적이 있다. 그 사람은 어찌나 우람하게 코를 고는지 그 소리가 마치 토하는 듯도 하고, 휘파람을 부는 듯도 하고, 한탄하는 듯도 하고, 숨을 크게 내쉬는 듯도 하고, 후후 불을 부는 듯도 하고, 솥에서 물이 끓는 듯도 하고, 빈 수레가 덜커덩거리며 구르는 듯도 했으며, 들이쉴 땐 톱질하는 듯하고 내뿜을 땐 씩씩대는 것이 마치 돼지 같았다. 그러다가 남이 일깨워주자 그는 "난 그런 일 없소" 하며 발끈 성을 내었다.

아, 자기만 홀로 아는 사람은 남이 몰라줄 것을 항상 근심하고, 자기가 깨닫지 못한 사람은 남이 먼저 깨닫는 것을 싫어하나니, 어찌 코와 귀에만 이런 병이 있겠는가. 문장에도 병이 있으니, 더욱 심하다. 귀가 울리는 것은 병인데도 남이 몰라줄까 봐 걱정하는데, 하물며 병이 아닌 것이야 말해 무엇하겠는가. 코 고는 것은 병이 아닌데도 남이 일깨워주면 성을 내는데, 하물며 병이야 말해 무엇하겠는가.

– 박현찬 외, 『연암에게 글쓰기를 배우다』, 예담, 2007년, 149~150쪽.

귀가 울리는 이명은 당사자만 알 수 있고 다른 사람은 모른다. 그러나 코골이는 당사자만 모르고 다른 사람은 다 안다. 연암은 글에도 이명과 코골이 같은 것이 있다고 말한다. 열심히 글을 썼지만 아무도 몰라준다면, 그건 귀가 울리는 사람처럼 자기 입장만 생각해서 썼기 때문이다. 또 남들이 자기 글의 부족한 점을 지적하는데도 이해하지 못한다면, 그것은 자기가 무슨 말을 하는지도 모르고 글을 썼기 때문이다.

한마디로, 이명과 코골이 같은 글은 공명하지 못하는 글이다. 자기 세계에 빠져 제멋대로 쓰거나 독자를 생각하지 않고 추상적이고 어려운 표현으로 종이를 채우는 사람은 이명에 걸린 사람과 같다. 다른 사람이 지적하는 단점을 받아들이지 않고 자기 생각만 고집하는 사람은 코 고는 사람에 비유할 수 있다.

죽은 글과 살아 있는 글을 가르는 가장 명확한 기준은 공명이다. 글의 가치는 글과 독자가 얼마나 공명하는지에 따라 결정된다. 독자와 공명하지 못하는 글은 죽은 글이다. 독자를 지루하게 하고 에너지를 빼앗는다. 반면에 독자와 공명하는 글은 여운과 감동을 준다. 좋은 글은 사람의 마음을 파고든다. 감동과 여운을 주는 글은 읽고 나서 다른 무언가를 찾아 읽거나 뭔가를 쓰거나 누군가를 만나거나 무엇인가를 하고 싶게 한다.

우리말 연구가이자 『우리글 바로쓰기』 저자인 이오덕 선생은 좋은 글의 조건으로 세 가지를 들었다.

- 쉽게 이해할 수 있는 글
- 읽을 맛이 나는 글
- 읽을 만한 내용을 담고 있는 글

즉, 좋은 글은 쉽고 재미있으며 읽을 가치가 있는 글이다. 이오덕 선생은 세 가지 조건 중 한 가지라도 빠지면 좋은 글이 될 수 없다고 강조했다. 이 세 가지는 자신의 글이 좋은지 나쁜지를 가늠하는 훌륭한 지침이 된다. 한 편의 글을 완성하고 나서 다음의 질문을 자신에게 던지고 답하는 습관을 들이자. 이해하기 쉬운가? 재미있는가? 가치 있는 글인가?

이번에는 나쁜 글이 어떤 글인지 생각해보자. 나쁜 글의 조건은 좋은 글의 그것보다 훨씬 다양하다. 이오덕 선생이 제시한 것에 우리 생각을 더해 나쁜 글의 유형을 정리해보면 다음과 같다.

- 무슨 말을 하는지 알 수 없는 글

- 이해할 수는 있지만 지루한 글

- 누구나 다 알고 있는 걸 알고 있는 그대로 쓴 글, 즉 진부한 글

- 자기주장은 없고, 남의 사상이나 표현을 흉내 낸 글

- 누군가의 강요에 의해 마음에도 없는 것을 쓴 글

- 사실이 아닌 거짓을 바탕으로 쓴 글

- 꼭 전하고 싶은 메시지가 무엇인지 헷갈리는 글

- 글에 담은 사유와 언행이 옳지 못한 글

- 보통 사람들이 알 수 없는 어려운 말로 치장한 글

- 읽어서 배울 만한 내용이 없는 글, 곧 쓸모가 없는 글

- 정성이 부족하거나 문법이 맞지 않고 오·탈자가 많은 글

이 목록은 얼마든지 더 작성할 수 있다. 그만큼 나쁜 글은 다양한 얼굴을 가지고 있다.

글쓰기가 두려워요

저의 고민은 글쓰기를 시작하기가 어렵다는 거예요. 뭔가를 써보려고 책상에는 앉지만, 키보드만 만지작거리다가 결국은 몇 줄 쓰지도 못하고 노트북을 닫아버리는 경우가 허다해요. 쓸 것이 없을 때도 그렇지만 뭔가 소재가 있을 때도 시작을 못 할 때가 많아요. 글은 쓰고 싶은데 어떻게 해야 할지 모르겠어요.

— 이나영(28세, 간호사)

이나영 님은 글쓰기에 대한 두려움을 가지고 계시군요. 텅 빈 노트나 하얀 모니터를 보면 어떻게 채워야 할지 걱정부터 하는 것 같아요.

영국 총리 윈스턴 처칠도 나영 님과 비슷한 경험을 했어요. 처칠은 글이 아니라 그림을 어떻게 시작해야 할지 몰랐다고 합니다. 그는 뭔가를 그려보고 싶은 마음은 굴뚝같았지만 좀처럼 시작하지 못했어요. 캔버스를 한참 동안 바라보다가 붓에 물감을 묻히고는 아주 조심스럽게 작은 점 하나를 찍은 뒤 더는 진도를 나가지 못했지요.

그러던 어느 날 캔버스 앞에서 쩔쩔매는 처칠을 보고 존 레버리 경의 부인이 물었어요.

　　"윈스턴, 왜 안 그리고 있는 거죠? 뭐가 문제인가요?"

　　처칠이 대답했죠.

　　"도대체 어디서부터 시작해야 할지 모르겠소."

　　그녀는 처칠이 가진 붓 중에서 가장 큰 붓을 들고는 물감을 듬뿍 묻혀서 캔버스를 거침없이 칠하기 시작했어요. 그러고는 처칠에게 말했어요.

　　"이봐요 윈스턴, 이놈은 이렇게 공략하는 거예요!"

　　그녀의 말을 듣고 처칠은 캔버스 앞에 서서 아주 깊은 생각에 빠졌어요. 아마 이런 생각을 했을 거예요. '캔버스 이 녀석은 내가 마구 칠해대도 꼼짝 못 하겠구나. 아무 말도 못 하고 반격도 못 하고 반항도 못 하는구나.'

　　그날 이후 그는 흰 캔버스를 더는 두려워하지 않게 되었지요. 자신의 뜻대로 캔버스에 그림을 그릴 수 있게 된 거죠.

　　나영 님도 마찬가지예요. 백지를 두려워할 이유가 전혀 없어요. 백지는 내가 그림을 그리든 글을 쓰든 무엇을 하든 얌전히 복종할 수밖에 없어요. 그러니 과감하게 시작하세요. 글쓰기를 시작하는 올바른 공식이나 정답은 없어요. 그런 것들을 찾는 데 시간을 소비하기보다는 과감하게 시작하는 게 좋아요.

　　책상에 앉아 글을 쓰겠다고 마음먹는 것이 어렵지, 일단 쓰기 시작하면 그다음부터는 한결 수월해져요. 그런데 사람들은 글쓰기를 시작할 때 계속 준비만 할 뿐 실제로 글을 쓰지는 않죠. 그렇게 우물거리다가 시간만 흐르고 결국 글은 한 문장도 못 쓰게 되죠.

모든 일이 그렇듯이 글쓰기도 시작을 못 하면 글을 쓰지 않아도 되는 이유가 마구 떠올라요. 컨디션이 좋지 않다, 마음이 내키지 않는다, 상황에 딱 맞는 자료가 부족하다 등등. 그런데 컨디션이 안 좋아도 글은 써야 해요. 컨디션이 좋은 날에만 글을 쓰겠다는 것은 글쓰기를 포기하겠다는 것과 같아요. 왜냐하면 컨디션이 좋은 날은 손에 꼽을 정도로 드물거든요. 마음 내키지 않을 때도 쓰다 보면 몰입과 창조의 즐거움을 맛볼 수 있어요. 상황에 딱 맞는 자료는 늘 부족해요. 그리고 쓰지 않으면 딱 맞는 자료를 만나도 제대로 활용할 수 없어요.

글쓰기의 두려움을 해소할 수 있는 구체적인 훈련법을 알려 드릴게요. 첫 번째 방법은 초록抄錄과 필사筆寫예요. 이 두 가지는 거의 같은 활동인데요. 초록은 자신이 읽은 책에서 중요하거나 필요한 부분을 뽑아서 기록하는 일이고, 필사는 책이나 글의 전부 또는 일부분을 한 글자 한 글자 옮겨 적는 거예요. 남의 글이나 책을 베끼는 게 무슨 도움이 될까 의아할 수도 있지만, 다산 정약용은 두 아들과 여러 제자에게 초록을 기본적인 공부이자 책 집필의 바탕을 다지는 방법으로 매우 강조했답니다. 우리는 좋은 글을 읽고 옮겨 적으면서 자기 마음을 비추어보고 음미할 수 있어요. 그리고 그 저자의 사유와 글 쓰는 방법도 배울 수 있죠. 또 하나, 두 활동을 통해 가랑비에 옷 젖듯 글 쓰는 과정에 익숙해질 수 있어요. 요컨대 글쓰기의 부담감과 두려움을 극복하는 데 아주 유용하지요.

두 번째 방법은 말하듯이 쓰는 거예요. 말과 글 둘 다에 능숙한 사람은 많지 않아요. 글쓰기는 능한데 말은 어눌한 사람이 있고, 반대로 말솜씨는 달변인데 글은 못 쓰겠다는 사람도 있지요. 대체로 글쓰기보다 말하기가 부담이 덜 된다고 해요. 실제로 서점에 가보면 구술이나 강연을 글로 옮기고 편집해서 출간한 책이 적지 않아요. 하나만 예를 들면 의미요법으로 불리는 로고테라피logotherapy를 창시한 빅터 프랭클Viktor Frankl은 스무 권이 넘는 저작을 남겼는데 그중 절반 이상을 구술이나 강연을 옮겨 적어서 출간했어요. 프랭클의 대표작인 『죽음의 수용소에서』도 그가 구술한 내용을 속기사들이 받아 적어서 초고를 완성했답니다. 혹시 글쓰기보다 말하기가 편하고 자신 있다면 말하듯이 글을 써보세요. 책으로 쓸 주제를 강연으로 구성하거나 구술한 내용을 먼저 녹음하고 글로 옮기는 방법도 좋아요.

마지막으로 소개하고 싶은 방법이 하나 더 있어요. 『뼛속까지 내려가서 써라』의 저자 나탈리 골드버그가 활용하는 방법으로, '의식의 흐름을 따라 쓰기'예요. 이 방법의 핵심은 처음 떠오른 생각을 놓치지 말고 계속해서 쓰는 거죠.

지금까지 말씀드린 것들을 되새기면서 다음과 같은 훈련법을 실천해보세요.

- 짧은 시간(10분 또는 20분)을 정한다.
- 머리에 떠오른 첫 생각을 쓴다.
- 펜을 놓지 않고 계속 쓴다.
- 편집하지 않고 떠오르는 대로 쓴다.
- 오·탈자나 문법에 얽매이지 않는다.
- 마음을 열어두고 오직 쓰는 데에만 집중한다.
- 이런 과정을 매일 여러 번 반복한다.

심플하게 써라

『이코노믹 씽킹』을 쓴 로버트 프랭크^{Robert Frank}는 난해한 경제 현상을 쉽게 풀어주는 것으로 유명하다. 미국 코넬대학교 경제학 교수인 그는 대학에서 경제학개론을 가르치면서 학생들에게 '경제학 박물학자'가 되라는 과제를 내준다고 한다. 일상에서 목격한 특정 사건이나 행동 양식 등과 관련해 흥미로운 질문을 던지고 답을 제시하되, 수업에서 다루는 경제 원리를 이용하라는 게 과제의 골자다. 프랭크 교수는 학생들에게 과제를 주면서 다음과 같은 주의 사항을 덧붙인다.

"단어 수는 500단어를 넘기지 말 것. 선배들의 탁월한 보고서는 그보다 더 짧은 경우가 많았음을 상기할 것. 복잡한 전문용어로 치장하려고 하지 말 것. 경제학 강의라고는 들어본 적도 없는 가족이나 친척, 친구에게 들려준다고 상상하고 작성할 것. 최고의 보고서는 그런 사람들이 명확하게 이해할 수 있는 내용이어야 한다는 점, 그리고 그러한 보고서에는 대수학이나 그래프 따위는 등장하지 않는다는 점을 잊지 말 것."

– 로버트 프랭크, 안진환 옮김, 『이코노믹 씽킹』, 웅진지식하우스, 2007년, 16쪽.

프랭크 교수는 간결하고 쉬운 표현과 명확한 내용을 강조한다. 쉽고 간결한 표현으로 핵심을 드러내는 글은 잘 읽힌다. 여기서 오해하지 말아야 할 것은 읽기 쉬운 글이라 해서 손쉽게 쓴 글은 아니라는 점이다. 오히려 반대일 때가 더 많다. 가독성이 좋은 글이 쓰기는 더 힘들고 지난하다. 헤밍웨이도 "읽기 쉬운 글이 쓰기는 가장 어렵다"라고 말했다.

읽기 쉬운 글은 요령이나 기교로 만들어지지 않는다. 10퍼센트의 기교에 80퍼센트의 노력, 그리고 나머지 10퍼센트는 운이다. 10퍼센트의 기교를 이해하기는 어렵지 않고, 운은 개인이 통제할 수 없다. 문제는 80퍼센트의 노력이다. 지속적으로 열심히 훈련하는 수밖에 없다.

잘 읽히는 글을 쓰는 세 가지 방법을 알아보자.

첫째, 간결하게 쓴다. 사람들은 대체로 뭔가 있어 보이기 위해 글을 복잡하게 쓴다. 불필요한 단어, 난삽한 문장, 명확하지 않은 연결고리, 과시적인 수사법, 아무 데나 따라붙은 부사와 형용사, 읽는 속도에 브레이크를 거는 수동문 등. 이 모두가 불순물이므로 걸러내야 한다.

둘째, 구체적으로 쓴다. 명확한 단어를 사용하면 구체적이고 선명한 글이 된다. '어떤 꽃'보다 '장미꽃'이 낫고, '많은 사람'보다 '천 명이 넘는 사람'이 더 좋은 표현이다. 일상적인 표현을 사용하면 그만큼 이해하기 쉽고 설득력이 강해진다. 전문용어와 추상적인 표현은 좋은 글의 친구가 아니다. "우리의 사명은 초일류급의 인재 확보 및 전략적 기술 혁신을 통해 항공우주 산업 분야에서 최강국이 되어 향후 도래할 우주 시대를 선도하는 것이다"라는 문장보다 "앞으로 10년 안에 인간을 달에 착륙시키고 무사히 지구로 귀환시킨다"라는 문장이 더 생생하다.

셋째, 자료를 완전히 소화하고 쓴다. 충분한 자료를 충실히 소화하여 생각을 잘 정돈해야 한다. 생각이 명료해야 명료한 글이 나온다. 특히 난해한 주제로 글을 쓸 때는 자료를 소화하는 것이 매우 중요하다. 어려운 내용을 어렵게 전달하는 건 요리할 재료를 주고는 직접 만들어 먹으라는 말과 같다. 첫 책을 쓰면서 우리는 이 점을 확실히 배웠다. 책을 읽는 사람을 웃게 하지는 못할지언정 최소한 머리를 쥐어짜면서 읽게 하고 싶지는 않았다. 쉽게 쓰려면 쓰는 사람이 주제를 확실하게 이해해야 한다. 우리는 자료를 최대한 많이 모으고 완전히 소화한 다음에 쓴다는 원칙을 세웠다. 그리고 이를 지키려고 노력했다.

글이 미로처럼 복잡하면 독자는 길을 잃는다. 길을 잃으면 계속 읽고 싶지 않아진다. 일단 사그라진 의욕을 다시 불러들이기는 어렵다. 반면에 읽기 쉽고 핵심이 분명한 글은 독자를 집중시키고 계속 읽고 싶게 한다.

설명하지 말고
이야기해라

예로부터 사람들은 이야기를 좋아한다. 인류 역사에서 이야기가 없었던 시대는 없다. 원시 시대부터 전해오는 신화와 전설을 주변에서 쉽게 접할 수 있다. 어렵고 복잡한 내용을 쉽게 전달하는 가장 효과적인 방법 중 하나가 이야기로 풀어주는 것이다. 이야기는 사람을 빠져들게 하고 계속 읽고 싶게 해준다. 읽고 난 후에도 어떤 사실이나 통계수치보다 기억에 오래 남는다. 이야기가 인간이 기억을 하는 방식과 가까운 구조로 되어 있기 때문이다. 좋은 이야기는 사람들의 관심을 유발하고 가슴을 파고들어 꽂힌다.

다니엘 핑크Daniel Pink는 『새로운 미래가 온다』에서 21세기는

분석적이고 논리적이고 단계적 사고를 지배하는 좌뇌의 시대가
아니라, 종합적이고 감성적이고 직관적인 사고를 중시하는 우뇌
의 시대라고 말한다. 더불어 우뇌의 시대에는 스토리가 점점 중
요해진다고 강조한다. 인지심리학자 로저 생크Roger Schank도 "인
간은 논리를 이해하는 데 적합하지 않다. 인간은 선천적으로 스
토리를 이해하도록 만들어졌다"라고 역설한다. 이러한 주장에
비춰볼 때 논리보다 이야기가 설득의 도구로 더 효과적이다.

　이야기의 힘이 얼마나 강한지 보여주는 단적인 예가 베스트
셀러 『영혼을 위한 닭고기 수프』다. 이 책은 43개국 언어로 번
역돼 전 세계에서 무려 1억 4000만 부 이상 판매됐다. 《뉴욕타
임스》는 190주 연속 베스트셀러로 선정하기도 했다. 그리고 『사
랑을 실천하는 영혼을 위한 닭고기 수프』와 『아픔을 어루만지는
영혼을 위한 닭고기 수프』 등 30개가 넘는 시리즈로 이어졌다.
놀라운 점은 이 책들에 담긴 이야기 대부분이 전문 작가의 손에
서 나온 게 아니라 일반인들의 스토리라는 사실이다. 저자들은
평범한 사람들의 이야기를 한데 모아 정리했을 뿐이다.

좋은 스토리의 세 가지 유형

사람들의 뇌리에 착 달라붙는 메시지를 연구한 칩 히스Chip Heath
와 댄 히스Dan Heath는 『Stick 스틱!』에서 좋은 스토리의 유형으

로 세 가지를 제시한다. 도전 플롯, 연결 플롯, 창의성 플롯이다. 이 책에 따르면 이 세 가지 플롯으로 『영혼을 위한 닭고기 수프』의 첫 번째 시리즈에 나오는 스토리의 80퍼센트를 분류할 수 있다고 한다. 세 가지 플롯에 대해 상세히 알아보자.

도전 플롯: 다윗과 골리앗

도전 플롯의 전형적인 예는 다윗과 골리앗의 이야기다. 손으로 만든 새총을 들고 거인에게 맞서는 다윗처럼, 이야기 속 주인공은 자신의 한계를 넘어서는 큰 도전에 직면하지만 모든 장애물을 극복하고 성공한다. 이런 도전 플롯에는 다양한 변형이 존재한다. 평범한 사람이 비범한 인물로 도약하는 스토리, 미지의 세계를 향해 떠나는 탐험가들의 여정, 놀라운 정신력으로 난관을 이겨내는 이야기 등이다.

도전 플롯의 본질은 주인공을 완전히 쓰러뜨릴 만큼 강한 시련이다. 영화 「스타워즈」, 팔다리 없이 태어났음에도 사랑과 희망의 전도사로 거듭난 닉 부이치치Nick Vujicic의 인생 이야기도 도전 플롯이다. 이런 이야기는 명료하고 긍정적인 메시지로 우리가 행동에 나서도록 자극한다.

연결 플롯: 선한 사마리아인

도전 플롯이 큰 시련을 극복하고 중요한 싸움에서 승리하는 내용이라면 연결 플롯은 다른 사람과의 관계가 주를 이룬다. 연결 플롯은 인종과 나라, 계급과 재산, 종교와 문화 등 다양한 이유로 발생하는 갈등을 치유하고 관계를 발전시키는 이들에 관한 이야기다. 이 플롯은 사람들로 하여금 분쟁을 조정하고 다른 사람을 이해하고 돕고 싶게 한다. 타인에게 관심을 가지고 다른 이의 입장에 서보도록 유도한다. 선한 사마리아인의 이야기가 그 예다. 좋은 이웃은 자신이나 가족뿐 아니라 자기와 아무런 상관이 없는 사람에게조차 어떤 보상도 바라지 않고 선뜻 도움을 준다는 교훈을 전한다.

도전 플롯과 마찬가지로 연결 플롯도 다양한 변주가 가능하다. 예를 들어 덴마크의 작가 한스 안데르센의 동화 「성냥팔이 소녀」도 연결 플롯에 해당한다. 이 동화는 새해를 하루 앞둔 겨울날 주인공인 소녀가 추위와 굶주림에 시달리다 죽는 슬픈 이야기다. 그런데 유심히 살펴보면 치유와 관계의 회복이 이야기의 중심에 자리 잡고 있다. 소녀는 성냥을 하나하나 켜며 꿈꿔왔던 일을 상상 속에서 체험하고, 늘 그리던 할머니를 만나서 마침내 함께 하늘로 올라간다. 소녀는 사람들의 무관심과 추위 속에서도 미소를 지으며 마지막 숨을 거둔다. 이 이야기는 힘겨운 상황에 놓인 소녀가 세상을 떠난 할머니와 환상적인 재회를 통해 관계를 복원했음을 보여준다. 이처럼 연결 플롯의 이야기들은 우리가 사는 세상에 사랑과 도움이 얼마나 소중한지를 생각하게 해준다.

창의성 플롯: 뉴턴과 사과

창의성 플롯의 대표적 예는 나무에서 떨어진 사과를 본 뉴턴이 만유인력 법칙에 대한 영감을 얻은 이야기다. 창의성 플롯은 아무도 풀지 못했던 수수께끼를 해결하거나 오랫동안 해결하지 못한 난제를 독창적인 접근법으로 공략한다. 1980년대와 90년대 TV에서 방영되어 큰 인기를 끌었던 드라마「맥가이버」도 이 플롯에 속한다. 창의성 플롯은 독자가 어려운 상황과 문제를 타개하고자 할 때 새로운 방식을 실험하고 창의적 방법을 시도할 수 있도록 고무한다.

글을 쓸 때 우리는 이미 존재하는 스토리 가운데 적합한 것을 선택하거나 새로운 스토리를 만들 수 있다. 이럴 때 위의 세 가지 플롯을 참고하자. 어떤 스토리가 세 가지 플롯 중 하나에 속한다면 사람들이 그 스토리에 공감할 가능성이 크다.

좋은 스토리란 무엇인가

스토리를 구하는 것 자체는 어렵지 않다. 자기 이야기나 주변 사람들과의 대화, 책과 신문 기사 등에서 쉽게 찾을 수 있다. 또 인터넷을 검색하면 1시간만 투자해도 수십 개의 이야기를 구할 수 있다. 하지만 단순히 많기만 하면 되는 것이 아니라 좋은 스토리를 발굴하는 게 관건이다. 이를 위해서는 좋은 스토리를 알아볼 수 있는 눈을 가져야 한다.

마케팅 전문가 신병철은 『쉽고 강한 브랜드 전략』에서 브랜드 전략의 핵심으로 '낯섦과 공감대의 결합 효과'를 강조한다. 이는 좋은 스토리를 발굴하는 데에도 유용하다. 좋은 스토리는 독자에게 처음에는 물음표(호기심, 질문, 흥미 유발)를 던지고, 느낌표(깨달음, 교훈, 통찰)로 마무리한다. 어떤 스토리를 읽고 처음에는 '어?'라고 하다가 마지막에 '오!' 또는 '아하!'라는 느낌이 든다면 그것은 좋은 스토리다. 이를 공식으로 단순화하면 다음과 같다.

좋은 스토리 = 낯섦 × 공감대

낯섦: 스토리가 독특한가

낯설다는 것은 다르다는 걸 의미한다. 사람은 익숙한 것보다 다른 것에 더 많은 주의를 기울인다. 다르면 한 번 더 보게 되고, 한 번 더 생각하게 된다. 뭔가 달라야 관심이 생기고 정보처리의 양도 증가한다.

기억에 남는 광고를 떠올려보라. 많은 광고 가운데 왜 유독 그 광고가 기억에 남는 걸까? 그 광고에 뭔가 독특한 점이 있기 때문이다. 스토리도 마찬가지다. 뭔가 남다른 점, 독특한 요소가 없는 스토리는 진부하다. 그렇다고 낯선 스토리라 해서 모두 좋다는 얘기는 아니다. 오히려 낯설기만 한 스토리에는 뭔가가 빠져 있어 허술하거나 허무하게 느껴질 가능성이 크다. 그 치명적인 공백이 바로 공감대다.

공감대: 스토리에 공감할 수 있는가

스토리는 낯설기만 해서는 안 되고 공감대를 형성해야 한다. 낯설기는 한데 공감할 만한 요소가 없는 스토리는 설득력이 떨어진다. 차별화의 핵심은 낯섦을 주는 데 있지만, 스토리가 설득력을 갖기 위해서는 공감 요소가 반드시 필요하다.

낯섦과 공감대의 결합 효과는 스토리의 품질을 판단하는 기준으로 활용할 수 있다. 하나의 축에 낯섦의 정도를 놓고 다른 축에 공감대의 수준을 배치하면 다음과 같은 매트릭스를 만들 수 있다.

	공감대 Low	공감대 High
낯섦 High	3	1
낯섦 Low	4	2

낯섦-공감대 매트릭스

- 1번_ 낯설면서 공감대도 형성할 수 있는 이야기. 최고의 스토

리에 해당한다. 이런 이야기는 꼭 붙잡아서 적극적으로 활용해야 한다.

- 2번_ 낯설지는 않지만 공감대를 형성할 수 있는 스토리. 여기에 속하는 스토리는 최선은 아니지만 차선은 된다. 두 번째로 좋은 경우다.
- 3번_ 낯설지만 공감을 일으키지 못하는 이야기. 즉, 독자의 관심은 끌 수 있지만 지속시키기는 어려운 스토리다. 이런 아이디어는 될 수 있으면 선택하지 않는 게 현명하다.
- 4번_ 낯섦과 공감 요소 둘 다 부족한 경우. 의미도 쓸모도 없다. 당연히 활용할 이유도 없으므로 버려야 한다.

어떤 스토리가 좋은지 평가할 때 '낯섦-공감대 매트릭스'를 활용해보자. 이 매트릭스는 자기 이야기나 다른 사람의 이야기 모두에 활용할 수 있다.

만일 당신이 논쟁거리를 던진다면 독자는 판단하고 평가하고 비판하려고 할 것이다. 당신이 정면으로 부딪치면 독자는 싸우거나 피하려고 할 것이다. 그런데 드라마틱한 이야기를 던진다면? 십중팔구 독자는 당신의 덫에 걸려들 것이다. 독자는 공감하면서 '나도 한번 해보고 싶다'라고 생각할 것이다. 그러니 설명하지 말고 이야기하라.

대상을 묘사하기가 힘들어요

저는 글감과 생각이 조화롭게 어울리는 싱싱한 글을 쓰고 싶어요. 그런데 글을 쓰다 보면 소재가 딱딱해진다는 느낌이 들 때가 많아요. 부드럽게 쓰려고 노력하고 어려운 표현은 최대한 배제하는데도 이런 현상이 나타나요. 글을 쓸 때 소재가 되는 대상, 즉 사물이나 사람 등을 어떻게 묘사해야 하나요? 정확히 묘사하는 게 좋은 것 아닌가요?

— 임창수(43세, 대학교수)

임창수 님은 세밀하고 정확한 묘사가 올바른 묘사라고 생각하시는군요. 그것이 당연한 것처럼 여겨질 수 있지만 꼭 그런 건 아닙니다. 물론 정밀한 묘사가 힘을 발휘할 때도 있어요. 그런데 거기에 너무 얽매이면 본질을 놓칠 수 있어요. 눈에 보이는 것처럼 묘사하려고 하면 글이 답답해지고 오히려 생동감이 떨어질 수 있거든요.

초상화 그리기를 생각해보세요. 그림을 처음 배우는 사람은 자신이 그린 초상화가 실제 인물과 다르게 보이면 안 된다고 생각해요. 그래서 실물과 똑같이 그리려고 애쓰죠. 그것이 지나치면 오히려 그림의 생명력이 떨어지게 돼요. 인물의 내면을 담아내지 못하기 때문이죠. 초상화의 핵심은 정밀한 묘사가 아니라 그 사람의 분위기와 특징을 잡아내는 거예요. 어떤 사람을 똑같이 그린 그림을 보고 "비슷하네"라고는 말해도 "살아 있네"라고 하지는 않아요. 오히려 그 인물의 두드러진 점이나 개성을 드러낸 그림을 보면서 "생생하다"라고 말하지요.

미국의 유명한 초상화가 노마 밀러Norma Miller는 "초상화 그리기를 배우는 대부분의 학생은 자신이 그리는 선 하나하나가 실물과 닮기를 원한다. 그들은 주로 윤곽부터 그린 다음 그 안을 채운다. 즉 밖에서부터 안으로 그리려는 경향이 있다. 그러나 초상화는 안에서부터 밖으로 그려야 한다. 왜냐하면 안만 제대로 그려지면 밖은 저절로 완성되기 때문이다"라고 말했어요. 묘사를 할 때 지나치게 겉모양에 신경 쓰는 건 바람직하지 않아요. 껍데기가 알맹이를 대신할 수는 없으니까요.

그렇다면 묘사를 구체적으로 어떻게 해야 할까요? 한 가지 방법은 캐리커처를 그리듯이 묘사하는 거예요. 캐리커처는 정밀 묘사가 아니라 대상의 본질과 특징에 초점을 맞추죠. 캐리커처를 그리는 사람들은 5분이나 10분 만에 그림을 완성해요. 어떻게 그럴 수 있을까요? 어떤 사람이나 사물의 특징을 찾아내고 그걸 중심으로 그리기 때문이에요. 묘사도 마찬가지예요. 어떤 소재의 본질과 특성을 포착하는 데 초점을 맞춰보세요. 묘사를 위한 묘사를 하지 말고, 설명에 설명을 붙이지 마세요. 꼬리에

꼬리를 무는 묘사는 글이 늘어지게 해요. 본질과 특징이 아닌 것을 묘사하고 싶은 마음을 싹둑 자르세요.

베끼지 말고
훔쳐라

"내가 나 자신을 반복해서 흉내 낼 것이라고 기대하지 말라. 과거는 더 이상 내게 흥밋거리가 되지 못한다. 나 자신을 베낄 바에야 차라리 다른 사람을 모방하겠다. 그러면 적어도 새로운 면을 추가할 수 있을 테니 말이다. 아무튼 난 새로운 걸 발견하기를 좋아한다. (……) 화가란 결국 무엇이겠는가? 다른 사람의 소장품에서 본 그림을 그려서 자신의 소장품으로 만들고 싶은 수집가가 아니겠는가. 시작은 이렇게 하더라도 여기서 색다른 작품이 나오는 것이다."

– 하워드 가드너, 임재서 옮김, 『열정과 기질』, 북스넛, 2004년, 307쪽.

천재 화가로 불리는 파블로 피카소가 한 말이다. 실제로 피카소는 스스로 인정했듯이 앞서 살다 간 훌륭한 화가들의 장점을 배우고 그들의 작품을 거침없이 모방했다. 특히 그는 프랑스 화가 폴 세잔에게서 지대한 영향을 받았다. 한 인터뷰에서 피카소는 세잔에 대해 "세잔을 아느냐고요? 그는 나의 유일한 스승이었습니다"라고 말했다. 그리고 말년에는 마네와 쿠르베, 들라크루아 같은 거장들의 작품을 리메이크하기도 했다. 천재에게도 스승이 있어야 하고, 벤치마킹과 모방의 과정이 필요하다.

좋은 글 역시 모방에서 나온다. 글을 많이 읽지 않으면 좋은 글을 쓸 수 없다. 글을 쓰는 사람에게 독서는 지식과 정보 습득 이상의 의미를 가진다. 책을 열심히 읽어야 좋은 글을 알아보는 눈이 떠지고, 또 독서를 통해 다른 사람은 어떻게 글을 쓰는지 알 수 있다.

창조는 창의적 모방이다. 무에서 유를 만들어내는 것이 아니라 유에서 새로운 유를 만드는 것이다. 하늘 아래 새로운 게 어디 있겠는가. 피카소는 세잔의 「목욕하는 여인들」에서 아이디어를 얻어 유명한 「아비뇽의 처녀들」을 그렸고, 모차르트는 하이든의 「레퀴엠 다단조」를 모방해 「레퀴엠 라단조」를 완성했다. 『행복론』을 쓴 프랑스 철학자 알랭Alain은 "모방하지 않는 사람은 창조하지 못한다"라고 단언했다.

여기서 유의할 점이 있다. 원본을 그대로 베끼는 건 창의성이

나 실력을 키우는 데 도움이 안 된다. 모방에도 요령이 필요하다.

첫째, 좋은 작품을 있는 그대로 가져오기보다는 창의적으로 가공해야 한다. 한 작품을 모방하면 '표절'이고 여러 작품을 모방하면 '창조'라고 했다. 많이 읽고 많이 생각해야 모방이 창조적 작업으로 승화될 수 있다. 평범한 작가는 있는 것을 그대로 빌리지만 훌륭한 작가는 이미 존재하는 것을 자신의 시선으로 가공한다. 불세출의 이야기꾼 셰익스피어는 남이 쓴 글에서 플롯을 가져와 대담하게 바꾸고 여기저기서 문구를 모아 재구성했다. 하나만 예를 들면 셰익스피어는 자신의 희극 「폭풍」에 미셸 몽테뉴가 쓴 『수상록』의 일부 내용을 거의 그대로 사용했다. 셰익스피어는 1000쪽이 넘는 몽테뉴의 『수상록』을 탐독했다고 전해진다.

둘째, 많은 것을 모방하는 것보다는 얼마나 깊이 받아들이느냐가 중요하다. 피카소는 "저급한 예술가들은 베낀다. 그러나 훌륭한 예술가들은 훔친다"라고 했고, 현대무용을 독창적으로 혁신한 마사 그레이엄Martha Graham은 다양한 인물과 자료를 가져와 자신의 작품에 변용한다는 사실을 공개적으로 밝혔다. 그녀는 "나는 도둑이다. 하지만 부끄럽지는 않다. 나는 최고의 인물들에게서 생각을 훔친다. 내가 훔친 것의 진가를 잘 알고 있고, 늘 소중하게 간직한다"라고 말했다. 글쓰기도 다르지 않다. 어떤 글에서 우리가 진정 배워야 할 점은 표현의 형식이 아니라 그 안에 담긴 정신과 정수다. 내용 자체가 아니라 사유하는 방법을 배워야 한다. '아, 나도 이 사람처럼 써봐야겠다'라는 깨달음을 얻어야 한다. 이것은 모방을 넘어 창조적 습관을 기르는 것이다. 무턱대고 형식만 따라 해서는 정작 중요한 자기 자신을 잃어버리기 쉽다.

마지막으로, 모방하고 싶은 좋은 본보기를 찾아야 한다. 이 점이 가장 중요하다. 아무거나 모방해서는 안 된다. 쓰레기를 흉내 내면 쓰레기를 만들게 될 뿐이다. 자신을 끌어당기는 뛰어난 작가의 작품을 필사하면 문장력이 향상되는 것을 경험할 수 있다. 그러나 이보다 좋은 방법은 훌륭한 스승에게 가르침을 받는 것이다.

진정으로 존경하는 사람을 찾아라

역사를 빛낸 위대한 사상가들은 좋은 스승에게 가르침을 얻으며 지식을 쌓고 생각의 폭을 넓혔다. 장자는 노자를 스승으로 모셨고, 노자의 스승은 잘 알려지지 않은 상용商容이라는 사람이었다. 소크라테스의 제자인 플라톤은 아리스토텔레스라는 걸출한 제자를 키워냈다. 앤 설리번 선생이 없었다면 헬렌 켈러의 고귀한 삶도 없었을 것이다. 이처럼 훌륭한 스승들에겐 몇 가지 공통점이 있다.

첫째, 훌륭한 스승은 배움과 가르침 사이에 구분이 없다. 가르치면서 배우고, 배우면서 가르친다. "사람은 가르치며 배운다"라는 세네카의 말은 진리다. 제자를 가르치기 위해 공부하다 보면 배움의 깊이가 두 배가 되고, 가르침의 열매도 한층 영글어진다. 제자보다 열심히 배우지 않는 스승은 좋은 스승이 아니다.

둘째, 훌륭한 스승은 제자의 실력보다는 잠재력을 본다. 그 사람이 이미 이뤄낸 성과보다 내면에 숨겨진 재능을 살핀다. 이미 핀 꽃을 바라보는 건 즐거운 일이지만, 그보다 더 가치 있고 보람 있는 일은 씨앗을 키우고 꽃을 피워내는 과정이다.

셋째, 훌륭한 스승은 제자에게 좋은 롤모델이 된다. 평범하게 시작해 비범한 경지에 오른 스승을 보며 제자는 '나도 노력하면 스승처럼 될 수 있다'라는 희망을 품는다.

넷째, 훌륭한 스승은 말이나 글이 아닌 삶 그 자체로 가르침을 준다. 이런 경지에 도달한 사람은 다른 사람에게 가르침을 주면서 뿌리가 깊어지고 새로운 영감을 얻는다. 양명학의 태두인 왕양명王陽明은 "앎은 행위에서 시작되고, 행위는 앎의 완성이다"라고 말했다. 삶이 곧 모범이자 존재가 곧 가르침인 인물이 최고의 스승이다.

이상 네 가지 사항을 염두에 두고 다음 세 가지 질문을 품으면 훌륭한 스승을 발견할 수 있다.

- 첫째, 나는 그 사람을 존경하는가?
- 둘째, 나는 그 사람을 좋아하는가?
- 셋째, 나는 그 사람을 믿을 수 있는가?

이 세 가지 질문에 모두 '그렇다'라고 답할 수 있는 사람을 발견하면 어떻게든 붙잡아야 한다.

한 가지 주의할 점이 있다. 사회적 명성이나 업적 또는 전문성만을 기준으로 스승을 찾는 건 바람직하지 않다는 것이다. 말과 글이 다른 사람이 많고, 그것이 행동과 어긋나는 사람은 더 많다. 남들을 가르치면서 자신은 그 가르침을 지키지 않는 사람도 적지 않다. 유명한 것과 훌륭한 것은 다르다. 알맹이는 없고 껍데기만 화려한 사람에게는 배울 것이 없다.

세 가지 질문 중 가장 중요한 것은 '나는 그 사람을 존경하는가?'이다. 존경심이야말로 스승을 선택하는 가장 중요한 기준이다. 좋아하는 척하거나 존경하는 척해서는 안 된다. 자신의 마음을 속여서도 안 된다. 자신을 속이는 것만큼 불편하고 괴로운 일도 없다. 스승을 진심으로 존경하지 않으면 제대로 배울 수 없다. 함께 있으면 배울 게 많을 것 같아서 또는 배경이 좋아서 그 사람의 제자가 되는 건 어리석은 짓이다. 스승과 제자는 마음을 주고받는 관계다. 교감이 이루어지지 않는 관계만큼 부실한 것도 없다. 계산은 언젠가 끝나게 마련이고 그렇게 되면 관계를 지속하기 어렵다. 그러니 자신이 진정으로 존경하는 사람을 찾아라. 그리고 철저히 배워라.

훌륭한 스승에게 배우는 방법

훌륭한 스승과의 만남은 인생에서 크나큰 행운이다. 하지만 스승과 제자의 관계에서 행운이 노력을 대신할 수는 없다. 만남 자체만으로는 아무것도 나아지지 않는다. 스승에게 가르침을 받으며 이를 자기 것으로 만들기 위해 부단히 노력해야 한다. 훌륭한 스승에게 제대로 배우기 위해서는 네 가지를 명심해야 한다.

첫째, 스승에게 마음을 다해야 한다. 공자는 "스스로 분발하지 않는 제자는 계발해주지 않고, 애태우지 않는 제자에게는 말해주지 않는다. 한 모서리를 들어서 보여주는데 세 모서리로 응답하지 않으면 다시 일러주지 않는다"라고 말했다. 훌륭한 제자는 절실하게 가르침을 구하고, 스승의 가르침을 따르기 위해 정성을 다하며, 어제보다 나아지기 위해 분발하는 사람이다.

둘째, 스승에게 배우는 것에 최우선 순위를 두어야 한다. 훌륭한 스승은 쫓아다니면서 가르치지 않는다. 제자가 몸과 마음을 다해 스승을 좇아야 지속적으로 가르침을 받을 수 있다. 스승에게 배우는 걸 최우선으로 여기지 않는 사람은 아무리 훌륭한 스승을 만나도 크게 나아질 수 없다.

셋째, 스승을 모방해야 한다. 제자가 스승을 따라 하는 건 잘못이 아니다. 알렉산더 대왕은 아킬레스를, 카이사르는 알렉산더를 모방했다. 좋은 책에 푹 빠지듯이 스승에게 푹 빠져야 한다. 스승이라는 우물에 빠져 그것만 생각해야 한다. 언젠가 그 깊이를 넘어 훌쩍 클 수 있음을 믿으며 바닥에 발이 닿을 때까지 우물에 흠뻑 빠져야 한다.

넷째, 자신을 바로 세워야 한다. 언제까지나 스승의 품 안에 있을 수는 없으며 또 그래서도 안 된다. 그렇다고 스승과 싸우거나 반박하라는 뜻이 아니다. 스승이 주신 가르침을 삶으로 실천하라는 것이다. 스스로 빛날 줄 알아야 스승의 품을 떠나되 스승과 더 가까워질 수 있다. 제자가 빛날 때 스승 또한 빛난다.

학문이든 운동이든 글쓰기든, 훌륭한 스승에게 배우는 방법은 모두 같다. 스승의 가르침을 받으며 정성을 다해 배우고 온몸으로 모방해야 한다. 단순히 모방에 머물러서는 좋은 글을 쓸 수 없다. 모방은 출발점이지 완결점이 아니다. 모방에서 시작하여 일정 수준에 이르면 배운 것을 깊이 새기며 연결하고 조합해야 한다. 불필요한 것은 과감히 걷어내고 현실에 맞게 고쳐야 한다. 이런 과정을 통해 스스로 우뚝 설 수 있다.

"다른 사람을 베끼고 모방해야 한다. 대가들을 통째로 삼켜야 한다. 그리고 다시 토해 내야 한다. 개인적 체험과 깨달음을 자신의 체액 속에 담을 수 있어야 한다. 그리하여 스스로의 언어로 재구성하고 표현할 수 있어야 한다."

– 구본형, 「낯선 곳에서의 아침」, 을유문화사, 2007년, 228쪽.

사랑하는 것에 대해
써라

글쓰기는 훈련을 통해서만 배울 수 있다. 말은 태어나면서부터 자연스럽게 배우지만, 글은 스스로 마음먹고 노력하지 않으면 실력을 키우기 어렵다. 글쓰기 실력을 기르는 데 효과적인 훈련법을 알아보자.

글쓰기 전문가들이 글 잘 쓰는 법을 얘기할 때 공통으로 강조하는 요소가 있다. 많이 읽고 많이 쓰기다. 『뼛속까지 내려가서 써라』의 나탈리 골드버그나 공포소설의 제왕 스티븐 킹 같은 글쓰기 대가들 역시 최대한 많이 읽고 많이 쓰라고 권한다. 다른 사람의 글을 많이 읽고 되새김질하면서 많은 글을 쓰다 보면 좋은 글을 쓸 수 있다. 이는 가장 단순하면서도 심오한 글쓰기 훈련법이다.

그만큼 중요한 또 한 가지 조건이 있다. 바로 집중해서 쓰는 것이다. 많이 읽고 많이 쓰기에 집중력이 더해지면 글쓰기 실력이 일취월장한다. 그럼 어떻게 해야 집중해서 쓸 수 있을까? 연애편지를 생각해보면 된다.

집중해서 읽고 깊이 음미하라

책의 진정한 의미는 종이에 인쇄된 글자들이 아니라 독자와 교감하는 데 있다. 그래서 무엇을 읽는가만큼 어떻게 읽는가도 중요하다. 독서의 정석은 정독이다. 정독은 깊이 읽기다. '깊이'라 함은 그저 천천히 꼼꼼히 읽는 게 아니라 뜻을 새기며 읽는 걸 말한다. 비유컨대 소가 여물을 여러 번 되새김질해서 완전히 소화하듯 읽는 것이다.

조선 중기의 문신 이덕수는 책을 읽을 때는 종이가 기름에 저는 것처럼 독서에 푹 절어 책과 내가 하나가 된 상태에 이르러야 한다고 했다. 그 상태가 궁금하다면 과거에 연애편지를 읽었던 경험을 떠올려보라. 아니, 바로 지금 사랑하는 이에게 러브레터를 받는다면 어떤 식으로 읽겠는가? 『독서의 기술』에서 모티머 J. 애들러가 말한 것처럼 읽을 것이다.

"사랑에 빠져서 연애편지를 읽을 때, 사람들은 자신의 실력을 최대한으로 발휘하여 읽는다. 그들은 단어 한마디 한마디를 세 가지 방식으로 읽는다. 그들은 행간을 읽고, 여백을 읽는다. 부분의 견지에서 전체를 읽고, 전체의 견지에서 부분을 읽는다. 콘텍스트와 애매성에 민감해지고, 암시와 함축에 예민해진다. 말의 색깔과 문장의 냄새와 절의 무게를 알아차린다. 심지어는 구두점까지도 고려에 넣는다."

— 구본형, 『익숙한 것과의 결별』, 생각의나무, 1998년, 169쪽.

이처럼 연애편지를 읽듯이 집중해서 읽고, 깊이 음미하고, 치밀하게 사고하면 책의 정수를 빨아들일 수 있다.

관심과 애정을 담아라

소설가 이외수는 "좋은 글을 쓰기 위해서는 반드시 사랑이 필요하다"라고 말했다. 소설가 김영하 역시 "연애편지 쓰듯 글을 쓰면 반드시 감동적인 글이 나온다"라고 강조했다. 숙명여대 강미은 교수는 『논리적이면서도 매력적인 글쓰기의 기술』에서 연애편지가 감동적인 이유를 세 가지로 설명한다. 강 교수의 생각에 우리 생각을 더해 그 이유를 다섯 가지로 정리해본다.

첫째, 연애편지는 단 한 사람을 겨냥한다. 독자가 분명하다.

취향과 성격이 구체적인 한 사람을 만족시키기 위해 쓴다. 모든 사람을 만족시키는 글은 없다. 그러니 글을 쓸 때는 핵심 독자에 가까운 한 사람을 마음속에 그리자. 그리고 그 사람을 감동시키기 위해 노력하자. 한 사람을 감동시킬 수 있으면 여러 사람도 만족시킬 수 있다.

둘째, 연애편지는 목적이 확실하다. 읽는 이의 마음을 움직이겠다는 확고한 지향점을 가지고 있다. 연애편지를 포함해 여행기와 인터뷰, 기획서, 회고록, 연설문 등 다양한 유형의 글들도 분명한 목적이 있다. 목적이 선명할수록 글쓰기에 동기부여가 잘되고 집중하기도 쉬워진다.

셋째, 연애편지는 자신의 능력을 총동원하여 쓴다. 당신이 사랑하는 이에게 편지를 쓴다면 어떻게 쓰겠는가? 적어도 대충 쓰지는 않을 것이다. 자신의 진심을 상대방의 마음 깊숙이 전하기 위해 할 수 있는 모든 걸 할 것이다. 때로는 다른 사람에게 부탁까지 해가면서 최선을 다할 것이다. 시에 관심이 없는 사람도 시집을 몇 권씩 뒤적이고, 영화 속에서 명대사를 찾아보고, 다른 사람의 잘 쓴 연애편지를 모방하기도 한다. 고쳐 쓰기를 귀찮아하는 사람도 연애편지를 쓸 때만은 그 번거로움을 기꺼이 감수한다. 마음과 재능과 정성을 다하는 것만큼 사람을 감동시키는 방법은 없다.

넷째, 연애편지는 좋아하는 대상에 관해 쓴다. 좋아한다는 건 그 대상에 대해 큰 관심을 가지고 공감한다는 뜻이다. 많은 사람이 읽는 이의 관심을 불러일으키고 공감을 끌어내는 글을 쓰고 싶어 한다. 그런데 쓰는 사람이 관심도 없고 공감하지도 않으면서 독자에게 그걸 바라는 건 언어적 사기다. 좋아하는 것과 잘 아는 건 다르다. 무언가를 좋아하게 되면 그것에 대해 잘 알고 싶은 마음이 생긴다. 누군가 말했듯이 글감이 글쓰기의 반이다. 그러니 일단 좋아하는 소재를 찾아야 한다.

마지막으로, 연애편지는 사랑으로 쓴다. 연애편지를 쓰는 원동력은 깊은 관심과 애정이다. 사랑만큼 강력한 에너지가 있을까? 폭발할 듯 넘치는 애정이 글을 준비하고 쓰는 과정을 이끌어주기 때문에 좋은 글이 나올 수 있다. 그리고 그 에너지가 글에 투영되기에 읽는 사람의 마음을 움직일 수 있다. 물론 모든 연애편지가 목표를 달성하는 건 아니다. 하지만 정성 들여 쓴 연애편지는 적어도 읽는 사람에게 자기 마음을 온전히 보여줄 수 있다.

지금까지 살펴본 다섯 가지 이유 때문에 연애편지는 감동을 줄 수 있다. 누군가를 사랑하게 되면 모든 것이 달라 보인다. 그 사람뿐만 아니라 그 사람과 관련된 모든 것, 그리고 그 사람을 넘어서 세상까지 달라 보인다. 그와 같은 마음에서 나오는 글이 이전에 쓴 글의 수준을 뛰어넘는 건 어쩌면 당연한 일이다.

좋은 글을 쓰는 데 가장 필요한 요건을 하나만 꼽으라면 '글쓰기를 사랑하는 마음'을 들겠다. 물론 많이 쓰기, 많이 생각하기, 많이 읽기 모두 중요하다. 하지만 글쓰기를 좋아하지 않는다면 많이 읽고, 생각하고, 쓰기 어렵다. 애정이 없는 일을 지속적으로 잘하는 방법이 과연 있을까? 신이 내린 천부적인 재능을 가졌다 해도 그 일을 사랑하지 않는다면 좋은 결과를 얻을 수 없다.

글쓰기에 푹 빠지는 확실한 방법이 있다. 자신이 사랑하는 소재(사람, 사물 등)에 대해 쓰는 것이다. 종이 한 장을 꺼내 자신이 좋아하는 것을 떠오르는 대로 다섯 개만 적어보자. 다섯 개를 모두 채울 때쯤이면 다섯 개가 더 떠오르고, 5분이면 열 개는 적을 수 있을 것이다. 그 열 개가 글쓰기 훈련을 위한 소재다. 소재는 중간에 바꿔도 좋고 추가해도 무방하다. 글감 리스트는 글쓰기의 출발점 역할만 하면 된다.

연애편지처럼 글을 쓰는 훈련의 장점 중 하나는 오랫동안 지속할 수 있다는 점이다. 러브레터를 쓰듯이 사랑하는 마음으로 글을 쓰다 보면 글쓰기와도 사랑에 빠지게 된다. 사랑에 빠지면 멈출 수가 없다. 그 자체가 동기 유발원이자 에너지 공급원이 된다. 다만, 사랑에 빠지면 그 사람밖에 보이지 않는 것처럼 글쓰기에서도 자신의 글에 갇히는 부작용이 일어날 수 있다. 하지만 이 점은 크게 걱정하지 않아도 된다. 고쳐 쓰는 과정에서 다듬어주면 되기 때문이다.

먼저 쓰고 싶은 열 개의 소재를 정하자. 그리고 하루에 하나씩 사랑하는 이에게 편지를 쓰듯이 써보자.

생각의 순서를
바꿔라

당신은 지금 명동 거리를 걷고 있다. 바쁘게 움직이며 웃고 떠드는 사람들 속에서 갑자기 한 여성이 당신에게 다가온다. 자세히 보니 카메라를 든 남자도 옆에 서 있다. 돌발 상황이다. 그녀는 미소를 지으면서 '9시 뉴스'라고 적힌 마이크를 들이대며 묻는다.

"실례합니다. 당신은 일과 가정 중에서 어떤 것이 더 중요하다고 생각하십니까?"

자, 당신에게 주어진 시간은 1분이다. 눈을 감고 생각해보자. 어떻게 답할 것인가? 어떤 순서로 말할 것인가? 대개는 이렇게 말한다.

"일과 가정이요? 당연히 가정이 중요한 거 아닙니까? (의견) 가정을 잃으면 일을 잘하고 성공해도 의미가 없으니까요. (이유) 실제로 저는 일만 하다가 이혼할 뻔했어요. (사례)"

이런 답변은 사람이 생각하는 프로세스를 그대로 반영한다. 우리 뇌가 무의식적으로 이런 순서로 반응하는 것이다.

- 어떻게 생각하는가? (의견)
- 왜 그렇게 생각하는가? (이유)
- 구체적인 증거는? (사례)

이 프로세스는 말하기와 글쓰기에도 적용된다. 주제를 말하고 증거와 사례를 들어 설명한다. 이런 구조의 말과 글을 듣고 보는 독자는 어떤 생각을 하게 될까?

당신의 의견(당연히 가정이 중요한 거 아닙니까?)에 반대하는 독자는 이렇게 생각할 것이다.

'이 사회에서 살아남으려면 가정 챙길 시간이 어디 있어? 그건 집사람이 챙겨야지. 일단 먹고사는 게 제일 중요한 거 아닌가?'

그는 당신의 이야기를 제대로 들으려 하지 않는다. 그렇게 되면 당신은 독자의 반을 잃는다. 또, 동의하는 독자의 머릿속은 이런 생각으로 가득 차 있을 것이다.

'음, 가정이 무척 중요하지. 그게 얼마나 중요한지 난 이미 알고 있다고. 아무렴 잘 알고말고.'

이런 사람 역시 당신 이야기에 집중하지 않는다. 이렇게 해서 당신은 독자의 나머지 절반을 놓친다.

결론을 먼저 말하는 두괄식 구성은 명쾌하고 군더더기가 없다는 장점이 있다. 주제가 명확히 드러나야 하는 보고서나 오해의 소지를 줄여야 하는 매뉴얼 또는 이론서를 쓸 때는 두괄식 구성이 좋다. 하지만 일상적인 글쓰기에서 의견(주장)을 먼저 제시하는 방식은 듣는 이로 하여금 편견을 갖게 하고 몰입도를 떨어뜨리는 약점이 있다. 보고서나 논문이 재미없는 이유다. 사람은 호기심의 동물이다. 궁금증이 생기지 않는 단조로운 글에는 쉽게 반응하지 않는다. 글이 끝까지 긴장감을 유지해야 하는 까닭이 여기에 있다.

만약 생각의 과정을 거꾸로 뒤집어서 적용한다면 어떨까? 사건을 실감 나게 묘사하면서 시작하는 것이다. 광고 한 편을 살펴보자.

[사례] "어어어? 으앙. 엄마~."

아이의 볼에 빨간 핏자국이 선명하다. 서둘러 달려온 엄마가 아이를 달랜다.

"사내자식이 무슨. 괜찮아, 괜찮아." (아이코! 이걸 어째! 흉터

남겠네.)

[행동] 이때 당당히 등장하는 엄마 친구.

"애는, 빨리 ××× 연고 발라줘."

[이익] "흥 지면 두고두고 후회한다, 너."

후회 없는 상처 치료, ××× 연고.

실제로 많은 광고가 이와 같은 형태를 취한다. 내용이 다소 억지스러워 보일 수도 있지만, 시청자의 머릿속에는 '상처가 났을 때 ××× 연고를 바르면 흉터가 안 남는다'라는 메시지가 뚜렷하게 새겨진다.

데일 카네기는 이러한 '거꾸로'의 순서를 '마술의 공식magic formula'이라 불렀다. 사람들의 마음을 마술처럼 열어준다고 해서 붙여진 이름이다. 정리하면 마술의 공식은 '사건Example-행동Outline-이익Benefit'의 순으로 진행하는 EOB 커뮤니케이션 기법이다. 사례로 시작하여 핵심을 간략하게 정리한 다음 이 이야기가 주는 이익이 무엇인지를 제시하며 마무리하는 구조다.

사건(예화)

주제에 맞는 예화 또는 실제 일어난 사건을 어떻게 찾을 것인가? 많은 사람이 적당한 사례를 찾기가 어렵다고 얘기한다. 이러한 어려움은 거창한 뭔가를 찾아야 한다고 생각하기 때문이다. 하지만 생각이 거창할수록 두려움이 커진다. 그럴 때는 작은 것부터 시작해보자.

내 이야기는 언제나 훌륭한 글쓰기 소재다. 유명한 사람들과 비교하여 경험이 일천하거나 독특한 경험을 안 해봤다고 주눅 들어서는 안 된다. '그들도 훌륭하고 나도 훌륭하다'라고 생각해야 한다. 속단하지 말고 자기 이야기부터 살펴보자.

뛰어난 작가들은 일상과 수시로 사랑에 빠진다. 자신에게서 빠져나와 누군가의 마음속으로 들어간다. 이런 마음가짐으로 일상을 바라보면 삶의 매 순간이 귀한 소재가 된다. 지금 눈앞에 있는 것부터 시작해보자.

행동(핵심 메시지)

예화나 사건을 읽어가다 보면 허기를 느끼는 시점이 온다. '그래서 어떡하라고?' 이럴 때 자신이 전달하고자 하는 메시지를 던져야 한다. 시장이 반찬이라는 말이 있듯이, 허기질 때 먹는 밥이 가장 맛있는 법이다. 중요한 건 타이밍이다. 단, 핵심 메시지를 남발하지 않도록 주의하자. 커뮤니케이션을 잘하지 못하는 이유 중의 하나는 한 번에 너무 많은 메시지를 전하려 하기 때문이다. 핵심 메시지는 한두 가지면 족하다.

이익(영향)

"젓가락질 좀 똑바로 해." → "내가 왜?"

"운동 좀 해." → "도대체 왜? 너나 잘하세요."

　메시지에 대한 반응인 '왜?'는 누구에게나 자연스러운 것이다. 사람은 결코 명령에 의해 움직이지 않는다. 자신의 욕구와 판단으로 움직일 뿐이다. 그러므로 글을 쓸 때는 독자의 행동을 유발할 수 있는 구체적인 이익을 제시해야 한다. 행동을 취함으로써 독자가 얻게 될 이익을 짧고 구체적으로 언급한다. 이때 "그렇게 하면 삶이 윤택해질 것이다"보다는 "그러면 1년 안에 1억을 모을 수 있다"라고 구체적으로 말하면 더 강력해진다.

　참고로 각 부분에 대한 구성 비율은 사건(예화) 80퍼센트, 행동(핵심 메시지) 10퍼센트, 이익(영향) 10퍼센트가 적당하다.

　EOB 공식을 활용하여 일상에서 생생한 사건을 찾아 묘사하고 행동과 이익을 짧게 언급하며 글을 마무리해보자. 그러면 귀를 쫑긋 세우고서 "아!" 하고 감탄사를 연발하는 독자를 만나게 될 것이다. 물론 EOB 공식이 모든 커뮤니케이션에서 통하는 건 아니다. 이 공식 또한 하나의 유용한 도구일 뿐 보편타당한 법칙은 아니다. 하지만 특정 주제에 대해 2~3쪽의 글 한 편을 써야 한다면 이 공식이 아주 유용한 길잡이가 될 것이다.

; 첫 책과 함께 전문가로 다시 태어나다

— 구본형(변화경영전문가, 『익숙한 것과의 결별』 저자)

어느 여름날의 새벽이었다. 나는 일찍 잠에서 깨어났다. 창호지 사이로 아침 햇살이 비쳐들었다. 그 순간 나는 울고 싶었다. 눈부신 하루가 시작되고 있는데 나에게는 이 하루를 보낼 아무런 계획도 없었다. 그토록 원하던 자유의 나날이 펼쳐져 있는데, 나는 그 자유를 누릴 준비가 전혀 되어 있지 않았던 것이다. 무기력한 과거의 인물로 누워 있던 그 막막함을 비집고서 햇빛처럼 한 목소리가 내게 다가왔다.

"써라. 일어나 써라. 책을 써라. 그리고 그것으로 먹고살아라."

나는 그날의 목소리를 결코 잊지 못한다. 그것은 이미 오래전에 예고된 계시였는지도 모른다. 나는 무엇을 쓸지 고민하지 않았다. 오래전부터 '언젠가 변화경영에 대한 좋은 책 한 권을 쓰겠다'라는 희망을 품고 있었기 때문이다. 그때 내게는 변화와 혁신의 현장에서 보낸 13년이라는 경험이 있었다. 첫 책 『익숙한 것과의 결별』은 이렇게 태어났다.

나는 20년 동안 평범한 직장인으로 살았다. 그러나 첫 책을 쓰면서 진정한 나로 다시 태어났다. 첫 책을 손에 쥐는 순간 나는 화장실로 달려갔다. 북받치는 감정을 견딜 수 없었기 때문이다. '드디어 내 이름으로 세상에 나오게 되었구나!' 첫 책은 훌륭했다. 나를 위해 씩씩한 아이처럼 세상을 향해 마구 울어댔다. 나는 그렇게 다시 새로운 삶을 시작했다.

사람들은 종종 내게 작가로서 만족하는지를 묻는다. 나는 대답한다.

"내가 좋은 작가인지는 잘 모르겠다. 심지어 작가라고 불릴 수 있는지도 잘 모르겠다. 그러나 나는 쓰는 것이 좋다. 그리고 매일 쓴다. 그러니 나는 틀림없이 글쟁이인 것이 맞다. 더욱이 책을 써서 얻는 것이 많다. 책을 쓰는 것은 가장 돈을 적게 들이면서 객관적 전문성을 인정받을 수 있는 좋은 방법 중 하나다. 책을 쓰면 얻은 지식에 생각을 더하게 되고 종종 훌륭한 깨달음에 이르게 되기도 한다. 책을 쓰겠다는 계획 자체가 삶을 바라보는 관점을 바꿔줄 수 있다. 예를 들어, 자신의 일과 관련된 책을 쓰겠다고 다짐하면 지금 하는 일을 다시 바라보게 된다. 그에 관한 다른 책을 읽고서 배운 생각들을 현장에 적용해보기도 한다. 그러다 더 좋은 생각들을 하게 되면, 그걸 다시 실제 업무에 활용해보는 것이다. 그렇게 우리는 기록과 함께 전문가로 깊어질 수 있다."

사람들이 자주 하는 또 다른 질문이 있다. 글을 잘 쓰는 비법, 매년 쉬지 않고 책을 낼 수 있는 비결을 궁금해한다. 비법이라고 할 만한 건 없다. 다만 나는 다음과 같은 것들을 즐긴다.

우선, 나는 책의 끝end of story을 생각한다. 나는 이것을 책을 시작하는 첫머리, 즉 서문에 담는다. 끝을 알고 있는 저자가 끝을 모르는 독자를 이끌고 간다. 중간지대는 나도 모른다. 온갖 모험과 진통과 위험 속에서 이야기는 저 스스로 갈 길을 찾아간다. 이것이 묘미다. 이야기의 등에 올라탄 나는 고삐를 쥔 채 이야기가 저 스스로 갈 길을 찾아가게 놓아둔다. 그러면서 나도 모르는 곳으로 빠져드는 흥분에 몸을 맡긴다. 서문과 목차를 이정표와 고삐로서 먼저 정해두지만, 이야기의 흐름에 따라 수없이 내용을 고쳐 쓸 때 내 책의 맛은 조금씩 점점 깊어진다. 생각해봐라. 책이야말로 내 마음대로 빠져들 수 있는 세상이다. 내 마음대로 할 수 있는 세상 하나를 가지고 있다는 것, 이것을 어떻게 포기할 수 있겠는가?

또 나는 내가 늘 좋아하는 주제를 선택한다. 아이가 놀이를 선택하듯 나는 내가 즐길 수 있는 주제를 선택한다. 그래서 나는 지금까지 출판사의 기획물을 다뤄본 적이 없다. 내가 고르고 내가 쓴다. 그래야 글 쓰는 작업이 의무나 일이 되지 않는다. 내게는 마감도 없고, 조르는 사람도 없고, 다그치는 사람도 없다. 내가 모든 것을 조율한다. 그러면 자유롭다. 작가는 자유직이라는 것, 이것이 최고의 매력이다. 따라서 첫 책은 자기가 쓰고 싶은 책을 쓰라고 조언하고 싶다. 자유의 맛, 그 맛을 핥아보라고 말하고 싶은 것이다.

또 하나를 든다면 매일 같은 시각에 일정 시간을 내어 글을 쓰라고 권하고 싶다. 나는 새벽에 머리가 가장 맑을 때 2~3시간 집중적으로 쓴다. 매일 꾸준히 쓰기 때문에 1년이면 내가 만족하는 수준의 책 한 권을 낼 수 있다. 매일 운동해야 몸이 풀리듯 매일 글을 쓰지 않으면 내 정신도 제대로 풀리지 않는다.

나는 늘 내게 말한다. "너는 죽을 때까지 현직일 수 있을 것이다. 죽을 때까지 쓰고 죽기 전까지 강연할 수 있을 테니까." 그러니 내가 어찌 매일 쓰지 않을 수 있겠는가!

제5장

기획하기

어떤 전략을 세울까

The First Book
Written by Myself

책 쓰기의 전략은 요리로 따지면 레시피와 같다. 콘셉트, 주제, 제목, 목차가 전략의 주요 재료다. 이런 재료들이 따로 놀면 좋은 책을 쓸 수 없다. 맛있는 책은 차별화된 콘셉트와 그것의 정수를 담은 서문과 제목이 단단히 손을 붙잡은 채로 독자가 함께 춤추어야 한다. 이 모든 것은 튼튼한 목차 안에서 이뤄진다.

결국 콘셉트
싸움이다

북극에 사는 에스키모들은 늑대를 사냥하여 고기와 모피를 얻는다. 이들에겐 전통적으로 내려오는 늑대 사냥법이 있다. 늑대를 직접 잡지 않고 얼음 바닥에 동물의 피를 묻힌 칼을 거꾸로 꽂아놓고 숨는 것이다. 그러면 늑대가 냄새를 맡고 다가와 칼을 핥기 시작한다. 처음에는 칼날에 묻은 피만 핥지만 차츰 칼날을 핥게 되고, 결국에는 칼날에 혀를 베게 된다. 그러나 피 맛에 취한 늑대는 그 피가 자기 피인 줄도 모르고 계속해서 핥아댄다. 몸에서 피가 흘러나오므로 점점 더 목이 말라진 늑대들은 더욱 격렬하게 피를 핥아 먹는다. 얼마 지나지 않아 과다출혈로 늑대들은 한 마리씩 쓰러져 죽어간다. 이때 에스키모들이 나타나 죽은 늑대들을 끌고 간다. 이 얼마나 단순하고 날로 먹는 포획법인가!

에스키모의 늑대 사냥 이야기에서 '고정관념'을 떠올릴 수 있다. 늑대의 혀가 바로 고정관념이 아닐까? 고정관념이란 쉽게 변하지 않는, 틀에 갇힌 생각이다. 사람은 누구나 자신의 가면(페르소나)을 쓰고 세상을 바라본다. 마치 선글라스를 쓰고 보면 온 세상이 어둡게 보이는 것처럼, 저마다의 고정관념에 따라 세상은 전혀 다르게 보인다. 고정관념 자체를 나쁘다고 할 수는 없지만 그것이 굳어지면 자신을 옭아매는 사슬이 된다. 책 쓰기도 마찬가지다. 고정관념에 사로잡히면 좋은 쓸거리를 찾기 어렵다. 쓸거리가 시원찮으면 아무리 글솜씨가 뛰어나도 그저 그런 책이 되기 쉽다. 따라서 좋은 책을 쓰려면 고정관념부터 떨쳐버려야 한다.

2003년에 출간된 『한국의 부자들』은 경제지 기자인 저자가 직접 부자들을 만나 그들의 성공 비결을 조명한 책이다. 수년 전부터 불기 시작한 부자 신드롬에 발맞추어 '정작 한국의 부자는 누구이고 어떻게 해서 돈을 벌었는가?'라는 대중적 관심을 적절한 때 적절히 해소해줬다는 점에서 큰 호응을 얻었다. 이후 출판계에 부자책 붐을 이루는 계기가 되기도 했다.

출판 전문가들은 이 책의 성공 포인트로 세 가지를 꼽고 있다. 첫째, '부'와 관련된 책이 장기 호황을 누리고 있다는 출판 트렌드를 간파했다. 둘째, 잠재되어 있는 독자의 니즈, 즉 한국 부자들의 실체를 알고 싶어 하는 욕구를 잘 포착해냈다. 셋째, 취재 형식의 생동감 있는 접근으로 현실성 있게 풀어냈다. 이런 의미 있는 요소들이 결합하여 베스트셀러가 탄생한 것이다.

2014년에 나온 『미움받을 용기』도 마찬가지다. 아들러 심리학을 공부한 철학자와 세상에 부정적이고 열등감 많은 청년이 다섯 번의 만남을 통해 '어떻게 행복한 인생을 살 것인가'라는 많은 사람이 궁금해할 만한 질문에 답을 찾아가는 여정을 다뤘다. 최장기 베스트셀러 가운데 하나인 이 책의 인기 비결은 깊이와 대중성이라는 두 마리 토끼를 모두 잡았다는 데 있다. 보다 구체적으로 이 책의 성공 요인은 크게 세 가지를 꼽을 수 있다.

먼저, 출판 전문가들은 아들러 심리학에 관한 한 일본 내 일인자인 철학자 기시미 이치로岸見一郎의 탁월한 해석과 베스트셀러 작가인 고가 후미타케古賀史健의 맛깔스러운 글이 잘 결합하여 아들러의 심리학을 알기 쉽게 풀어쓴 점이 주효했다고 말한다. 두 번째 비결은 실용적 관점의 인문학 서적이 강세를 보이는 추세와 관련이 있다. 경제 불황이 길어짐에 따라 당신 인생을 개척하라고 이렇게 저렇게 지시하는 자기계발서와 달리 스스로 자신의 내면을 들여다보고 위로하게 해주는 책들이 호응을 얻고 있다. 세 번째 비결은 인문과 자기계발과 소설이 결합한 새로운 형식을 선보였다는 점이다. 자칫 딱딱해질 수 있는 문어체보다 플라톤의 『대화편』을 차용한 구어체로 구성하여 독자들의 감수성을 자극하고 호소력을 높이는 데 성공했다.

좋은 책은 콘셉트가 좋다. 콘셉트란 아이디어가 구체화된 것이다. 즉흥적으로 떠오르는 생각이 아이디어라면, 그 아이디어를 정교하게 다듬고 숙성시킨 결과물이 콘셉트다. 쉽게 말해 아이디어는 창의적 산물이며 콘셉트는 노력의 결과다.

첫 책을 구상할 때 평소 자신이 하고 싶었던 얘기를 잘 정리하면 된다고 생각하기 쉽다. 그러나 요즘처럼 하루에도 몇백 권의 신간이 쏟아져 나오는 상황에서 이런 생각은 매우 위험하다. 내가 하고 싶은 얘기는 이미 누군가가 했을 가능성이 크다. 그렇다고 무에서 유를 창조하는 것도 쉽지 않은 일이다. 그러므로 기존의 개념들을 다른 관점에서 접근하고 서로 연결하는 작업이 필요하다. 경쟁력 있는 콘셉트는 치열하게 고민하는 과정에서 나오며, 참신한 콘셉트를 만들기 위해서는 분석하고 창조하는 작업이 필요하다.

분석하기

책을 쓸 때는 쓰려는 분야의 유사 도서와 현재의 출판 동향, 타깃으로 삼은 독자를 꼼꼼히 살펴봐야 한다. 이와 함께 자신의 경쟁력을 다방면으로 분석해보는 작업도 선행되어야 한다.

경쟁 도서 분석

좋은 콘셉트를 만들려면 쓰려는 분야의 책 중에 벤치마킹할 만한 책을 찾아내 분석해야 한다. 그런 다음 자신이 쓸 책의 차별성을 어떻게 부각할 것인지를 연구한다. 이 책을 쓰면서 우리도 책 쓰기와 관련된 책들을 분석하는 과정을 거쳤다.

- 『인디라이터』_ 책 자판기, 전업 작가 되기에 초점을 둔다. 우리 책은 직장인의 첫 책 쓰기가 주된 콘셉트다.
- 『당신의 책을 가져라』_ 책 쓰기에 관한 실용 정보 위주로 구성되어 있다. 우리는 첫 책을 쓰는 실용적인 단계를 제시함과 동시에 첫 책이 주는 감동과 동기부여에 초점을 맞춘다.
- 『일하면서 책쓰기』_ 콘셉트에 관해 중점적으로 다루지만 실제 일하는 사람이 책을 쓸 수 있을지에 대한 의문은 해소해주지 못했다. 우리는 첫 책 쓰기의 어려움을 극복할 수 있는 실질적인 가이드를 제공한다.

트렌드 분석

책 내용이 아무리 좋아도 타이밍이 좋지 않으면 실패하기 십상이다. 콘셉트를 잡을 때는 쓰려는 분야의 출판 동향을 조사하고 시장을 분석해야 한다. 가령, 이 책의 초판을 썼던 2008년 자기계발서 시장은 하나의 메시지를 강력하게 전달하는 책이 주류를 이루었다. 또한 독특한 자서전 형태의 책과 인생의 교훈을 담은 책이 강세였다. 이 책의 초판은 책 쓰기의 대중화를 꾀하고 직장인의 경력관리 열풍에 발맞추어 자기계발의 효과적인 수단으로 '첫 책 쓰기'가 좋다는 메시지를 전하는 것을 목표로 삼았다.

2018년 현재는 유사한 형식과 메시지에 대한 피로감 탓에 자기계발서 시장이 축소되고 있다. 그러나 다른 한편으로는 자기계발이 심리학이나 철학, 예술 등과 결합하면서 자기계발이라는 분야가 상당히 넓어지고 있다. 『리딩으로 리드하라』와 『라틴어 수업』 같은 인문고전에서 성공의 길을 찾는 인문학적 자기계발서, 『지적 대화를 위한 넓고 얕은 지식』 같은 실용적 인문학 도서가 주목을 받고 있다. 그리고 책 쓰기 책이 다수 출간되고 책 쓰기 코칭 시장이 커지는 등 자기계발 시장이 다원화되고 있다. 책 쓰기 열풍은 지적 문화의 영역을 넓히고, 독자를 넘어 저자가 된다는 측면에서 긍정적이다. 하지만 부실한 프로그램으로 인한 폐해가 방송과 신문 기사에 나올 정도이며 함량 미달의 책을 양산하는 부작용이 나타나고 있다. 이 책의 개정판을 쓰는 지금, 우리는 책 쓰기가 성공의 지름길이 아니라 좋은 삶을 위한 훌륭한 방편이며 삶과 글이 함께 가야 함을 강조하고 싶었다.

타깃 독자 분석
독자는 고객이다. 고객을 명확히 정의한 후 그들이 무엇을 알고 싫어 하는지, 무엇 때문에 힘들어하는지를 파악해야 한다. 이때 구체적인 독자를 선정하고 독자 프로필을 작성하면 유용하다. 첫 책을 쓰는 사람은 독자의 아픔을 치유하기 위해 어떤 차별적 가치를 제공할 것인지 고민해야 한다. 이 책의 주요 독자는 공부하는 직장인, 즉 샐러던트다. 이 책은 자신의 경력을 한 차원 업그레이드하기를 열망하는 그들에게 가장 효과적인 학습 방법이 책 쓰기라는 사실을 같은 직장인 입장에서 알려준다.

자신의 경쟁력 분석

자신이 책을 쓸 수 있는 지식과 경험을 갖고 있는지 자문해본다. 아무리 주제가 좋고 콘셉트가 훌륭하다 해도 자신감이 없으면 책을 쓸 수 없다. 쓸거리에 대해 완벽하게 알고 책을 쓰는 사람은 많지 않다. 책을 쓰면서 많이 배운다는 점을 염두에 두고 자신의 강점이 무엇인지를 파악한다. 우리는 이미 직장인으로서 책을 쓴 경험이 있다. 우리가 직접 경험했기에 이 책을 쓸 수 있다는 자신감이 있었다. 우리가 공저라는 방법을 택한 이유는 두 사람의 능력이 시너지 효과를 일으킬 것이라 믿었기 때문이다. 오병곤은 책의 콘셉트를 잡고 책 전체를 꿰는 데 뛰어나고, 홍승완은 좋은 사례를 수집하고 이것을 섬세하게 묘사하고 정리하는 능력이 탁월하다. 우리는 이 책에 대한 콘셉트를 다음과 같이 정리해보았다.

- 이 책을 쓴 저자들이 현재 직장인임을 어필하자. 우리의 경험을 살려 정말 일하면서 책을 쓸 수 있음을 보여주자.
- 책을 쓰고 싶다는 마음을 강하게 심어주고 첫 책을 쓰는 목적을 차별화하자.
- 첫 책을 쓴 저자들의 상황과 그 책을 출간한 출판사의 출간 의도 등 현장의 목소리를 생생하게 들려주자.
- 단순히 책 쓰는 방법을 전달하는 정보 제공 차원이 아니라 책 쓰기의 즐거움과 괴로움을 생생하게 보여주자.
- 책을 쓰는 데 필요한 여러 기술과 노하우를 체계적으로 제시하자.

창조하기

이와 같은 분석을 통해 차별화 요소를 찾았다면 금상첨화일 것이다. 하지만 현실에서는 그렇지 못한 경우가 많다. 차별화가 쉽지 않은 까닭이다. 이럴 때 활용할 수 있는 창의적 접근법이 있다.

많이 써보기

말 그대로 양으로 승부하는 전략이다. 쓰려고 하는 주제와 관련된 단어나 문장을 생각나는 대로 마구 적어본다. 쓰다 보면 새로운 생각이 떠오를 것이다.

고정관념 버리기

마음을 비우면 새로운 것이 싹튼다. 어린아이들은 모든 일에 호기심을 가지고 순수하게 받아들인다. 적당한 콘셉트가 떠오르지 않을 때는 어린아이가 되어 주변을 살펴본다. 주변의 모든 현상과 배후를 캐다 보면 좋은 아이디어가 떠오르게 마련이다.

생각의 스펙트럼 넓히기

내가 아닌 다른 사람의 관점에서 생각해본다. 즉 역지사지로 생각의 스펙트럼을 넓히는 것이다. 가령 극도의 보수주의자에서 공산주의자까지 되어보는 것이다. 이때는 다른 사람이 되어보는 단계를 뛰어넘어 사물까지 되어봐야 한다. 가장 가까이에 있는 자판기가 되어보고 매일 타고 다니는 자동차가 되어보자. 사물의 입장이 되어보면 아이디어가 솟구칠 것이다.

허를 찌르기

의도적으로 다른 사람과 달리 행동한다. 일반적이고 정형화된 방법에서 탈피하여 새로운 뭔가를 찾다 보면 좋은 아이디어가 떠오를 것이다. 이를테면 책을 읽으면서 저자의 허를 찌르는 부분을 찾아내는 습관을 들이는 것도 창의력을 키우는 데 매우 유용하다.

서로 다른 개념을 연결하기

전혀 다른 것을 연결해 새로운 것을 만든다. 하늘 아래 새로운 것은 없다. 오늘날은 퓨전 시대다. 이것과 저것의 경계에 서서 유심히 관찰하고 변종을 만들어내는 힘이 바로 경쟁력이다. 낯선 것일수록 서로 결합하면 색다른 시너지가 발휘된다.

책을 내는 출판사 입장에서 선호하는 콘셉트는 어떤 것일까? 이와 관련해 지식노마드 김중현 대표는 이렇게 말한다.

"독자의 돈을 떳떳하게 받으려면 그만큼 책이 주는 것이 있어야 합니다. 어떤 분야의 책을 쓸 것인지가 결정되면 내용을 요약하고, 타깃 독자의 범위를 좁힌 뒤에 유사 도서의 출판 상황을 분석해야 합니다. 그런 다음 자신이 쓸 책의 차별화된 장점을 논리적으로 정리해야 출판사를 설득할 수 있습니다. 실용서적일수록 저자의 지명도보다는 콘셉트가 중요합니다. 일반인이 책을 쓰고자 할 때는 쓰려는 분야의 책 중에 벤치마킹할 수 있는 책을 한두 권 정해서 곁에 두고 봐야 합니다."

– 정진영, 「내 이름으로 책을 내고 싶다면 이 글을 보세요」,
《오마이뉴스》, 2008년 4월 26일, 일부 수정.

책에도 팔자가 있다고 한다. 오랫동안 심혈을 기울여 만들었는데 출간된 지 몇 달 만에 사장되는 비운의 책이 있는가 하면, 수개월 만에 집필했는데도 출간되자마자 날개 돋친 듯이 팔려 나가는 책이 있다. 이렇게 되는 이유는 대부분 콘셉트의 힘에서 찾을 수 있다. 책을 써야 한다는 절실함만으로는 좋은 책을 쓰기 어렵다. 어디로 갈지가 명확해야 한다. 콘셉트는 책이 나아갈 방향을 알려주는 이정표이자 비전이다. 콘셉트를 잘 잡아야 책이 술술 써진다. 콘셉트는 책의 뼈대인 목차를 세우는 지침이 되고, 책의 내용을 좌우한다. 먼저 콘셉트를 차별화하라. 그것이 당신 책에 생명력을 불러일으킬 것이다.

짜임새 있는
목차 구성하기

짧은 글 한 편을 쓸 때는 글의 구성에 대해 깊이 생각하지 않아도 된다. 간략하게 개요를 짜고 쓰거나 생각의 흐름에 따라 쓰고 나서 여러 번 수정하면 된다. 그러나 책을 쓸 때는 다르다. 그저 떠오르는 대로 써서는 완성할 수 없다. 글쓰기에서 소재와 문체가 중요하다면, 책 쓰기에서는 전체적인 콘텐츠를 구성하는 능력이 절대적으로 중요하다.

콘텐츠 구성 능력은 목차를 보면 한눈에 알 수 있다. 책을 하나의 건물로 본다면 목차는 건물의 설계도이자 구조물이다. 설계도가 정확하지 않으면 건물을 지을 때 우왕좌왕할 수밖에 없다. 구조물이 튼튼하지 않은 건물은 쉽게 무너지기 마련이다. 책을 쓸 때도 목차가 탄탄하지 않으면 시행착오를 반복할 수밖에 없다. 심지어 원고를 완성해놓고도 몇 번이나 고쳐 쓰기를 반복해야 한다.

칼럼이나 기고문 같은 짧은 글을 아주 잘 쓰는 선배가 있다. 글을 맛깔나게 잘 쓴다는 평을 들을 정도로 문체가 좋고 글의 흐름도 좋다. 그는 책을 쓰고 싶어 하지만 콘텐츠를 구성하는 능력이 부족해 아직까지 책을 내지 못했다. 책을 쓸 때는 문장력보다 콘셉트와 목차를 어떻게 기획하고 구성하느냐가 더 중요하다.

1년에 책을 한두 권씩 내는 전업 작가들도 어려워하는 작업이 바로 목차를 짜는 일이다. 깊이 고민하고 입체적으로 생각해야 하기 때문이다. 이 단계를 마치면 책의 절반은 완성했다고 해도 과언이 아니다. 편집자들도 목차가 탄탄하고 짜임새 있으면 명쾌하고 호소력 있는 책이 나올 가능성이 크다고 입을 모은다. 대부분의 책은 목차만 보고도 책의 수준과 내용을 가늠할 수 있다.

목차는 책의 전반적인 내용을 한눈에 파악할 수 있는 요충지다. 다산 정약용은 목차의 중요성을 '선정문목先定門目'이란 말로 표현했다. 구체적인 작업에 들어가기 전 목차를 먼저 정하라는 말이다. 이 과정을 급하게 처리하면 부실시공이 된다.

목차를 구성하려면 먼저 책의 콘셉트가 명확해야 한다. 목차는 콘셉트와 긴밀하게 연관되며, 좋은 책은 차별화된 콘셉트의 뿌리를 갖고 있다. 따라서 목차와 콘셉트는 서로 유기적으로 연결되어야 한다. 책의 콘셉트가 정해지면 개략적인 스토리를 짠다. 스토리텔링에 기반을 둔 책은 특히 이 단계가 중요하다. 에세이는 에피소드를 발굴하고 그 의미를 찾아서 구성하는 방식이 좋다. 책의 주제와 관련된 에피소드 또는 메시지를 30~40개 정도 적고 이것을 그룹화하여 5~6개의 장으로 구성해볼 수 있다.

실용서나 자기계발서는 콘셉트를 담은 핵심 메시지 또는 제목에 큰 덩어리 질문을 던지고 거기에 대한 대답을 적는 방식으로 스토리와 목차를 구성하는 것이 좋다. 예를 들어 '스승과 제자'에 대한 책을 쓸 때 '왜 스승이 필요한가?' '스승은 어떤 역할을 하는가?', '좋은 스승의 조건은 무엇인가?', '스승은 어디서 어떻게 만나는가?', '제자는 어떤 태도를 가져야 하는가?', '스승에게 구체적으로 어떻게 배워야 하는가?' 등으로 흐름을 고려하여 큰 질문을 던지고 대략의 답들을 적어서 얼개를 작성한다.

그런 다음 콘셉트와 스토리를 바탕으로 간략하게 목차의 개요를 작성한다. 그리고 목차 항목별로 자료를 수집하여 검토하고 분류한다. 분류된 자료를 참조하여 세부적인 목차를 만들고 항목별로 들어갈 키워드를 뽑는다. 이런 과정을 거쳐 대략적인 목차가 만들어지면 탄탄해질 때까지 계속해서 다듬는다.

우리 두 사람을 포함해 변화경영연구소의 여러 연구원이 함께 쓴 『나는 무엇을 잘할 수 있는가』를 예로 들어 목차를 짜는 방법을 살펴보자.

콘셉트 정하기

많은 자기계발 전문가가 강점 활용의 중요성을 강조한다. 그런데 정작 강점을 어떻게 발견해야 하는지는 알려주지 않는다. 따라서 이번 책은 강점 활용이 아닌 강점 발견에 초점을 맞춘다.

시중에는 MBTI, 에니어그램Enneagram, 스트렝스파인더Strengths-Finder와 같이 자신의 타고난 기질이나 재능을 찾아주는 도구들이 있다. 그러한 도구들은 유용하지만 정형화된 틀과 이론적인 용어로 강점을 설명하고 있어 공식이나 틀에 맞춰야 한다는 답답한 느낌도 준다. 더욱이 그런 도구들에 사용되는 개념과 용어는 전문가와 심층 상담을 진행하거나 스스로 소화하여 자기만의 언어로 표현해보기 전에는 온전히 이해하거나 설명하기 어렵다. 큰맘 먹고 전문 검사를 해도 검사 결과를 자기 것으로 만들기 어려운 이유가 여기에 있다. 스트렝스파인더 개발을 주도한 마커스 버킹엄Marcus Buckingham이 지적한 것처럼, 자기 안에 묻혀 있는 재능을 찾아내는 가장 좋은 방법은 자신의 행동과 감정을 시간을 두고 관찰하는 것이다. 이 책은 개인이 주도적으로 자신의 강점을 발견할 수 있는 실용적인 방법론을 제공한다.

스토리 전달 방식 결정하기

책을 어떻게 구성할 것인가? 어떤 식으로 꾸며야 주요 내용을 독자에게 효과적으로 전달할 수 있을까? 우리의 강점을 살릴 수 있는 구성은 무엇일까?

이러한 질문에 대해 집필진 사이에서 여러 의견이 나왔다. "소설 형식으로 하면 어떨까?", "한 명이 주인공이 되어 다른 사람의 이야기를 아우르게 하자", "우리의 생생한 이야기를 담아낼 수 있도록 각자의 리얼 스토리로 가자", "리얼 스토리를 소설 형식으로 하면 어떨까?" 등. 오랜 토론 끝에 각자의 강점 발견법을 독립적으로 제시하기로 했다. 소설 형식으로 구성하면 재미를 더할 수 있겠지만, 각자의 방법론을 명확하게 전달하기에는 부족했다. 우리 목적은 독자에게 재미를 선사하는 것이 아니라 독자가 스스로 강점을 발견할 수 있도록 도와주는 것이다. 따라서 우리가 강점을 찾고 정리한 일련의 과정을 담되, 저자들의 생생한 에피소드를 버무려 읽는 재미를 더하기로 했다.

개요 작성하기

콘셉트와 스토리를 기반으로 간략하게 책의 전개 방향을 정리했다.

• 강점 발견

자료 수집하기

목차의 개요를 작성한 후 가장 먼저 한 일은 각자의 방법들을
고르는 것이었다. 우리는 각자가 가장 유용하게 활용한 방법을
하나씩 골라냈다. 다행히 각각의 방법은 저마다 독특한 색깔이
있었고, 이미 활용하고 검증을 마친 상태였다. 우리는 각 방법론
의 범용성을 높이기 위해 강점을 발견하는 방법을 추가로 조사
하고 보완했다.

목차 만들기

수집한 자료를 참고하여 목차를 세분화했다. 이 책은 특히 각 방법론을 일관성 있게 구성하여 통일성을 높이는 것이 중요했기에 각 방법론에 들어갈 목차를 별도로 구성했다. 한층 다듬어진 목차는 다음과 같다.

- 방법론별 목차

　제목과 부제

　Key Question, 우화, 설명

　Me-story, 터닝포인트(옵션)

　방법론을 통한 나의 강점 발견 사례

　방법론 프로세스 소개

　방법론 요약

　저자 후기

목차 다듬기

본격적으로 원고를 쓰기 전에 구성한 목차는 완전하지 않은 상태다. 원고를 쓰면서 목차의 순서를 바꾸기도 하고, 내용을 추가하거나 삭제하기도 한다. 또 처음 목차의 장절章節 제목은 투박하고 거칠기 때문에 독자가 읽고 싶도록 매력적으로 다듬어야 한다. 이때는 다음 세 가지 질문을 지침으로 삼는다.

- 첫째, 탄탄한가?
- 둘째, 일관성이 있는가?
- 셋째, 신선한가?

목차를 구성할 때, 필요한 경우 항목별로 개요나 핵심 메시지를 함께 기록하여 원고 내용의 방향을 보다 명확히 할 수 있다. 또 목차에 집필 일정을 기록하여 진행 과정을 점검할 수도 있다. 어느 정도 완성한 목차는 출력해서 가지고 다니면서 수시로 보고 고쳐야 한다. 자주 들여다볼수록 목차가 정교해지고 책 내용도 튼실해진다.

목차 구성 능력을 기르는 좋은 연습법이 있다. 평소 다양한 책을 읽으며 그 책의 목차를 유심히 보고 재구성하는 연습을 해보자. '내가 저자라면 이렇게 목차를 만들 거야'라는 마음으로 목차를 고쳐보자. 이 작업을 거듭할수록 목차 구성력이 향상됨은 물론이고, 실제 자기 책의 목차를 짤 때 큰 도움이 된다.

매력적인
서문 쓰기

"내가 여기서 그려 내고 싶었던 것은, 사람이 사람을 사랑한다
는 것의 의미입니다. 그것이 이 소설의 간명한 테마입니다. 그
러나 저는 그와 동시에 한 시대를 감싸고 있는 분위기라는 것
도 그려 보고 싶었습니다. 사람을 진실로 사랑한다는 것은 자
아의 무게에 맞서는 것인 동시에, 외부 사회의 무게에 정면으
로 맞서는 것이기도 하기 때문입니다. 그리고 이렇게 말하는
것은 참 가슴 아픈 일이지만, 누구나 그 싸움에서 살아남게 되
는 건 아닙니다."

– 무라카미 하루키, 유유정 옮김, 「상실의 시대」, 문학사상, 2000년, 8~9쪽.

무라카미 하루키의 『상실의 시대』 서문의 일부분이다. 내가 이 책을 접한 건 대학에 다닐 때였다(오병곤). 토요일 오후, 온통 잿빛의 우울함이 가득한 방에서 배를 깔고 누워 단숨에 읽었다. 그러고는 책장을 확 덮고 밖으로 나왔다. 가슴을 쓸어내리는 허무함을 견딜 수가 없었다. 사람들이 쏟아지는 거리로 나왔지만 허무함은 여전했다. 책 속의 글자들이 공중으로 흩어지고, 허전한 느낌은 화인처럼 선명하게 남았다. 그리고 오래도록 서문의 이 구절이 머릿속을 맴돌았다. 사랑은 맞서는 거라고 하는데, 나는 왜 좌절했는지 모르겠다. 하루키는 참 기묘한 느낌을 주는 작가였다. 그때부터 책의 서문을 읽으면 저자의 얼굴을 떠올려보는 버릇이 생겼다. 대개 앞날개에 실리는 저자 사진을 본 다음(없으면 상상한다) 서문을 읽으면서 저자의 성격이나 취향, 스타일 등을 상상해보는 습관이 생긴 것이다.

사람들은 책을 고를 때 책 맨 앞에 배치되어 있는 서문을 읽는다. 서문을 보면 대략적인 내용과 분위기, 콘셉트를 알 수 있기 때문이다. 서문은 책에서 말하려는 주제를 환기시켜준다. 책을 쓰게 된 동기와 내용의 전개 방향뿐 아니라 저자의 스타일을 고스란히 보여준다. 그래서 서문만 읽고도 우리는 책이 어떻게 전개될지를 가늠할 수 있다.

서문은 독자에게 보내는 초대장이다. 거꾸로, 독자 입장에서는 책에 대한 첫인상이 만들어지는 곳이다. 첫인상이 좋지 않은 사람은 다시 만나고 싶지 않은 것처럼, 서문에서 매력을 느끼지 못하면 독자는 그 책을 읽으려 하지 않는다. 그러므로 서문은 공을 들여 인상적으로 써야 한다. 독자의 뇌리에 확고하게 각인될 수 있도록 강렬하게 써야 한다. 그러니 압축적인 문장으로 독자의 호기심을 충동질하라.

2007년에 출간되어 베스트셀러가 된 론다 번$^{Rhonda\ Byrne}$의 『시크릿』은 '끌어당김의 법칙'을 강조한다. 여기서 끌어당김이란 좋은 생각, 긍정적인 믿음과 같다. 좋은 생각이 믿음이 되어 좋은 일들을 계속해서 끌어당긴다고 주장한다. 부정적 생각과 의심, 회의가 나쁜 기운을 끌어당기듯이 말이다. 서문을 쓸 때는 독자를 끌어당기듯이 써야 한다. 그런데 이게 말처럼 쉽지가 않다. 한 편의 글을 쓸 때 첫 문장 쓰기가 어렵듯이 책의 서문도 막상 쓰려면 막막하기 그지없다. 오히려 첫 문장 쓰기보다 몇 배나 부담되기도 한다.

서문 쓰기는 새내기 저자가 특히 어려워하는 부분이다. 아직 글쓰기 훈련이 부족해서 그런 경우도 있지만 대개는 자신이 무슨 말을 하고 싶은지, 왜 책을 쓰는지 스스로 정리가 안 되고 확신이 부족하기 때문이다. 대체로 좋은 서문은 책을 쓴 이유와 책의 핵심 메시지를 호소력 있게 보여주고, 책을 읽을 독자가 누구인지 분명하게 말한다. 그렇지만 모든 글이 그러하듯이 한 번에 완전한 서문을 쓴다는 건 거의 불가능에 가깝다.

일반적으로 저자는 초고에서 탈고까지 적어도 세 번은 서문을 쓰고 고친다. 책의 중심 메시지가 담기는 부분이기 때문에 완성도를 높이기 위해 노력한다. 제일 먼저, 책을 구상할 때 누구를 위해 어떻게 쓸 것인지 정리하려는 목적으로 서문을 작성한다. 청중을 한곳에 모아 강의할 때 말문을 어떻게 열 것인지 상상하는 것과 비슷하다. 초고 집필 과정에서 글이 막힐 때 본문의 집필을 멈추고 두 번째 서문을 써본다. 이때는 '누구를 위해'와 함께 '왜 책을 쓰려고 하는가'에 대한 솔직하고 명확한 서술이 중요하다. 서문을 다시 써보면 새로운 시선으로 글을 보는 힘이 생긴다. 또 글의 방향을 재정립하고 글을 쓰는 동기를 강화하는 효과도 얻을 수 있다. 마지막으로, 탈고한 후 서문을 다시 살펴보고 초고와 일관성이 있는지 더 매혹적으로 다듬을 부분이 있는지를 확인하며 고쳐 쓴다. 서문은 본문과 유기적인 관계를 맺어야 한다. 본문과 상반된 내용이거나 전혀 관계없는 얘기라면 서문으로서 의미가 없다. 본문을 쓰다 보면 서문과 맞지 않는 부분도 생길 수 있으므로, 초고를 다 쓰고 난 뒤에 서문을 검토하고 수정해야 한다.

서문에 특별한 스타일이 있는 건 아니다. 하지만 무엇을 써야 할지 막막하다면 적절한 사례와 인용문을 활용하여 풀어나가는 방식이 무난하다. 이때 주의할 점이 있다. 사례와 인용문은 진부한 것이어선 안 된다. 독자가 책에서 손을 떼게 하기 때문에 없느니만 못하다. 또한 사례와 인용문에 대한 자신의 생각이나 해석을 반드시 덧붙여야 한다. 나의 언어로 재해석하지 않으면 꿔다놓은 보릿자루처럼 생뚱맞아 보일 뿐이다.

다시 말하자면 서문은 원고 전체에서 가장 극적인 사례나 인용문을 제시한 후 자신만의 참신한 해석을 붙이고, 여기에 책의 핵심 메시지와 이 책을 쓰는 이유를 자연스럽게 녹여내는 방식이 독자를 끌어당기는 데 효과적이다. 아울러 필요에 따라 책의 차별적인 매력, 책을 읽는 독자의 혜택, 책의 전개 방식이나 활용법 등을 기술하면 서문에 담아야 할 내용이 정리된다.

서문을 잘 쓰는 방법 중 하나는 평소에 멋진 서문을 모아두는 것이다. 자신이 쓸 책의 주제와 관련된 참고 도서의 서문도 유심히 들여다보라. 마음으로 침투하는 서문이 있거든 필사를 하며 깊이 음미하는 것도 좋다. 특별한 서문은 서문 작성 훈련에 도움이 될 뿐만 아니라 좋은 사례로 활용할 수도 있다.

버트런드 러셀Bertrand Russell의 자서전 『인생은 뜨겁게』의 서문은 우리에게 강렬한 인상을 심어주었다. 지금까지 본 수많은 서문 가운데 백미라 할 만했다. 제목이 '나는 무엇을 위해 살아왔나'인데 그는 이 질문에 다음과 같이 답한다.

"단순하지만 누를 길 없이 강렬한 세 가지 열정이 내 인생을 지배해왔으니, 사랑에 대한 갈망, 지식에 대한 탐구욕, 인류의 고통에 대한 참기 힘든 연민이 바로 그것이다. 이러한 열정들이 마치 거센 바람과도 같이 나를 이리저리 제멋대로 몰고 다니며 깊은 고뇌의 대양 위로, 절망의 벼랑 끝으로 떠돌게 했다."

– 버트런드 러셀, 송은경 옮김, 『인생은 뜨겁게』, 사회평론, 2014년, 8쪽.

서문의 첫 문장이다. 본문만 550쪽이 넘을 정도로 두툼한 책인데 서문은 2쪽이 채 안 된다. 러셀은 첫 문장에서 자기 인생의 본질을 함축하며 읽는 이를 끌어당긴다. 짧고 강렬한 서문에 감전된 독자에게 책의 두께는 아무 문제가 되지 않는다. 우리 두 저자 역시 이 글을 읽게 될 때마다 내 삶을 이끄는 열정은 무엇인지 생각하게 된다. 좋은 서문은 독자의 내면 깊숙이 본질적 질문을 던지고 삶의 활력을 북돋는다.

이 밖에 니코스 카잔차키스Nikos Kazantzakis의 『스페인 기행』과 짐 콜린스James C. Collins의 『좋은 기업을 넘어 위대한 기업으로』, 카를 융Carl Gustav Jung의 『기억, 꿈, 사상』 등도 서문의 모범 사례로 꼽을 수 있으니 참고하기 바란다.

가끔 책을 읽다 보면 서문이 굉장히 장황해서 지루할 때가 있다. 지나치게 길면 독자는 본문을 읽기도 전에 지치고 만다. 책에 따라 다르지만 서문은 4~6쪽 내외가 적당하다.

서문을 쓰고 나면 책의 윤곽이 더욱 명확해진다. 아울러 어떤 방향으로 책을 써야 할지 확실하게 감이 잡힌다. 서문은 책의 날개다. 튼튼하고 빛나는 날개를 달면 힘찬 날갯짓으로 본문 쓰기를 향해 날아갈 수 있다.

단 한 사람을
공략하라

오랜만에 옛 팀원과 만나 소주 한잔을 했다(오병곤). 그는 남보다 늦게 소프트웨어 개발에 뛰어들어 일을 배우는 것부터 어려움이 많았다. 폭주하는 프로젝트에 투입되어 연일 밤늦게까지 일에 시달렸다. 그는 불타는 갑판 위에 서 있는 듯 위태로워 보였다. 그의 노래를 거나하게 취한 상태로 들었다.

보일 듯 말 듯 가물거리는 안개 속에 싸인 길

잡힐 듯 말 듯 멀어져가는 무지개와 같은 길

그 어디에서 날 기다리는지

둘러보아도 찾을 수 없네

그대여 힘이 돼주오

나에게 주어진 길 찾을 수 있도록

그대여 길을 터주오

가리워진 나의 길

- 유재하, 「가리워진 길」

순간 술기운이 확 달아났다. 그 노래는 다른 누구를 위한 노래가 아니었다. 바로 그 친구 자신의 이야기였다. 그리고 어쩌면 나를 향해 목 놓아 부르는 노래였을지도 모른다. 정말 나는 그 길을 터주고 싶었다. 하지만 그 순간 내가 할 수 있는 일은 소리 없이 흐느끼는 것뿐이었다. 한동안 나는 그때의 기억에서 벗어날 수가 없었다. 그때의 잔상이 그림자처럼 업보처럼 나를 쫓아다녔다.

그는 법학과 전산을 복수 전공하여 또래들보다 한참 늦게 직장에 발을 내디뎠다. 열심히 일했지만 매일 반복되는 야근과 팍팍한 일상에 조금씩 지쳐갔다. 그가 어느 날 내게 물었다.

"팀장님, 도대체 이 바닥에서 언제까지 일해야 희망이 생기는 거죠?"

나는 아무 말도 할 수 없었다. 그 뒤로 고민이 깊어졌다. 나는 그에게 희망을 보여주고 싶었다. 그래서 책을 쓰기로 했다. 첫 책을 쓰면서 고비마다 나는 그를 떠올리며 그가 부른 노래의 의미를 되새겼다.

"다른 사람이 아닌 '이사람'을 도와주고 싶다. '이사람'의 얼굴에서 미소를 보고 싶다. '이사람'에게 에너지를 주고 필요한 정보를 주고 싶다. 단 한 사람, '이사람'을 감동시키는 것이 이 책을 쓰는 목적이다."

첫 책은 대부분 자기 자신을 위해 쓴다. 그렇지만 책이 세상에 나오면 상황이 조금 달라진다. 틀림없이 누군가가 내 책을 읽게 되기 때문에 저자로서 독자를 고려해야 한다. 책을 읽는 사람이 무릎을 치며 공감할 수 있어야 하고, 지식과 정보를 얻을 수 있어야 한다. 글은 독자와 소통하는 매개체다. 그러므로 독자가 누구인지를 알고 쓸 때 더 좋은 글을 쓸 수 있다.

구체적으로 독자란 어떤 특징을 가지고 있을까?『글쓰기 생각 쓰기』의 저자 윌리엄 진서William Zinsser는 이렇게 말한다. "독자는 순간에 머무르는 존재다. 30초밖에 기다려주지 않는 존재다. 순간에 머무르는 존재이자 수많은 유혹에 둘러싸인 사람들이다." 한마디로, 독자는 변덕스러운 존재인 것이다. 진서는 다음과 같이 덧붙인다.

"독자들은 모두 서로 다른 사람이다. 편집자들이 어떤 종류의 글을 출판하고 싶어 할지, 사람들이 어떤 글을 읽고 싶어 할지 는 생각하지 말자. 편집자와 독자는 막상 글을 읽을 때까지 자 신들이 무엇을 읽고 싶은지 모른다. 게다가 그들은 언제나 새 로운 것을 찾고 있다."

– 윌리엄 진서, 이한중 옮김, 『글쓰기 생각쓰기』, 돌베개, 2007년, 38쪽.

진서는 독자는 개별적인 존재라고 규정한다. 모든 사람을 대상으로 글을 쓸 수는 없다. 가상 독자는 없으므로 글을 쓸 때 많은 사람을 떠올릴 필요는 없다. 글은 말처럼 직접적이지 않고 암시와 은유가 존재하므로 독자가 그 내용을 이해하려면 어느 정도 공감대가 형성되어야 한다. 저자의 텍스트에 공감하면 독자는 기꺼이 그 책을 집어 든다. 책은 저자의 창조물이지만 독자가 수용할 때 생명력을 갖게 된다. 따라서 책을 쓸 때는 구체적이고 특수한 독자를 설정해야 한다. 지금 자기 앞에 있는 단 한 사람을 위해 글을 쓰는 것이다.

이처럼 한 사람만을 떠올리며 책을 쓰면 내용의 일관성을 유지하는 데에도 도움이 된다. 또한 자기 이야기에 함몰되지 않고 적당한 거리를 두고 집필할 수 있다.

뇌리에 남는
제목 짓기

'침대는 가구가 아니라 과학입니다.'

'그녀의 자전거가 내 가슴속으로 들어왔다.'

'이 세상 가장 향기로운 커피는 당신과 마시는 커피입니다.'

이처럼 독특한 발상을 담은 광고를 보면 신선하고 즐겁다. 같은 이유로 고정관념을 깨는 제목의 책을 만나면 절로 손이 간다. 어떻게 이런 제목을 붙였을까?

저자라면 누구나 스티커처럼 독자의 뇌리에 찰싹 달라붙는 멋진 제목을 붙이고 싶어 한다. 그럴싸한 제목이 떠오르면 책의 절반 이상은 쓴 기분이 든다. 반면에 인쇄 날짜가 얼마 남지 않았는데도 마음에 드는 제목이 떠오르지 않으면 벽에 머리라도 찢고 싶어진다. 그만큼 책 제목을 정하기가 쉽지 않다.

헤드라인은 광고에서 가장 중요한 요소다. 광고계의 대부 데이비드 오길비David Ogilvy는 『광고 불변의 법칙』에서 헤드라인을 읽는 사람이 바디카피를 읽는 사람보다 평균 다섯 배는 많다고 했다. 따라서 헤드라인을 제대로 뽑지 못하면 광고주의 돈을 80퍼센트나 낭비하는 셈이라고 강조했다. 책 제목도 다르지 않다. 책 제목은 독자를 유혹하는 도구이자 최고의 마케팅 수단이다. 책의 내용과 콘셉트를 압축적으로 표현한 핵심 메시지다. 적합한 제목이 하나도 떠오르지 않는다면 책 내용을 제대로 간파하지 못했다는 증거다.

좋은 제목을 짓기 위해서는 각고의 노력이 필요하다. 제목은 한순간에 우연히 떠오르는 경우도 있지만 대부분 치열한 고민 끝에 나온다. 거리를 걸어갈 때 간판을 유심히 보는 것뿐만 아니라 심지어 꿈속에서도 작명소를 찾아다녀야 한다. 눈에 보이는 모든 대상을 제목과 연관 지어 생각해야 한다.

농심의 새우깡은 1971년에 개발된 이후 지금까지 스낵류 분야의 왕좌를 고수하고 있다. 하나의 제품이 이토록 장수할 수 있었던 것은 제품 개발에 많은 노력을 기울인 덕택이지만. 상품명도 톡톡히 한몫했다. '새우깡'이라는 이름은 농심 신춘호 회장이 딸아이의 노래를 듣다 힌트를 얻어 지었다고 한다.

과자의 출시를 앞두고 신 회장은 마땅한 이름이 떠오르지 않아 고심하고 있었다. 그때 세 살짜리 딸아이가 '아리랑'을 '아리깡'이라고 발음하는 것을 우연히 듣게 되었다. '새우깡'이라는 이름은 그렇게 탄생했다. 이제 막 말을 배우기 시작한 어린아이조차 쉽게 발음할 수 있는 '깡'을 넣은 것이다.

구본형은 1998년 4월 첫 책 『익숙한 것과의 결별』을 출간했다. 이 책은 얼마 안 되어 베스트셀러에 올랐다. 그는 첫 책을 쓰고 6개월쯤 지나서 두 번째 책의 원고를 완성했다. 첫 책과 마찬가지로 두 번째 원고도 인문학과 변화경영을 결합한 에세이풍의 자기계발서였다. 다만 두 책의 무게중심은 조금 달랐다. 첫 책이 강제로 변화를 당하기 전에 자발적으로 자신을 바꾸라는 게 주된 내용이라면, 두 번째 책은 진정한 자기 자신을 발견하여 인생을 다시 시작하자는 메시지를 담고 있었다. 그런데 한 가지 문제가 있었다. 원고를 완성하고 몇 달이 지났음에도 제목을 확정하지 못한 것이다. 첫 책이 많은 독자의 주목을 받은 데는 독특하면서도 책의 내용과 딱 맞는 제목이 큰 역할을 했다. 그렇다 보니 두 번째 책의 제목도 쉬이 지을 수 없었다. 후보로 적어둔 제목은 꽤 많았지만, 그의 마음을 울리는 제목은 좀처럼 없었다.

그러던 어느 날 이른 아침, 그는 아내와 함께 집 근처 한강 변을 산책하고 있었다. 문득 아내가 혼잣말하듯 입을 열었다. "어딘가 낯선 곳에서 아침을 맞이하고 싶어." 이 말을 듣자마자 그의 머리에 불이 켜졌다. 머리 싸매고 고민하던 책 제목이 떠오른 것이다. '낯선 곳에서의 아침.' 표현이 참신하면서도 전체 원고를 함축하고 있으며, 이번 책이 첫 책『익숙한 것과의 결별』과 연장선상에 있음을 자연스레 암시하고 있어 더욱 마음에 들었다. 그는 아내에게 고맙다고 말하며 환하게 웃었다. 얼마 후 구본형의 두 번째 책『낯선 곳에서의 아침』이 출간됐고, 첫 책에 이어 또 한 권의 베스트셀러가 되었다.

제목을 잘 짓는 비결 중 하나는 인터넷 서점에서 관련 분야의 제목, 신문의 헤드라인이나 광고 카피를 살펴보는 것이다. 요즘 유행하는 제목의 패턴을 알 수 있을뿐더러 이를 변형하거나 이리저리 조합하다 보면 새로운 아이디어를 얻을 수 있다.

아무리 좋은 문구라 해도 책의 내용과 동떨어진 것이라면 좋은 제목이라고 할 수 없다. 특색 있는 제목을 택하되 내용과 동떨어져서는 안 된다. 제목을 지을 때는 먼저 책의 내용, 특히 서문과 목차를 천천히 훑어보며 핵심 키워드를 찾아 목록을 만들어보자. 이때 적어도 50개 이상의 키워드를 뽑은 뒤 그것을 바탕으로 브레인스토밍을 해본다. 명사든 동사든 형용사든, 품사와 관계없이 도출하여 이리저리 연결하고 조합한다. 어떤 단어는 매력적인 다른 언어로 대체해본다. 예를 들어, '비전'을 '눈'과 '길'로 바꿔보는 식이다. 최상의 조합과 대체 작업을 계속하다 보면 좋은 제목이 떠오를 것이다. 제목이 떠오르면 예비 독자, 출판사 관계자, 주변 지인에게 의견을 물어보고 보완한다.

제목의 세 가지 유형

책 제목은 성격에 따라 크게 세 가지로 구분할 수 있다.

내용을 반영하는 제목

책 내용을 간단명료하게 요약한 제목이다. 대부분의 책이 이런 유형의 제목을 달고 있다. 암 선고를 받은 랜디 포시[Randy Pausch] 교수의 마지막 강의를 담은 책『마지막 강의』가 바로 그렇다. 더 무슨 말이 필요하겠는가. 짐 콜린스의『좋은 기업을 넘어 위대한 기업으로』와 스티븐 코비[Stephen Richards Covey]의『성공하는 사람들의 7가지 습관』, 그리고 이 책의 제목인『내 인생의 첫 책 쓰기』도 책의 핵심 내용을 반영한 경우에 해당한다.

호기심을 유발하는 제목

사회적 트렌드를 반영하거나 선도하는 신조어, 사회현상에 대해 문제를 제기하는 키워드를 담아 독자의 궁금증을 유발하는 제목이다. 20대 청년들의 비정규직 문제를 다룬『88만 원 세대』, 경쟁이 없는 시장(블루오션)을 개척하라는『블루오션 전략』, 이외수의『하악하악』이 대표적인 책이다.

유행을 따라가는 제목

기존에 유행했던 책의 제목을 벤치마킹하여 만든 일종의 패러디 제목이다. '~ 따라잡기'와 '~ 길라잡이'란 제목은 너무 많아서 헤아리기조차 어렵다. '~는 못 말려', '~으로 산다는 것', '굿바이 ~', '~ 사용설명서', '~는 알려주지 않는 비밀', '~에 미쳐라'도 크게 유행했다.

특정 고객을 타깃으로 한 제목도 유행이다. 예를 들어, 『20대, 공부에 미쳐라』라는 책은 20대 독자층을 겨냥한 책이다. 이 밖에 『조지 소로스, 금융시장의 새로운 패러다임』처럼 저자의 이름을 내걸거나 유명인의 지명도를 활용한 제목도 있다.

베스트셀러 제목 따라 짓기는 출판사들의 오랜 관행이다. 어떤 책이 베스트셀러가 되면 그와 비슷한 제목을 붙여 덩달아 인기를 얻을 노리는 것이다. 실제로 대형 서점에 가보면 유사한 제목의 책들이 즐비하다. 이러한 제목 따라 짓기는 위반에 관한 명확한 규정이 없고 기준도 모호해 출판사들이 유혹을 뿌리치지 못한다. 물론 유행을 따라가는 제목을 지으면 트렌드를 반영할 수 있다는 장점이 있다. 하지만 허술한 내용을 과대 포장한 상술이라는 비판에 직면할 수 있으므로 신중하게 생각해야 한다.

제목을 검증하는 여섯 가지 기준

책 제목을 지을 때는 내용뿐 아니라 형식도 고려해야 한다. 카피라이터 최병광은 제목의 표현 방식을 일곱 가지로 분류한다. 모든 글의 제목을 포함할 수 없더라도, 이 분류는 제목을 지을 때 어떤 형식으로 접근할 것인지에 대한 지침을 제공한다.

- **편익형 제목**_ Hey you never know!
- **뉴스형 제목**_ 내년부터는 암에 걸려도 죽지 않는다
- **어드바이스형 제목**_ 복사가 선명하지 않으면
- **명령형 제목**_ 운동하라, 아침이 달라진다!
- **설문형 제목**_ 자기가 왜 예쁜지 알아?
- **대상 선택형 제목**_ 25살인데 여드름이 난다고요?
- **호기심형 제목**_ 그 언니가 재벌집 며느리?

– 최병광, 『성공을 위한 글쓰기 훈련』, 팜파스, 2004년, 목차에서 발췌.

제목이 나오면 책 내용을 잘 대변하는 적절한 제목인지 검증해야 한다. 책을 쓰는 사람들이 진정 원하는 건 독자의 뇌리에 꽂히는 제목을 뽑아 그의 행동에 영향을 주는 것이다. 이와 관련해 『Stick 스틱!』에서 칩 히스와 댄 히스는 뇌리에 착 달라붙는 메시지들이 공통으로 가지는 여섯 가지 특성을 밝혀냈다. 이 특성들을 활용하여 제목을 검증하는 기준을 정리해보자.

- **단순성**_ 핵심을 간결하게 표현한 제목인가? 한꺼번에 너무 많은 것을 전달하려고 하기보다는 핵심적인 것 한두 가지만 간결

하게 담는다.

- **의외성_** 상식을 깨는 제목인가? 사람들의 고정관념을 무너뜨리는 제목이나 허를 찌르는 제목일수록 머릿속에 각인될 가능성이 크다.
- **구체성_** 분명하게 느끼고 볼 수 있는 제목인가? 우리의 두뇌는 구체적으로, 자세하게, 생동감 있게 표현할수록 오래 기억한다.
- **신뢰성_** 믿을 만한 제목인가? 거짓말은 아닌가? 읽는 사람이 직접 체험하거나 어렵지 않게 확인할 수 있는 제목이어야 한다.
- **감성_** 가슴을 뛰게 하는 제목인가? 감정적 울림을 촉발할 수 있어야 하며, 읽는 사람이 무언가를 느낄 수 있어야 한다.
- **스토리_** 한 번만 들어도 머릿속에 쉽게 그려지는 제목인가? 잘 짜인 스토리는 어떻게 행동하고 무엇을 하지 말아야 하는지에 대한 지식과 영감을 준다.

위의 특성 중에서 세 가지 이상 충족시키면 좋은 제목이라고 볼 수 있다.

제목으로 책의 성격을 모두 표현하기 어려운 경우에는 부제로 보완한다. 부제는 제목에 다 담지 못한 내용을 부연 설명하는 역할을 한다. 우리의 두 번째 책인 『나는 무엇을 잘할 수 있는가』는 부제로 '내 안의 강점 발견법'을 덧붙여 책의 성격을 명확히 했다.

책 제목 짓기는 자녀의 이름을 짓는 것처럼 중요하고 의미 있는 일이다. 평생을 따라다니는 것이므로 어렵다고 대충 지어서는 안 된다. 책 제목을 지을 때는 출판사도 적극적으로 참여한다. 출판사 입장에서 책 제목은 가장 기본적이면서도 매우 중요한 마케팅 수단이기 때문에 인쇄 직전까지 고민한다.

그렇다고 순전히 판매를 목적으로 제목만 그럴듯하게 붙여서는 곤란하다. 지나치게 선정적인 제목이나 내용과 관계없는 제목도 배제해야 한다. 제목으로 독자를 농락해서는 안 된다. 책의 내용을 책임질 수 있는 제목이어야 한다. 요컨대 저자의 주장을 압축적으로 표현하고 독자의 관심을 끌 수 있는 제목이 훌륭한 제목이다.

; 관심 분야를 찾아 하고 싶은 말을 하라

— 한근태(한스컨설팅 대표, 『40대에 다시 쓰는 내 인생의 이력서』 저자)

나는 글쓰기를 좋아한다. 글을 쓰면 사람과 사물을 보는 눈이 달
라지기 때문이다. 예사로이 보아 넘기던 일도 새로운 시각으로
보게 될 뿐만 아니라 소재를 찾기 위해 호기심도 많아진다. 책
도 많이 읽고, 시간 나는 대로 영화관에도 들른다. 인기 있는 물
건이나 장소가 있으면 구입하든지 가서 보려고 노력한다. 무언
가를 느끼거나 자신을 새롭게 무장하기 위해 여행도 자주 간다.
또 만나는 사람들에게서 무언가를 배우려 하기 때문에 많은 질
문을 하는 등 사람에게 관심을 갖는다. 글을 쓰면 생각이 정리된
다. 나 자신이 갈고닦이는 것을 느낄 수 있다. 글을 쓰면 진정한
나와 맞설 수 있다. 글로는 나를 속일 수 없기 때문이다. 온종일

사람들 틈에서 다른 사람과 주파수를 맞추느라 돌보지 못했던 나 자신을 돌아보게 되는 것이다.

나는 전형적인 엔지니어다. 서울공대를 나와 미국 애크런대학교에서 공학박사 학위를 받고 마흔두 살까지 대기업 연구소에서 임원 생활을 했다. 그때까지 나는 글을 쓴 적도 없고 써야겠다고 생각한 적도 없다. 박사 학위 논문과 저널에 실은 논문 몇 편이 내가 쓴 글의 전부다. 임원이던 시절 사보 담당자가 원고를 요청해왔을 때도 나는 당연히 거절했다. 그러자 옆에서 그 광경을 지켜보던 신입사원이 왜 거절하냐면서 자신이 도와주겠다며 쓰라고 권했다. 운동권 출신의 그 신입사원은 글을 참 잘 썼다. 어쨌든 그 말에 용기를 얻은 나는 난생처음 글을 썼다. 물론 그 친구가 도와준 덕분에 사보에 실린 그 글은 반응이 제법 좋았다. '직원들에게 한마디'라는 글이었는데 연재까지 하게 되었다.

그 일을 계기로 나는 글 쓰는 즐거움과 글의 효용성을 알게 되었다. 오로지 말로만 커뮤니케이션을 하던 내가 글이 말보다 훨씬 영향력이 클 때가 있다는 사실을 알게 된 것도 그때였다. 때마침 회사에서 전 직원에게 이메일을 깔아주어 이후에는 이메일을 통해 내가 하고 싶은 말을 하고 직원들의 얘기도 들었다.

글쓰기는 내 인생을 바꾼 일대 사건이었다. 대기업을 그만두고 자그마한 컨설팅회사에 다녔는데 경제적으로나 정신적으로 감당하기 힘든 시기였다. 마흔이 넘은 나이에 새로운 일에 도전하기는 쉽지 않았거니와 반드시 성공한다는 보장도 없었고, 월급이 적어서 먹고사는 것도 쉽지 않았다. 그러다 우연한 기회에 《한경비즈니스》란 경제지에 칼럼을 쓰게 되었다. 2년 정도 글을 썼는데 뜻밖에도 팬들이 많이 생기면서 팬레터까지 받았다. 점점 글쓰기에 대한 자신감이 생겼다. 그때 독자 한 분이 내 칼럼을 읽고 자신의 회사에 나를 스카우트까지 하는 일이 생겼다. 교육을 하는 회사로, 내가 평소 다니고 싶어 한 곳이었다. 드디어 내가 하고 싶은 일에 다가가게 된 것이다.

책을 쓰는 목적은 계속 바뀐다. 첫 책은 내 얘기를 하기 위해 썼다. 하고 싶은 얘기가 너무 많았다. 사회에 대한 불만도 많았다. 이렇게 하면 잘될 것 같다고 얘기를 하고 싶었지만 통로가 없었다. 나같이 열심히 산 사람의 삶이 왜 이렇게 풀리지 않는지 이해할 수 없었다. 회사 경영을 왜 저렇게밖에 못 하는지 경영진에게 따지고 싶었다. 부조리와 불합리한 점이 사회에 왜 이렇게 많은지 이해할 수 없었다. 그래서『나를 위한 룰을 만들어라』,『40대에 다시 쓰는 내 인생의 이력서』,『회사가 희망이다』와 같은 책을 연속으로 냈다. 내 삶을 알리면서 사람들에게 하고 싶은 말도 했다. 자료 조사 같은 것은 없었다. 그동안 느꼈던 것들, 하고 싶은 이야기들, 틈틈이 썼던 글을 모았고 부족한 글은 새로 써서 끼워 넣었다. 뭔가 인생의 한 장이 정리되는 듯한 기분이 들었다. 그때 이 정도면 됐다는 생각이 들었다. 그러면서 관심 분야가 자연스럽게 바뀌었다.

오랫동안 내가 관심을 가진 분야는 책 읽기, 좋은 책 소개하기, 책의 내용을 단순하고 명확하게 요약해주기였다. 훗날 한근태가 소개하는 책은 틀림없다는 소리를 듣고 싶었다. 삼성경제연구소(sericeo.org)에서 책 소개(북리뷰) 코너를 맡은 것도 그래서였다. 경영자들이 읽으면 좋을 책을 요약해 영상으로 소개하는 코너로, 그동안 100권 이상 소개했다. 그런 자료들을 모아 『잠들기 전 10분이 나의 내일을 결정한다』란 책을 냈다. 평소 일을 할 때 결과물을 모아 책을 만든다는 목표를 갖는다면, 훨씬 동기부여가 될 것이라는 생각이 든 것도 이 책을 내면서였다.

사람들 얘기를 모아 책을 쓴 경우도 있다. 나는 직업상 대한민국에서 CEO를 가장 많이 만날 수 있는 위치에 있다. 1년에 200회 이상 기업 강의를 할 뿐만 아니라 여러 기업에 자문과 컨설팅 서비스를 제공하기 때문이다. 학교에서는 최고경영자 과정을 맡고 있다 보니 더욱 그러하다. 또 CEO를 인터뷰해서《주간한국》에 싣는 일을 하고 있다. 그러다 보니 자연스럽게 그들에 관해 알게 된다. 알면 알수록 재미있는 일이 많다. 사람 이야기만큼 재미있는 것은 없다. 한 사람 한 사람이 소우주이고 스토리의 창고란 느낌이 든다. 인터뷰를 많이 하다 보니 인터뷰 기술도 늘어 많은 사람이 내 앞에서 이야기보따리를 풀어놓는다. 나중에 한국 최고의 인터뷰어가 되는 것도 내가 가진 비전 중 하나다. 이런 얘기를 묶은 책이 『한국인 성공의 조건』이다. 성공한 사람들 얘기를 쓰고 그들의 공통점을 스토리텔링 방식으로 푼 것이다.

처음에는 뚜렷한 목적 없이 책을 썼다. 내 얘기를 풀어놓는 것, 내가 만난 사람들 얘기를 모으는 수준이었다. 하지만 책을 쓰면서 점점 관심 분야가 확대되고 뚜렷한 목적의식이 생겼다. 그래서 쓴 첫 책이 『리더의 언어』였다. 조직 내 소통과 관련된 책으로, 이 책을 계기로 나는 커뮤니케이션 관련 전문가로 인정받았다. 수많은 기업과 최고경영자 과정에 강의 초청을 받았고, 그런 과정을 거치면서 더욱 내공이 쌓였다. 책의 힘이 이렇게 크구나 하는 생각도 하게 됐다.

책 쓰기는 최고의 공부 과정이다. 특정 분야의 책을 한 권 쓸 수 있다면, 그 분야에서는 일정한 경지에 오른 사람이다. 나는 『리더의 언어』를 쓰기 위해 관련된 책을 50권 정도 사서 읽었다. 한동안 머릿속의 유일한 관심사는 커뮤니케이션이었다. 만나는 사람마다 소통에 대한 질문을 하면서 그들의 얘기를 귀담아들었다. 각각의 사람들을 관찰하고, 조직에 들어가도 회의 장면을 눈여겨보았다. 최근에는 『구글대학에 없는 명언』이란 명언집을 냈다. 원래 격언이나 명언에 관심이 많았다. 그래서 《머니투데이》에 명언 관련 코너를 연재하기도 했다. 명언을 소개하고 거기에 대한 내 의견이나 사례를 쓰는 방식이었다.

내가 좋아하는 일은 관심 분야를 계속 공부하면서 정복해나가는 것이다. 이를 위해 그 분야에 관심을 갖고 책과 사람을 통해 공부하여 글로 쓰고 강의로 전달한다. 물론 관심 분야는 끊임없이 바뀐다. 그동안 리더십, 커뮤니케이션, 자기계발, 시간관리 등에 관심을 가져왔다. 요즘은 마음 다스리는 법, 고수의 특징, 격언, 유머, 재미있게 얘기하는 법, 우아하게 늙는 법 등에 초점을 맞추고 있다.

제6장

집필하기
이제 한번 써볼까

The First Book
Written by Myself

책의 주제와 전략을 정했다면 남은 것은 쓰는 일뿐이다. 원고 한 절 쓰기는 책 쓰기 전체 과정의 축소판이다. 서론은 유혹적이어야 하고 결론은 여운이 남아야 한다. 초고는 말 타고 내달리듯이 한걸음에 쓰고, 고쳐 쓰기는 소가 밭을 갈듯이 천천히 해야 한다. 이 모든 과정에서 여러 장애물에 직면할 수 있지만, 그 모두를 극복할 수 있는 힘은 다른 어디가 아닌 자신 안에 있다.

먼저 원고 한 절을
완성하라

이제 첫 책의 구상과 기획을 마쳤으니 본격적으로 원고를 써보자.

한 송이 국화꽃을 피우기 위해 소쩍새가 그렇게 울었듯 한 편의 글을 쓰기 위해 글 쓰는 이는 절차탁마의 시간을 가져야 한다. 검객이 검을 다루고 악사가 악기를 다루듯 글을 닦고 조이고 기름쳐야 한다. 시간과 노력을 얼마나 들여야 할까? 딱히 정해진 기준은 없지만 해당 절에 맞는 자료를 수집하고 대략적인 개요와 구조를 짠 후 본문을 쓰고 수정을 해야 한다. 하나의 절 쓰기는 책 쓰기 전체 과정의 축소판으로 볼 수 있다. 원고 한 절을 쓰는 과정을 네 단계로 나누어 살펴보자.

1단계: 자료 수집과 질문 설정하기

쓰고자 하는 내용과 관련된 자료를 찾는다. 자료는 실제 원고 분량의 5~10배 정도를 모은다. 그동안 읽었던 책을 훑어보고 스크랩해둔 신문 기사를 정리하거나 인터넷 검색 등을 통해 자료를 구한다. 인용문과 같이 별다른 해석 없이 직접 원고에 반영할 자료는 따로 메모해둔다.

어느 정도 자료가 쌓이면 수집한 자료를 분석하고 소화해야 한다. 그다음 분석한 내용을 정리하면서 핵심 키워드를 뽑는다. 대체로 2~3쪽 분량의 원고 하나를 작성하는 데 2~3개의 키워드가 필요하다. 필요에 따라 선별한 키워드를 바탕으로 좀 더 구체적인 자료로 보완한다. 자료를 많이 모으고 철저히 분석해야 생각이 풍부해진다. 양질의 자료를 키워드를 중심으로 논리적으로 배치하면 좋은 글을 쓸 수 있다.

그런 다음에는 원고의 주제에 관해 깊이 생각하고 잠재 독자가 궁금해할 만한 질문을 떠올린다. 그리고 그 질문에 적합한 답을 적어본다. 우리는 '첫 책에서 베스트셀러를 겨냥하는 것이 올바른 저자의 자세인가?'라는 질문을 던졌다. 답은 '그렇지 않다'였다. 첫 책이기 때문이다. 첫 책은 자신의 문제를 해결하고 자신을 구원할 실마리를 찾는 게 중요하다. 따라서 잘 팔리는 책보다 좋은 책을 쓰려는 마음이 먼저여야 한다.

글쓴이가 중시하는 질문에 따라 사고의 접근법과 답이 달라진다. 다시 말해 이 단계에서 원고 내용의 차별화 수준이 결정된다. 답답하고 풀리지 않는 문제에 대해 적합하고 명쾌한 대안을 제시한다면 좋은 원고라고 볼 수 있다.

2단계: 개요 작성 및 구조 짜기

본문 쓰기에 들어가기 전 자신이 쓰고자 하는 글의 개요를 먼저 작성한다. 이 단계는 책 쓰기 전체로 보면 책의 주제와 콘셉트를 정하는 과정과 유사하다. 먼저 글의 핵심 소재와 주제를 정한다. 무엇을Topic 가지고 무엇을Subject 말할 것인가? 즉, 사전에 두 개의 무엇What을 반드시 정해놓고 글을 써야 한다. 무엇을 말하고 싶은지 알지 못한 채 글을 쓸 수는 없다. 글의 핵심이 누락될 수 있고 중언부언하기 쉽다. 글 쓰는 사람은 언제나 자신에게 이렇게 물어야 한다. '나는 무엇을 말하고 싶은가?' 집필 도중에 방향을 잃지 않도록 개략적인 내용을 원고 맨 앞에 적어두는 것도 좋다.

글의 개요를 작성한 후에 원고 내용을 순서대로 배열하고 전체적인 구조를 짜본다. 이 단계는 책 쓰기 전체로 보면 목차를 구성하는 과정에 해당한다. 설계도를 작성하고 글을 쓰면 쓰다가 마는 일이 별로 없다. 글의 짜임새도 당연히 좋아진다. 가장 일반적인 글의 구성은 3단 구성, 즉 '서론·본론·결론'이다. '기·승·전·결'의 4단 구성은 3단 구성을 변형한 것이다. 문학을 제외하고 대다수 실용적인 글은 3단 구성을 따른다.

- 3단 구성: 서론·본론·결론

  서론: 글의 목적과 주제, 문제점을 제시한다.

  본론: 서론에서 제시한 키워드를 자세히 서술한다.

  결론: 본론에서 다룬 내용과 해결책 등을 정리한다.

- 4단 구성: 기·승·전·결

  기: 하나의 사실, 목적을 제시하며 글을 시작한다.

  승: 기의 내용을 받아 이야기를 펼쳐나간다.

  전: 다른 분야나 소재로 이야기를 돌려 더욱 발전시킨다.

  결: 내용을 요약하고 결론 또는 전망을 제시한다.

3단 구성으로 간단한 얼개를 짜놓고 글을 시작할 때는 마음 속으로 다음과 같은 원칙을 세워둔다.

- 서론: 독자의 마음을 겨냥한다.
- 본론: 독자의 마음을 향해 다가간다.
- 결론: 독자의 마음을 관통한다.

어떤 구성을 취하든 내용상으로는 앞서 설명한 'EOB 커뮤니케이션 기법'을 적용하는 것도 좋다. 첫 부분은 전달하고자 하는 내용에 알맞은 예화나 사례로 글을 시작한다. 그리고 전개한 이야기를 바탕으로 핵심을 간략히 정리한 다음, 이 이야기가 주는 이익과 시사점이 무엇인지 제시하며 글을 마무리한다.

평소에 첫 문장을 준비해두면 유용하다. 같은 주제와 소재를 다루면서도 어떻게 시작하느냐에 따라 완전히 다른 글이 될 수 있다. 첫 문장이 두 번째 문장을 이끌고, 두 번째 문장이 세 번째 문장을 이끈다. 평소에 첫 문장을 유심히 보고, 마음에 드는 첫 문장이 있거든 채집해서 응용해보자.

글의 구조를 설계한 후에는 키워드와 인용구를 적절한 곳에 배치한다. 이때 인용문은 꼭 필요한 곳에만 사용한다. 적재적소에 들어간 인용문은 글의 가치를 높이는 감초 같은 역할을 한다. 그러나 인용문이 지나치게 많거나 부적절한 곳에 배치되면 글의 본질이 흐릿해지고 원고가 누더기가 될 수 있으므로 주의한다.

3단계: 본문 쓰기

이제 일필휘지로 한걸음에 내달리며 써 내려간다. 이때는 독수리가 사냥하듯 몰입해서 쓴다. 딱 맞는 문장이나 적절한 단어가 떠오르지 않아도 걱정하지 말자. 일단 쓰고, 퇴고할 때 적절한 표현으로 대체하면 된다. 쓰고 싶은 내용이 떠오르지 않거나 뭔가 부족한 부분이 생각날 때는 원고에 메모를 해둔다.

글의 성격과 소재, 그리고 필요에 따라 사진이나 이미지를 활용하여 시각적 이해를 돕는 것도 좋다. 유용한 팁이나 부가 정보, 체크리스트, 내용 요약 등을 추가하면 글이 보다 세련되고 탄탄해 보인다.

4단계: 퇴고하기

본문(초고)을 다 쓰고 나서 한동안 묵혀두는 게 좋다. 바로 수정 작업에 들어가면 초벌 원고를 쓸 때의 사고와 느낌에서 벗어나지 못하기 때문이다. 우리는 초벌 원고를 쓰고 나서 2~3일 후에 원고를 수정한다. 지금 쓰고 있는 원고가 아니라 2~3일 전에 쓴 원고를 출력하여 가지고 다니면서 출퇴근 시간에 틈틈이 읽어보며 고친다. 이때 좋은 아이디어가 떠오르는 경우가 많다.

책을 쓰기 전에 모니터링 그룹을 만들어 피드백을 받는 것도 좋다. 원고를 다 쓰고 지인들의 의견을 구할 수도 있지만, 서문과 목차, 원고 내용 가운데 중요한 부분은 중간중간 피드백을 받아보면 도움이 된다. 단, 모니터링 그룹은 양보다 질이 중요하다. 인원수보다 피드백 수준이 관건이라는 말이다. 자신이 쓰고자 하는 책의 주제에 대해 안목이 있는 전문가와 책의 실제 독자가 될 만한 이들을 합쳐 3~4명으로 구성하면 무리가 없다.

원고의 한 절을 쓰는 과정은 예상외로 부침이 심할 수 있다.

어떤 날은 서너 꼭지씩 쓸 수 있다. 메모한 내용이 눈덩이처럼 커지고 이스트를 넣은 반죽처럼 부풀려지는 쾌감을 느낄 수 있다. 글이 나를 끌고 가는 황홀한 경지에 다다를 때도 있다. 그에 비해 며칠 동안 하나도 못 쓸 때도 있다. 아무리 머리를 쥐어짜도 글을 쓸 수가 없고 답답하기만 하다. 이런 과정에서 필요한 덕목은 성실함이다. 글이 도무지 써지지 않을 때는 자료를 찾거나 글의 얼개를 그려본다. 목차를 손보거나 이전에 써둔 글을 다듬는 것도 좋다. 글쓰기 자체를 미루거나 포기해서는 절대 안 된다. 원고에서 손을 떼는 날이 늘어날수록 출간 가능성은 급격히 낮아진다. 힘겹더라도 조금씩 쓰다 보면 어느새 원고의 마지막 장을 쓰고 있는 자신을 발견하게 될 것이다.

독일의 철학자 니체가 즐겨 쓴 말 중에 '아모르파티$^{Amor\ Fati}$'가 있다. 자신의 운명을 받아들이고 사랑하라는 뜻으로 '운명애^{運命愛}'로 번역된다. 사람은 자신이 언제 어디서 태어날지 선택할 수 없다. 언제 어떻게 죽을지도 알 수 없다. 시작과 끝을 전혀 알 수 없는 것이다. 어쩌면 사람은 자신의 운명을 거스르며 살 수 없을지도 모른다. 그러나 니체가 말하는 운명애는 운명과 싸우거나 운명에 순응하는 걸 의미하지 않는다. 오히려 자신을 끊임없이 극복하고 자기 삶을 사랑하는 것을 말한다. 그럼으로써 자신의 인생을 '하나의 작품'으로 창조해나가는 능동성이야말로 운명애의 본질이다. 일단 책을 쓰기로 마음먹었다면 글이 잘 써지든 아니든, 이 시간을 자신의 잠재력을 계발하는 계기로 삼겠다는 마음가짐으로 무장해야 한다. 책을 집필하는 과정이 그저 문장을 나열하는 게 아니라 과거의 나를 극복하고 진정한 나를 발견하여 삶을 하나의 작품으로 창조하는 길이라는 태도를 가지는 것이다. 그러면 책을 쓰는 순간순간을 사랑할 수 있다.

니체는 이렇게 말했다.

"그게 삶이던가, 그럼 좋다. 다시 한 번!"

— 고병권, 「니체, 천 개의 눈 천 개의 길」, 소명출판, 2001년, 196쪽.

우리는 이 글귀를 이렇게 바꿔본다.

"몇 번이라도 좋다. 이 끔찍한 글쓰기여, 다시!"

첫 문장을 쓰기가 어려워요

첫 문장을 어떻게 시작해야 할지 모르겠어요. 글쓰기 전문가들은 첫 문장이 중요하다고 강조하는데, 막상 쓰려고 하면 전혀 감이 잡히지 않아요. 뭔가 기발하고 재미있게 시작해야 할 것 같은데, 뜻대로 되지 않아서 시간만 죽일 때가 많아요. 그렇다고 첫 문장을 아무렇게나 쓸 수는 없잖아요. 어떻게 해야 멋진 첫 문장을 쓸 수 있을까요?

— 이동재(38세, 은행 직원)

첫 문장을 쓰기가 어렵다고 말하는 사람들이 종종 있어요. 무엇을 쓸지 모르는 사람에게 첫 문장을 쓰기가 어려운 건 당연해요. 목적지를 모르면 길을 떠나기 어려우니까요. 그런데 무엇을 쓸지 정해둔 사람도 첫 문장에 마침표를 찍지 못하는 경우가 적지 않아요. 어떤 때는 주제가 확실하고 이미 첫 문장을 생각해놓고서도 머뭇거리곤 하죠.

왜 그럴까요? 뭔가 기발하게 시작하고 싶어 하기 때문이 아닐까요? 완벽하게 출발하고 싶어서가 아닐까요? 처음부터 독자의 눈길을 확 잡아끌고 싶어서가 아닐까요? 이유는 여러 가지일 거예요. 하지만 첫 문장을 시작하는 원칙은 간단해요. 딱 두 가지만 명심하면 된답니다.

첫째, 일단 쓰세요. 그냥 시작하세요. 어떤 식으로든 첫 문장을 써야 해요. 첫 문장을 써야 두 번째 문장도 쓸 수 있어요. 그래야 문단이 되고, 한 편의 글을 완성할 수 있어요. 그러니까 첫 문장을 멋지게 쓰려고 너무 고민하지 마세요. 첫 문장을 시작하는 것과 첫 문장을 확정하는 건 완전히 다른 거예요. 맨 처음 쓴 첫 문장이 최종 원고에서 그대로 유지되는 경우는 드물답니다.

어떻게 첫 문장을 써야 할지 모르겠다면 마음 가는 것부터 쓰세요. 가장 먼저 떠오르는 문장을 써도 좋고 핵심 메시지부터 써도 좋아요. 결론부터 쓰고 싶으면 그렇게 하세요. 어떤 글을 쓰고 싶다는 건 뭔가 할 말이 있다는 뜻이니까요. 기발한 첫 문장을 고민하는 것보다 하고 싶은 말, 중요한 메시지나 결론부터 쓰는 게 더 쉬울 거예요.

그런 다음에는 고치세요. 첫 문장을 포함해서 모든 문장은 고쳐야 좀 더 좋아지거든요. 글을 쓰는 사람은 자기 자신이고, 고치는 사람도 자신이에요. 최종본에서는 첫 문장이 중요할지 모르지만 초고에서는 첫 문장이 그다지 중요하지 않아요. 그러니 초고를 쓸 때는 첫 문장 때문에 고심할 필요가 없어요. 첫 문장은 언제든 바꿀 수 있어요. 쓰다 보면 첫 문장으로 삼을 만한 더 좋은 문장을 발견할 수도 있거든요. 고쳐 쓰는 과정에서 더 좋은 문장이 떠오르는 경우도 있고요.

첫 문장은 몇 번이고 고칠 수 있어요. 그러나 첫 문장을 쓰지 않으면 고칠 것도 없어요. 그러니 먼저 쓰세요. 그리고 고치세요.

첫 문장을 어떻게 시작할지는 글의 성격에 따라 달라요. 신문 기사라면 첫 문장에 결론이나 중심 메시지를 제시해야 해요. 추리소설이라면 첫 문장에서 독자의 호기심을 유발해야 하고, 광고는 첫 문장에서 소비자의 시선을 사로잡아야 하겠지요. 수필이라면 핵심과는 멀리 떨어진 곳에서 첫걸음을 떼도 괜찮아요. 어떻게 시작하든 첫 문장으로 찌를 수도 있고 간지럼을 태울 수도 있어요. 엉뚱한 곳에서 첫걸음을 내디딜 수도 있어요.

이 밖에도 첫 문장을 시작하는 여러 방식이 있을 거예요. 중요한 건 방법 자체가 아니에요. 첫 문장을 시작하는 데 필요한 것은 기교나 방법론이 아니라 용기예요. 첫 문장을 시작할 수 없는 사람은 어떤 글도 쓸 수 없다는 걸 잊지 마세요. 나탈리 골드버그는 글 쓰는 사람을 '전사戰士'라고 표현했어요. 용기야말로 글을 시작하는 최고의 자세인 거지요.

글쓰기는 쉬울 때보다 어려울 때가 더 많아요. 어려운 일이라 해도 쉽게 시작하세요. 첫 문장을 멋지게 시작한다고 해서 글 전체가 좋아지는 건 아니에요. 초고가 형편없다 해서 나쁘다고 할 수는 없어요. 형편없는 초고를 고쳐 쓰지 않는 게 나쁜 것이죠.

초고를 완벽하게
쓰려고 하지 마라

누구나 첫 책을 쓸 때는 욕심을 부리게 된다. 처음부터 완벽하게 쓰려고 하는 마음이 앞서다 보니 어깨에 힘이 들어가고 사고가 경직된다. 지나고 보면 왜 그랬을까 싶지만 처음에는 대부분 그렇게 글을 쓰게 된다. 글쓰기 재주가 뛰어난 작가도 초고에서 만족하는 경우는 거의 없다. 첫 책은 더 그렇다. 처음 책을 쓰면서 한 번에 완벽한 원고를 쓰기란 불가능에 가깝다. 초고는 수정을 전제로 한다. 그러니 초고를 쓸 때는 좋은 글이 아니어도 상관없다는 마음으로 경쾌하게 써도 된다.

많은 사람이 책 쓰기를 '콘셉트 잡기 → 서문 쓰기 → 목차 잡기 → 초고 쓰기 → 퇴고하기'와 같이 직선적인 과정으로 생각한다. 하지만 실제로는 초고를 다 쓴 뒤 퇴고를 하면서 책의 콘셉트를 바꾸기도 하고, 서문을 다시 쓰거나 목차를 수정하기도 한다. 반복되는 수정 과정을 거치면서 원고는 조금씩 발전한다. 피터 드러커는 책을 쓸 때 원고를 빠르게 세 번 썼다고 한다. 처음 쓴 원고를 바탕으로 두 번째, 세 번째 원고를 집필한 것이다. 다시 말해 세 번째 버전이 최종 완성본인 셈이다. 최종 원고는 첫 번째 원고보다 완성도 면에서 한결 좋아졌을 것이다.

이 책의 초판을 쓸 때 우리도 이와 유사한 방법을 적용했다. 원래 우리는 초고에 공을 들여 최대한 완성도 높은 글을 쓰는 스타일이었다. 다시 말해 쓰고자 하는 주제와 관련된 자료를 최대한 많이 수집하고, 생각을 묵혀 오랜 기간 초고를 쓰는 방식을 선호했다. 초고에 에너지를 집중하는 방식은 장점이 있지만 치명적인 단점도 있다. 본격적인 글쓰기에 들어가기도 전에 자료 수집 단계에서 지치거나 처음부터 좋은 글을 써야 한다는 압박감에 글쓰기를 자꾸 미루게 된다는 것이다. 우리는 이 단점을 극복하고 싶었다. 또한 우리가 첫 책을 집필했을 때의 감각과 감흥이 시간이 흐름에 따라 흐릿해지지 않게 하는 일도 중요했다. 그래서 이 책을 쓰면서는 완전히 다른 방식을 취했다. 거칠더라도 초고를 되도록 빠르게 쓰고 고쳐 쓰기를 최대한 많이 했다. 여기에 더해 공저의 장점 중 하나인 크로스 체크를 통해 보완해나갔다. 이 방식은 우리에게 큰 도전이자 새로운 실험이었으며, 그만큼 자신을 계발할 기회이기도 했다. 어느덧 10년이 지나 개정판 작업을 하며 돌아보니, 다른 어떤 책보다 이 책의 초판을 쓰며 글쓰기 실력이 일취월장했다고 확신을 갖고 말할 수 있다.

박찬욱 감독은 미국의 한 잡지와 가진 인터뷰에서 자신의 초고 작업에 관해 다음과 같이 말했다.

> "내 영화의 줄거리는 순식간에 만들어진다. 「쓰리, 몬스터」의 전체적인 윤곽도 담배 한 대를 피울 동안 세워졌다. 일단 이야 기의 윤곽이 잡히면 가능한 한 빨리 시나리오 초안을 써내려 고 애쓴다. 뒤에 가서 어려운 신scene이 생기면 시나리오를 다 시 정리할 수도 있지만 어쨌든 빨리 초안을 끝내는 것이 중요 하다.
>
> 「복수는 나의 것」의 경우에는 20시간 만에 초안을 완성했다. 그런 다음 시나리오를 몇 달 동안 손질했다. 「공동경비구역 JSA」는 여섯 달 동안 그 작업을 했다. 결국 이야기의 윤곽을 잡는 것은 제트기의 속도로 하고 시나리오 초안은 스포츠카, 그리고 시나리오 수정 작업은 오후 산책처럼 느긋하게 한다는 말이다."
>
> – 《할리우드 리포터》, 박찬욱 감독 인터뷰 기사
> (한글 번역 http://mprior22.egloos.com/515454)

지금까지 한 이야기의 핵심은 두 가지다. 초고에서 모든 것을 끝내려고 하지 마라. 문장이나 어휘에도 신경 쓰지 마라. 초고는 말 그대로 처음 쓴 글일 뿐이다. 뛰어난 작가일수록 초고보다 퇴고에 몇 배의 시간과 공력을 들인다. 처음부터 완벽하게 쓰려고 하면 책을 완성하기 어렵다. 초고는 수집한 자료에 당신의 경험과 생각을 얹어서 자유롭게 열정적으로 써야 한다.

초고에서 힘을 다 빼버리면 퇴고 작업이 늘어지고 부실해진다. 우리가 첫 책을 내고 아쉬웠던 점은 중복된 내용을 쳐내지 못한 것이었다. 초고에 집중하다 보니 퇴고할 때 중복된 내용을 보지 못한 것이다. 책이 출간된 후에 읽어보니 여기저기 비슷한 이야기가 눈에 들어왔다.

초고를 쓸 때는 데드라인이 중요하다. 마감일을 정해놓고 기한 내에 끝낼 수 있도록 치밀한 계획을 세우고 실행해야 한다. 이때 주간 단위로 계획을 짜고 실천하는 게 좋다. 일주일은 일의 전후 관계를 파악하는 이상적인 시간 단위다. 일일 단위의 계획은 시야를 제한해 바로 눈앞에만 초점을 맞추게 하는 단점이 있다.

따라서 초고를 쓸 때는 일주일 단위로 계획을 세우자. 원고의 주제와 분량에 따라 다르겠지만, 대략 일주일에 하나의 '절'을 쓴다고 생각하고 일정을 잡는다. 일주일의 시간 계획은 '자료 정리 및 개요 작성(2일), 원고 쓰기(1~2일), 숙성(휴식) 또는 피드백 받기(2일), 수정하기(1~2일)'를 기본 포맷으로 하되, 자신의 상황에 맞춰 조정한다.

영화 「파인딩 포레스터」에 "초고는 가슴으로 쓰고, 재고는 머리로 써야 한다"라는 대사가 나온다. 책의 완성도는 초고를 기반으로 얼마만큼 숙성시키고 첨삭했느냐에 좌우된다. 그러니 초고에 너무 뜸을 들이지 마라. 초고는 최종 원고가 아니다. 책은 초고 이후의 작업을 통해 빛나기도 하고 사장되기도 한다.

초고를 쓸 때 가장 유념해야 할 원칙은 일단 끝까지 써야 한다는 것이다. 포기하지 말고 뚝심을 가지고 마침표를 찍어라.

문장력이 부족해요

말은 잘하는데 글쓰기는 잘 못해서 고민이에요. 어휘력과 표현력이 떨어
지다 보니 뭔가를 묘사하려 해도 잘 안 돼요. 대신에 주제를 선정하고 자
료를 수집하고 분석하는 건 잘하는 편이에요. 책은 짧은 글들이 모여 완
성되고, 문장력은 한 편의 글을 쓰는 데 반드시 필요한 요소라고 하는데,
저처럼 문장력이 부족한 사람도 책을 쓸 수 있을까요?

― 장석희(31세, 기업 교육 강사)

결론부터 말씀드리면, 장석희 님은 책을 쓸 수 있습니다. 물론 한
편의 글을 쓰는 것과 한 권의 책을 완성하는 건 많이 다릅니다.
유려한 글을 쓰지 못해 책을 못 쓴다는 사람들이 의외로 많지요.
그런데 문장력으로 책을 쓴다고 생각하면 오산이에요. 문체가
화려하거나 맛깔스럽지 않아도 책을 쓰는 데는 별문제 없습니
다. 시쳇말로 글발이 아무리 좋아도 책을 쓰지 못할 수 있어요.
　문장력이 부족해서 책을 쓸 수 없다고 말하는 사람에는 네 가
지 유형이 있어요. 첫 번째는 글을 많이 써보지 못한 사람이에
요. 과연 자신이 글을 잘 쓸 수 있을지 막연히 두려워하지요. 이

것은 써보지 않았기 때문에 모르는 거죠. 그러니까 글 쓰는 능력이 부족한 게 아니라 자신감이 부족한 거예요.

두 번째는 글쓰기의 기본을 모르는 사람이에요. 이 경우는 첫 번째 유형과 관련이 있어요. 글을 쓰려면 여러 가지 기술을 익혀야 하는데 기본은 간단해요. '주어와 서술어를 일치시킨다. 조사를 정확하게 사용한다. 부사와 형용사를 남발하지 않는다. 접속어는 필요할 때만 사용한다. 긴 문장은 단문으로 나눠 쓴다. 같은 단어나 표현을 반복하지 않는다. 수동태는 피한다. 호흡이 가빠지거나 글의 흐름이 바뀌면 문단을 나눈다' 등이에요. 어렵지 않지요? 이 정도만 지켜도 글 못 쓴다는 얘기는 듣지 않아요.

세 번째는 글을 잘 쓴다는 의미를 소설가처럼 유려하고 감칠맛 나는 문장을 구사하는 것으로 생각하는 경우예요. 우리 같은 직장인에게 필요한 건 유려한 문체나 화려한 비유가 아니라 실용적 글쓰기예요. 자신의 생각과 경험을 명확하게 전달하고, 다른 사람을 설득하는 것이 실용적인 글쓰기의 주된 목적입니다. 그렇다면 방금 말씀드린 기본 사항들을 숙지하고 충실히 따르는 것으로 충분하지요.

네 번째는 고쳐 쓰기의 중요성을 체득하지 못한 사람입니다. 글쓰기 실력은 얼마나 열심히 고쳐 쓰느냐에 달려 있다고 해도 과언이 아니에요. 고쳐 쓰기는 하면 좋은 게 아니라 해야만 하는 글쓰기의 본질이거든요. 좋은 글을 쓰느냐 못 쓰느냐가 여기에 달려 있어요.

　지금까지 말한 네 가지 유형을 정리하면 글쓰기 경험, 글쓰기의 기본기, 실용적 글쓰기, 고쳐 쓰기로 요약할 수 있어요. 물론 문체나 문장력이 중요하지 않다는 말은 아니에요. 개성 있는 문체를 갖고 있으며 유려한 문장을 쓸 수 있다는 건 큰 장점이죠. 하지만 그것만으로는 책을 완성할 수 없어요. 책 쓰기의 핵심은 문체가 아니라 주제 선정과 목차 구성, 그리고 콘셉트의 차별성이기 때문입니다. 아무리 문체가 좋고 어휘력과 묘사력이 뛰어나도 주제와 목차가 튼실하지 않으면 책을 쓸 수 없어요.

　석희 님이 원하는 문장력을 기르기 위해서는 세 가지만 실행에 옮기면 돼요. 첫째, 많이 읽는다. 둘째, 깊게 생각한다. 셋째, 많이 쓴다. 셋 중에서 가장 중요한 한 가지만 꼽는다면 단연 세 번째죠. 많이 읽지 않고 잘 쓸 수 있을까요? 쉽지 않지만 가능한 사람도 있어요. 깊게 생각하지 않고 잘 쓸 수 있을까요? 아주 어렵지만 가능한 경우도 있어요. 많이 쓰지 않고 잘 쓸 수 있을까요? 확신하건대, 거의 없습니다.

　뛰어난 문장력은 훈련의 산물이에요. 문장력은 단기간에 획기적으로 좋아지기 어려우며 땀을 흘리는 만큼 좋아집니다. 꾸준히 쓰다 보면 분명히 좋아져요. 문장력이 좋아지면 그 속에서 자신의 고유한 문체도 자연스레 형성됩니다. 그러니 많이 써보세요.

유혹하는 서론과
여운 있는 결론 쓰기

유혹하는 서론 쓰기

독자는 서론에서 한 편의 글과 처음 만난다. 서론을 읽으면서 이 글을 계속 읽을지, 아니면 덮어버릴지를 결정한다. 따라서 서론은 독자의 관심을 불러일으킬 만큼 인상적이어야 한다. 또한 본문과 유기적 관계를 유지해 본문으로 가는 도약판 역할을 해야 한다.

서론의 가장 중요한 기능은 독자를 유혹하는 것이다. 어떻게 해야 유혹적인 서론을 쓸 수 있을까? 정해진 매뉴얼이나 공식은 없으며 다양한 방식을 활용할 수 있다. 지금부터 서론을 쓸 때 활용할 수 있는 여러 방식과 실제 사례를 살펴보자.

사례를 든다

스토리가 탄탄하고 재미있는 사례는 그 자체로 훌륭한 출발점이 된다. 사례는 어떤 사실이나 기억을 불러일으키는 다리 역할을 한다. 다른 책이나 영화, 신문 기사 등에서 인상 깊은 구절을 인용하여 관심을 유발할 수도 있다. 내 경험이든 남의 경험이든, 내 머리에서 나왔든 다른 사람의 책에서 가져왔든 사례는 이미 있는 것을 옮기는 것이다. 옮기는 게 새로 만드는 것보다 쉽다.

- 주제_ 일상의 숨겨진 비밀, 애너그램^{anagram}
- 서론_ 흥행 성적보다 종교적 논란으로 더 유명해진 영화가 있다. 소설로도 유명한 「다빈치 코드」가 그것이다. 영화는 루브르 박물관 수석 큐레이터인 자크 소니에르가 시체로 발견되면서 시작한다. 시체 주변 바닥에는 이해할 수 없는 암호들이 새겨져 있다. 그 가운데 사건 해결의 결정적 실마리가 되는 암호가 있었으니, "O, Draconian devil!(오, 드라코 같은 악마여!)"와 "Oh, lame saint!(오, 불구의 성인이여!)"가 그것이다.
과연 무슨 뜻일까? 영화의 주인공이자 기호학자인 로버트 랭던은 애너그램을 활용해 'Leonardo da Vinci!(레오나르도 다빈치!)'와 'The Mona Lisa!(모나리자!)'라는 새로운 단서를 찾아낸다. 애너그램은 아무렇게나 쓰인 단어 중에서 철자를 뽑아내 새로운 단어를 만드는 일종의 글자 퍼즐이다. 평범해 보이는 단어나 문장을 풀이하면 새로운 뜻이 나타나기 때문에 암호로 자주 사용되는 기술이다.

인용문으로 시작한다

속담과 격언, 또는 유명인사의 말이나 글로 첫걸음을 뗀다. 인용문을 활용하면 전문가의 권위에 기대어 자신의 주장에 힘을 실을 수 있다. 이런 재료들은 이미 나와 있으므로 잘만 고르면 비교적 수월하게 글을 시작할 수 있다. 다만, 인용문은 글감과 맞아야 하고 본문과 매끄럽게 연결되어야 한다. 본문 내용과 상반되거나 진부한 인용문은 오히려 독자를 떠나게 하므로 주의한다.

- 주제_ 조직 차원의 실행력을 키우는 방법, 단순함
- 서론_ 미국의 시인이자 사상가인 랠프 월도 에머슨은 "위대함만큼 단순한 것도 없다. 실제로 단순해지는 것이 위대해지는 것이다"라고 말했다. 전략, 아이디어, 목표, 운영 방식은 무엇이든지 단순하고 명확할수록 실행 가능성이 크다. 단순한 것을 복잡하게 하는 것, 복잡한 것을 더욱 난해하게 하는 일은 누구나 할 수 있다. 물론 단순하다고 해서 무조건 실행력이 높아지는 것은 아니다. "나는 복잡함을 외면하는 단순함에는 관심이 없다. 대신 그것을 초월한 단순함을 추구하는 데 내 전 생애를 바칠 것이다." 미국의 법률가 올리버 웬델 홈즈Oliver Wendell

^{Holmes}의 말이다. 그는 단순함의 힘을 제대로 포착했다. 진정한 단순함은 복잡함을 담아내는 동시에 그것을 능가한다. 그런 단순함이 실행력을 높일 수 있다.

핵심 메시지나 결론부터 쓴다

신문 기사에서 자주 사용하는 방식으로 '역피라미드 구조'라고도 한다. 전체 내용을 아우르는 핵심 메시지를 먼저 말하고 부연 설명을 해나간다. 이런 구조의 글은 초점이 분명하기 때문에 독자의 시선을 빠르게 사로잡을 수 있다. 다만 독자가 결론을 미리 알고 있기 때문에 글이 이어지면서 점점 흡입력이 떨어질 수 있다. 따라서 결론을 먼저 제시할 때는 추상적이거나 당연한 사실은 피해야 하며, 결론을 뒷받침하는 논거나 사례 등이 참신해야 한다.

- 주제_ 좋은 것은 위대한 것의 적
- 서론_ 좋은 것^{good}은 큰 것^{great}, 거대하고 위대한 것의 적이다. 거대하고 위대해지는 것이 그토록 힘든 이유도 바로 그 때문이다. 거대하고 위대한 학교는 없다. 대개의 경우 좋은 학교들이 있기 때문이다. 거대하고 위대한 정부는 없다. 대개의 경우 좋은 정부가 있기 때문이다. 위대한 삶을 사는 사람은 아주 드물다. 대개의 경우 좋은 삶을 사는 것으로 만족하기 때문이다. 대

다수의 회사들은 위대해지지 않는다. 바로 대부분의 회사들이 제법 좋기 때문이다. 그리고 그것이 그들의 주된 문제점이다.

— 짐 콜린스, 이무열 옮김, 『좋은 기업을 넘어 위대한 기업으로』, 김영사, 2002년, 19쪽.

위 문단은 『좋은 기업을 넘어 위대한 기업으로』의 첫 장 서론이다. 콜린스는 단 두 문장으로 독자의 관심을 사로잡는 데 성공한다. 두 문장에는 그가 첫 장에서 전하고자 하는 핵심 메시지가 담겨 있다. 핵심을 먼저 제시하면 독자에게 강한 인상을 심어줄 수 있다. 콜린스는 이어지는 문장에서 학교와 정부와 사람을 거쳐 기업에 이르기까지 좋은 것과 위대한 것을 대비하며, '좋은 것은 위대한 것의 적'이라는 메시지를 반복해서 강조한다. 이처럼 결론 다음에 나오는 내용이 고정관념을 깨거나 독특해야 독자의 흥미를 계속 잡아끌 수 있다.

질문을 던진다

질문은 귀를 기울이게 하는 힘이 있다. 질문을 던지면 답을 하고 싶어진다. 머릿속에는 어떤 실마리가 떠오르면서 관심이 고개를 든다. 그러므로 쓰고 싶은 주제에 대한 질문으로 글을 시작하면 자연스럽게 독자의 참여를 유도할 수 있다. 자문자답 형식을 취할 수도 있고, 서론에서 질문을 던지고 본론이나 결론에서 답을 제시하는 접근법도 생각해볼 수 있다.

- 주제_ 삶이라는 악보의 쉼표, 휴가
- 서론_ 직장인들이 손꼽아 기다리는 휴가철이 다가온다. 휴가 하면 무엇이 떠오르는가? 일상 탈출, 자유, 휴식, 설렘, 여유 등이 떠오르지 않는가? 모두 긍정적이고 좋은 것들이다. 그래서 사람들은 휴가를 기다린다. 그렇다면 우리는 휴가의 긍정적인 효과를 충분히 누리고 있는가?

수수께끼나 문제에서 출발한다

사례를 들거나 질문을 던지는 것과 유사한 방식으로, 미스터리를 풀듯이 글을 전개해나간다. 조금씩 단서를 던져주며 독자의 흥미를 유발하다 클라이맥스에서 '쾅' 하고 터트린다. 이 방식은 글의 시작과 끝을 일관되게 유지할 수 있다는 장점이 있다. 물론 글의 시작과 끝 사이에는 오르막과 내리막, 그리고 뒤집힘(반전)이 있어야 한다. 이 경우 초반에 독자의 호기심을 촉발할 수 있는지가 관건이다. 답이 빤한 문제는 피하자. 독자가 가진 기존의 인식체계에 어떤 놀라움을 줄 수 있어야 한다. 그리하여 독자가 한 번 더 생각하게끔 이끌어야 한다.

- 주제_ 비영리를 목적으로 존재하는 기업, 뉴먼스 오운Newman's Own
- 서론_ 다음과 같은 기업을 상상해보라.
  - 사업의 '사' 자도 모르는 두 사람이 집에서 취미 삼아 만든 샐

러드드레싱을 팔려고 시장에 내놓는다.

- 정식으로 회사를 차렸으며 직원은 단 두 명이다. 한 명은 회장이고 나머지 한 명은 부회장이다.

- 사무실은 아는 사람의 사무실을 함께 쓰고 사무용품은 전화기 한 대가 전부다.

- 매년 12월이 되면 그해의 수익금 전액을 비영리단체에 기부하고, 이듬해에는 은행에서 대출을 받아 사업을 다시 시작한다.

과연 이런 기업이 성공할 수 있을까? 당신이 식품 쪽 전문가이거나 투자가라면 이 기업의 성공 여부에 대해 어떻게 말하겠는가?

주제와 관련된 개념을 제시한다

첫머리에 주제의 정의나 원리 등을 제시하며 글을 전개해나가는 방식이다. 여기서는 단순히 개념 풀이를 나열하기보다는 저자의 생각이 녹아 있어야 한다. 그래야 독자의 호기심을 자극하고 관심을 유도할 수 있다. 이때 개념에 대한 풀이가 지나치게 어려워서는 안 된다. 낯선 개념이더라도 독자가 쉽게 이해할 수 있도록 설명해야 한다. '낯선 개념+어려운 설명'은 독자를 달아나게 하는 확실한 공식이다.

- 주제_ 21세기 경영의 핵심, 지식경영
- 서론_ 21세기는 지식사회다. 지식사회는 과거 농경사회나 산

업사회와는 전혀 다른 패러다임으로 움직인다. 농경사회와 산업사회에서는 토지와 노동과 자본이 경쟁력의 원천이었다. 공급이 수요를 지배하고 생산력이 부를 좌우했다. 그러나 지식사회에서는 지식이 경쟁력의 원천이다.

여운 있는 결론 쓰기

미국의 시인 헨리 워즈워스 롱펠로Henry Wadsworth Longfellow는 "시작의 기술은 위대하지만 종결의 기술은 더 위대하다"라고 말했다. 그만큼 결론이 중요하다는 뜻이다. 결론이 중요한 이유는 심리적 관점에서 봐도 알 수 있다. '최근 효과recency effect'라는 심리학 용어가 있는데, 사람은 가장 마지막으로 본 정보에 가장 강한 인상을 받는다는 뜻이다. 한 편의 글에서 독자의 눈이 마지막으로 머무는 곳은 결론이다. 따라서 결론을 잘 맺어야 좋은 글이 될 수 있다.

좋은 결론을 쓰기는 어렵지만 나쁜 결론을 쓰기는 쉽다. 나쁜 결론에는 몇 가지 유형이 있다. 추상적인 결론, 진부한 결론, 지리멸렬한 결론이다. 이런 유형은 반드시 피해야 한다. 독자에게 즐거움과 유익함을 주지는 못할망정 허무함을 느끼고 화나게 해서는 안 된다.

서론과 마찬가지로 결론도 본론과 따로 놀아서는 안 된다. 결론의 시작 부분에 '어쨌든', '아무튼' 같은 표현이 나오면 위험하다. 본론과 결론 사이에 괴리가 있거나 흐름이 깨졌다는 신호이기 때문이다. 이런 표현이 들어간 글은 대부분 나쁜 결론에 속한다.

이야기를 질질 끄는 것도 좋지 않다. 화려한 등장은 환영하지만 꼬리가 긴 퇴장은 사양한다. 마땅히 갈 곳으로 가고 마땅히 그칠 곳에서 그쳐라. 뒷모습이 아름다운 사람이 좋은 기억으로 남듯이 글도 마무리가 깔끔한 것이 좋다.

결론은 서론과 본론의 내용을 정리하고 끝내는 부분이다. 글을 마무리하는 가장 보편적인 방식은 요약과 전망이다. 요약은 본론의 내용을 종합하고 정리하여 집약적으로 제시하는 것이고, 전망은 어떤 주제에 대해 자신의 주장을 바탕으로 미래를 보여주거나 시사점을 짚어주는 것이다. 이 밖에 사례, 인용, 질문, 개념 정리 등 서론 쓰기 방법을 결론에서도 활용할 수 있다.

멜 깁슨이 감독과 주연을 겸한 영화 「브레이브하트」의 마지막 장면은 사형대에서 시작된다. 스코틀랜드의 독립 영웅인 윌리엄 월레스는 공개 처형을 앞두고 사형대에 서 있다. 월레스를 바라보는 시민들은 그가 어떤 말을 남길지 궁금해한다. 관객들 역시 긴장감 속에서 스크린을 응시한다. 그 순간 터져 나오는 월레스의 외침, "Freedom!" 이 한마디는 이 영화가 자유와 신념을 위해 투쟁하는 사람들에 관한 내용임을 단박에 보여준다. 좋은 영화와 좋은 글은 끝난 후에도 여운과 감동을 선사한다.

글을 잘 열고 닫는 세 가지 지침

글의 서론과 결론을 잘 쓰기 위해서는 세 가지를 명심해야 한다.

첫째, 자료를 충분히 수집하라. 서론은 본론을 향해 뛰는 발판이고 결론은 착지점이다. 서론과 본론, 그리고 결론이 함께 잘 어우러져야 한다. 본론과 따로 노는 도입부는 아무리 재미있어도 소용이 없고, 본론과 엇박자를 내는 종결부는 힘이 없다. 독자는 도입부와 종결부를 중시할 수 있지만 글의 뼈대는 본론이다. 본론과 함께 춤추지 못하는 도입부와 종결부는 독자를 허탈하게 한다. 참신하고 좋은 자료를 충분히 모아 잘 정리하면 글을 시작하고 마무리 짓는 데 큰 도움이 된다.

둘째, 좋은 글의 서론과 결론을 읽고 연구하라. 자신이 좋아하는 작가나 저술가를 몇 사람 고르고 그들이 쓴 글의 도입부와 종결부를 집중적으로 살펴본다. 영화도 함께 검토하면 더 좋다. 좋은 영화는 시작과 끝이 좋다. 좋은 글과 영화를 적극적으로 응용해보자.

셋째, 문장이 아니라 단락에 초점을 맞춰라. 많은 사람이 한 편의 글에서 가장 중요한 부분은 첫 문장과 마지막 문장이라고 말한다. 공감은 하지만 이 주장에 너무 매일 필요는 없다. 오히려 한 편의 글에서 가장 중요한 부분은 첫 단락이라고 강조하고 싶다. 첫 문장이 흥미롭고 재미있다면 좋겠지만 모든 글의 첫 문장을 이렇게 쓰기란 불가능에 가깝다. 마지막 문장도 마찬가지다. 처음과 끝을 쓰는 데 부담을 가지면 가뜩이나 힘겨운 글쓰기를 시작하고 끝내기가 더 어려워진다. 문장이 아니라 문단으로 넓혀보자. 기발한 문장이 떠오르기를 기다리기보다는 문단에 집중하자. 첫 문단에서 독자의 호기심과 관심을 일깨우고 마지막 문단에서 여운과 통찰을 남기자.

한 편의 글을 어떻게 시작하고 마무리할 것인가는 글을 쓰는 사람이라면 누구나 늘 고민하는 문제다. 이 질문을 다른 질문 두 개로 바꿔보자. 내가 독자라면 첫 단락을 읽고 계속 읽을 마음이 들까? 내가 독자라면 마지막 문단을 보고 미소 지을 수 있을까? 글을 완성할 때마다 자신에게 이 질문을 던지는 습관을 들이자. 습관이 드는 만큼 서론과 결론도 좋아질 것이다.

글을 쓰다가 삼천포로 빠져요

분명한 주제를 가지고 글쓰기를 시작해도 자꾸 삼천포로 빠져요. 처음에는 작은 주제로 시작했는데 쓰다 보면 자꾸 거창해져서 감당하지 못할 때가 종종 있어요. 글이 이상한 방향으로 흐르다 보니 결론에 이르기도 쉽지 않고요. 이럴 땐 어떻게 해야 할까요?

— 박지영(45세, 심리치료사)

말씀하신 문제를 해결할 수 있는 두 가지 지침이 있습니다.

첫째는 그 주제에 대해 할 말을 다 했으면 그만 멈추는 거예요. 여기서 중요한 건 '주제'예요. 글을 어디서 마무리 지을지를 결정하는 기준이 주제인 거죠. 글을 쓸 때 결론이나 핵심 메시지부터 써두세요. 목적지를 정해두고 가면 길을 헤매지 않아요. 물론 쓰다 보면 결론이 바뀔 수도 있지요. 그래도 괜찮아요. 미리 써둔 결론이나 핵심 메시지의 역할은 글이 방황하지 않도록 방향을 잡아주는 거니까요.

둘째는 계속 삼천포로 빠지도록 내버려 두는 거예요. 지영 님은 글이 엉뚱한 방향으로 전개돼서 고민이라고 하지만 그렇게 끝까지 가본 적이 있나요? 아마 없을 거예요. '내가 또 왜 이럴까?' 하면서 중간에 글쓰기를 접었을 거예요.

앞으로는 그러지 마세요. 탐험이라 생각하고 계속 끝까지 가보세요. 그 끝에서 무엇을 만날지 모르잖아요. 끝까지 가보리라고 마음먹고 다시 한번 시도해보세요. 그 과정에서 진귀한 보물을 얻게 될 수도 있으니까요.

물론 미완성의 모험으로 끝날 수도 있지요. 그렇더라도 그 글을 버리지 말고 잘 보관해두세요. 지금은 별로 소용이 없겠지만 나중에 도움이 될 수 있어요. 제 노트북에는 미완성인 글들이 가득해요. 저는 그 글들의 제목마다 키워드를 적어뒀어요. 그러곤 해당 키워드와 관련이 있는 주제의 글을 쓸 때 활용하지요.

혹시 첫 번째와 두 번째 지침이 서로 배치된다는 생각이 들지도 모르겠네요. 하지만 실제로 적용해보면 그렇지 않아요. 특정 주제를 가지고 글을 쓰다가 엉뚱한 방향으로 흘렀다고 해보죠. 이때는 첫 번째 지침을 명심하고 우선 그 글을 마무리하세요. 핵심 메시지나 결론부터 써두고, 그 주제에 대해 할 말을 다 했으면 멈추세요. 엉뚱한 내용은 간단히 메모만 해두시고요. 글을 완성한 후에 그 메모를 출발점으로 삼아 다시 엉뚱한 곳을 향해 떠나보세요. 그리고 끝까지 가보는 거예요. 이렇게 해보면 매우 달라 보이는 두 방식이 서로를 보완한다는 걸 알게 될 거예요.

쓰기보다 더 중요한
고쳐 쓰기

대학 다닐 때의 일이다. 그날 나는 친구 두 명과 함께 리포트를 쓰고 있었다(홍승완). 중간고사 대신 제출하는 과제여서 신경이 많이 쓰였다. 나는 친구들보다 먼저 리포트 초안을 작성한 뒤 몇 번을 다듬었다. 그런데 한 친구가 어렵사리 완성한 리포트 초안을 내게 보여주며 말했다.

"이것 좀 봐줘. 야, 나는 글 쓰는 게 왜 이렇게 어렵냐? 이것도 겨우 쓴 거야."

나는 친구의 리포트를 재빠르게 훑어봤다. 내용은 나쁘지 않았지만 글이 거칠고 잘 읽히지 않았다. 친구에게 몇 가지 조언을 했다. 첫째 주어와 서술어를 맞춰라. 둘째 문장을 짧게 써라. 셋째 문단을 나눠라. 넷째 세 번만 더 고쳐라.

친구는 의심쩍다는 표정으로 말했다.

"그렇게 한다고 지금보다 얼마나 나아지겠니? 그냥 이대로 제출할래."

"세 번만 고쳐 쓰면 지금보다 훨씬 좋아질 거야."

친구는 속는 셈 치고 해보겠다고 했다. 1시간쯤 지나서 그가 수정한 리포트를 보여주었다. 그걸 보고 나는 깜짝 놀랐다. 수정본은 처음 것과는 아주 다른 글이 되어 있었다. 긴 문장을 짧은 문장으로 끊어서 잘 읽혔고, 세 번 수정하는 과정에서 어색한 문장도 많이 줄어들었다. 단락이 나뉘면서 전체적으로 정돈된 느낌이 들었다. 그런데도 정작 그 자신은 초고에 비해 수정본이 얼마나 좋아졌는지 잘 모르는 듯했다. 그는 "내가 보기에는 그게 그거 같은데……" 하며 여전히 미심쩍어했다.

이 일을 통해 나는 두 가지를 깨달았다. 하나는 고쳐 쓰기의 중요성이고, 또 하나는 사람들이 의외로 고쳐 쓰기를 간과한다는 점이었다. 고쳐 쓰는 습관이 없는 사람일수록 자신의 글에서 무엇이 좋고 무엇이 부족한지 알지 못한다.

고쳐 쓰기를 하지 않는 이유

책을 출간하는 일을 아이를 낳는 과정에 비유하곤 한다. 아이가 생기고 출산을 준비하는 과정에서 겪는 즐거움과 어려움이 책을 쓰는 여정과 유사하기 때문일 것이다. 그런데 비단 책 쓰기만 그런 게 아니어서, 글 한 편을 완성하는 과정에도 출산과 양육 과정이 모두 들어 있다. 초고가 어렵고 힘들 게 나올 때도 있고, 물 흐르듯이 쉽고 매끄럽게 완성될 때도 있다. 때로는 초고를 완성하는 데 아주 긴 시간이 걸리지만 운이 좋은 날은 몇십 분 만에 뚝딱 완성되기도 한다.

초고를 쓰는 일이 아이를 낳는 일과 비교된다면 초고를 수정하고 다듬는 고쳐 쓰기는 아이를 키우는 일과 비슷하다. 아이를 훌륭한 재목으로 키우기 위해서는 많은 노력을 쏟아야 한다. 건강하고 뛰어난 재능을 가진 아이를 낳았다고 해서 반드시 훌륭한 인물이 되는 건 아니다. 애정을 가지고 잘 먹이고 보살피고 교육해야 한다. 글도 마찬가지다. 참신한 아이디어를 바탕으로 초고를 썼다고 해서 꼭 좋은 글이 되는 건 아니다. 열심히 고쳐 쓰고 다듬어야 비로소 좋은 글이 된다.

글을 전문적으로 쓰는 작가나 책을 많이 낸 저술가일수록 고쳐 쓰기의 중요성을 강조한다. 헤밍웨이는 심지어 "모든 초고는 걸레다"라고까지 말했다. 그는 노벨상 수상작인 『노인과 바다』를 수십 번 고쳐 썼다고 알려져 있다. 중국의 문장가 구양수는 글을 지으면 벽에 붙여놓고 시간이 나는 대로 고쳤는데, 어떤 글은 마지막 완성 단계에 이르자 초고 중 단 한 자도 남아 있지 않았다는 전설 같은 일화도 전해진다. 물 흐르듯 잘 읽히는 글은 한 번에 써지지 않는다. 부단한 손질의 결과다.

고쳐 쓰기가 이렇게 중요한데도 어떤 사람들은 대수롭지 않게 생각하고 시간과 노력을 쏟지 않는다. 왜일까? 몇 가지 이유가 있다.

첫 번째는 게으르기 때문이다. 글쓰기는 정신적 작업이자 육체노동이다. 머리를 써야 하고 손을 움직여야 하며 시간을 들여야 한다. TV 시청보다 독서가 능동적이고, 독서보다 글쓰기가 더 많은 에너지를 요구한다. 고쳐 쓰기 역시 정신적 작업이자 육체노동이다. 초고 쓰기에 비해 세밀하고 반복적인 작업이 요구되지만, 언뜻 단조롭게 보인다. 게으른 사람에게는 귀찮은 일이 아닐 수 없다.

두 번째는 '수정해야 하는 글=잘못된 글'이라는 인식 때문이다. 어떤 사람들은 수정을 많이 해야 하는 글은 애초에 잘못 쓴 글이라고 생각한다. 그런 글은 고치거나 다듬을 필요조차 없으므로 수정할 게 아니라 폐기해야 마땅하다고 속단한다. 이들은 글을 잘 쓰는 사람은 한 번에 좋은 글을 쓴다고 착각한다. 그러나 실상은 많이 쓰고 여러 번 고치는 사람의 글이 좋다.

세 번째는 글에 애정이 없기 때문이다. 고쳐 쓰기는 글을 양육하는 과정이라고 했다. 아이에게 애정이 있는 사람과 그렇지 않은 사람 중 누가 더 아이를 잘 키울까? 당연히 전자다. 고쳐 쓰기도 마찬가지다. 글에 애정이 없는 사람일수록 고쳐 쓰기에 힘을 쏟지 않는다.

네 번째는 시간이 없기 때문이다. 경우에 따라 시간이 부족해서 고쳐 쓰기를 못 할 때도 있다. 하지만 경험에 비춰볼 때, 그런 경우는 드물다. 게으름과 애정 부족이라는 이유가 시간 부족이라는 가면을 쓰는 경우가 더 많다.

고쳐 쓰기를 충실히 하기 위해서는 고쳐 쓰기에 대한 인식을 바꿔야 한다. 고쳐 쓰기를 '잘못된 것을 바로잡는 작업'으로 여기기보다는 선물이라고 생각하는 것이 좋다.『글쓰기 생각쓰기』의 저자인 윌리엄 진서는 "글쓰기가 단번에 완성되는 '생산품'이 아니라 점점 발전해가는 '과정'이라는 점을 이해하기 전까지는 글을 잘 쓸 수 없다"라고 단언했다. 고쳐 쓰기는 고단한 작업이지만 결국에는 노력한 만큼 보답을 준다. 성실하고 끈기 있게, 계속해서 고쳐 쓰는 자세가 매우 중요하다.

고쳐 쓰기의 일곱 가지 기술

고쳐 쓰기는 무엇일까? 빠진 것을 새로 넣고 불순물을 삭제하며, 문장과 문단을 재배열하고 대체하는 과정이다. 메시지를 명확히 표현하기 위해 문장을 다듬거나 내용을 추가하기도 한다. 초고를 쓸 때는 창작가이자 예술가가 되어야 하고, 고쳐 쓰기를 하는 동안은 비평가이자 편집자가 되어야 한다. 초고를 쓰면서 비평가나 편집자가 되면 글쓰기는 부담으로 가득한 고된 노동이 된다. 고쳐 쓰기를 하면서 창작가이자 예술가가 되면 혼자만 알 수 있는 독단적인 주장이나 함량 미달의 책이 되고 만다.

고쳐 쓰기에 필요한 노하우 몇 가지를 알아보자.

첫째, 숙성의 시간을 가져라. 사람이 잠자는 시간에 키가 자라듯이 글도 재워야 한다. 조선 전기의 유명한 문장가 김일손은 초고를 단번에 쓰고 나서 몇 달 후 수정하곤 했다. 그 이유에 대해 그는 이렇게 말했다.

"처음 글을 지을 때는 마음속에 사사로운 뜻이 있기 때문에 스스로 글의 결점과 병폐를 보기 어렵다. 시간이 흐르고 난 다음에야 처음 글을 지을 때 가졌던 사사로운 마음이 없어지고 공정한 마음이 생기므로 좋은 문장과 함께 그 글의 결점과 허물을 분명하게 알 수 있는 법이다."

또 하나, 초고를 재워두는 동안 우리의 무의식은 보이진 않지만 작업을 계속한다. 그러니 초고를 적당히 재운 뒤 깨워라. 깨워서 보면 채워야 할 구멍이 보이고 빼야 할 군더더기가 보인다. 재배열해야 하는 곳과 다른 내용으로 대체해야 할 부분도 더 잘 보인다. 이 과정에서 새로운 통찰이 떠오를 수도 있다. 시간이 촉박하다면 10분이라도 재워라.

둘째, 주어와 서술어를 맞춰라. 주어와 서술어가 따로 노는 문장이 의외로 많다. 이런 문장은 뇌에 부담을 주고 독서를 방해한다. 때로는 주어를 생략하는 것이 글의 흐름을 원활하게 해주지만, 문장의 기본은 주어와 서술어가 함께 가는 것이다.

셋째, 문장을 짧게 써라. 긴 문장은 지루하다. 긴 문장을 쓸수록 문법적 오류를 저지를 가능성이 커진다. 짧게 쓰면 주어와 서술어를 맞추기도 쉽다. 짧은 문장은 잘 읽히고 울림이 크다. 특히 핵심 메시지는 간결하게 쓰는 것이 좋다.

넷째, 문단을 나눠라. 메시지와 부연 설명, 이것이 문단의 기본 구성이다. 한 문단에 여러 개의 메시지를 섞지 마라. 전달하기 어렵고 기억하기는 더 어렵다. 문단은 글을 쓰면서 자연스럽게 나누면 된다. 초고를 쓰면서 호흡을 가다듬거나 다른 이야기를 하고 싶으면 문단을 나누자. 초고에서 문단을 나눠두면 고쳐쓰거나 다듬기도 쉽다.

다섯째, 세 번은 고쳐라. 첫 번째 고쳐 쓰기에서는 전체적인 그림(주제와 뼈대)을 조망하고, 두 번째는 글의 흐름(문단)을 살피고, 세 번째는 글의 기본 단위(문장과 단어)를 정돈한다. 고쳐 쓰는 과정은 전체를 넓은 시각에서 보는 '대관大觀'에서 자세하게 분석하여 살피는 '세찰細察'로 이어지는 것이 바람직하다. 초고는 한 번에 써도 된다. 실제로 일필휘지한 글이 좋은 경우가 적지 않다. 그러나 퇴고는 절차탁마의 자세로 임해야 한다. 고쳐 쓰기는 창조라기보다는 정리정돈이므로 한 번에 끝내기 어렵다. 초고를 마음 가는 대로 쓰거나 펜 가는 대로 썼을 때는 더욱 그렇다.

여섯째, 서론과 결론을 정돈해라. 가장 최근에 본 영화를 떠올려보라. 그 영화에서 가장 선명하게 기억되는 장면이 무엇인가? 대부분 처음과 마지막 장면일 것이다. 영화감독들은 첫 장면과 끝 장면의 중요성을 안다. 그래서 다른 장면에 비해 몇 배의 시간과 노력을 쏟는다. 강연도 마찬가지고 글도 다르지 않다. 좋은 도입부는 독자가 글을 계속해서 읽고 싶게 한다. 최고의 종결부는 핵심을 명쾌하게 정리해주거나 통찰력을 줌으로써 독자의 마음에 느낌표를 선사한다.

일곱째, 리듬감을 살려라. 노래에 리듬이 있듯이 글에도 리듬이 있다. 퇴고 작업에서 글의 리듬감 살리기는 옵션으로 볼 수 있다. 리듬감을 살린답시고 장황하게 늘어놓거나 중언부언해서는 안 된다. 진부한 비유 역시 곤란하다. 뻔한 비유는 쓰는 당사자나 읽는 독자의 마음속에 담기지 못한다. 리듬감을 살린다는 건 독자에게 읽는 맛을 제공하는 것이다. 긴 문장이 계속되면 숨이 차고, 짧지도 길지도 않은 문장이 나열되면 산만해지며, 짧은 문장만 이어지면 글이 단조로워진다. 리듬감을 살리는 기본적인 방법은 문장의 길이를 조절하는 것이다. 단문과 장문을 섞어라. 글의 명확성과 설득력을 해치지 않는 범위에서 길이가 다른 문장들을 섞는 게 효과적이다.

지금까지 고쳐 쓰기에 필요한 일곱 가지 노하우를 얘기했지만, 마지막으로 강조하고 싶은 사항이 있다. 고쳐 쓰기의 핵심은 기술이 아니라 성실함이라는 사실이다. 그만큼 고쳐 쓰기는 시간과 정성을 쏟아야 하는 작업이다. 소설가 안정효는 『글쓰기 만보』에서 초고는 집짓기에, 고쳐 쓰기는 실내장식에 비유했다. 그는 "실내장식은 터 닦기나 골격 만들기보다 조금도 쉽지 않다. 장식하기에는 짓기보다 오히려 더 많은 정성과 세심한 공이 들어간다"라고 말했다. 고쳐 쓰기는 옵션이 아니라 필수다.

슬럼프에 빠졌어요

대기업 인재개발팀에서 일하며 '인적자원개발'에 관한 책을 4개월째 쓰고 있습니다. 처음 3개월은 정말 열심히 썼습니다. 평일에는 2시간, 주말에는 5시간 이상 글쓰기에 매달렸어요. 그런데 한 달 전부터 글이 안 나옵니다. 처음에는 일시적인 현상이라 생각하고 대수롭지 않게 넘겼어요. 글을 쓰기 위해 책상에 앉아 끙끙거리기도 여러 번 했어요. 그런데 열흘 전부터는 글이고 뭐고 다 귀찮다는 생각이 들더라고요. 진도가 안 나가니 재미도 없고 의욕도 떨어지네요. 이게 뭐하는 짓인지, 시간이 아깝다는 생각도 들고요. 휴! 저는 어떻게 해야 할까요?

― 김민정(33세, 회사원)

김민정 님은 지금 슬럼프에 빠진 것 같습니다. 책을 쓰다 보면 누구나 한 번은 슬럼프를 겪게 됩니다. 그럴 때는 먼저 자신이 진짜 슬럼프에 빠진 건지 냉정하게 살펴볼 필요가 있습니다. 집중력과 의욕이 떨어지고 글을 쓰는 양이 줄어든다고 해서 다 슬럼프는 아니거든요. 중요한 일을 제쳐두고 사소한 일에 힘을 분산하고 있는 건 아닌지, 그리고 중요하지 않은 일을 중요하다고 자기합리화를 하고 있는 건 아닌지 냉정하게 점검해보아야 합니다. 게으름이 슬럼프라는 가면을 쓰고 나타나는 경우도 많거든요.

만약 진짜 슬럼프에 빠졌다면 어떻게 해야 할까요? 답은 간단합니다. 극복하면 되는 거죠. 그러려면 두 가지가 필요합니다. 하나는 휴식이고, 다른 하나는 에너지 충전입니다. 휴(休)는 사람人이 나무木에 기대어 있는 모습이고, 식(息)은 자신自의 마음心을 돌아보는 겁니다. 즉 '나무에 기대어 자신의 마음을 돌아보는 것'이 휴식이죠. 휴식을 통해 우리는 내 안의 슬픔, 걱정, 화를 다스리고 작은 기쁨과 행복을 음미할 수 있습니다. 권하고 싶은 휴식법은 걷기, 즉 산책입니다. 산책이 심신 건강에 좋다는 사실은 잘 알려져 있지요. 산책을 하면 머리가 맑아지고 마음도 차분해질뿐더러 업무 스트레스로 뭉쳤던 근육도 풀어집니다.

현재 민정 님의 마음은 글쓰기에 대한 초조함과 답답함으로 가득 차 있을 거예요. 너무 조급하게 생각하지 마세요. 지금은 쉼표를 연주할 시기라고 생각하고 마음을 조금만 풀어주세요. 악기를 조율하듯 휴식으로 마음을 조율하세요.

휴식과 함께 또 한 가지를 권하고 싶은데요. 바로 에너지 충전입니다. 모든 사람에게는 에너지를 충전하는 방법이 필요합니다. 글을 쓰는 사람도 마찬가지예요. 진화론의 창시자 찰스 다윈은 연구를 마치고 매일 저녁 아내와 함께 동화책을 읽으며 활기를 되찾았어요. 다윈은 예민한 성격이었지만 따뜻한 심성을 지닌 아내 덕분에 고령에도 연이어 대작을 쓸 수 있었지요. 『종의 기원』은 쉰 살에 집필했고 『인간의 유래』는 예순두 살 때 썼습니다. 칸트는 잠을 통해 에너지를 충전했어요. 그는 매일 밤 독특한 자세로 잠을 잤다고 하는데, 이불을 어깨 위와 아래로 돌려 마치 누에고치 같은 모양으로 잠을 청했다는군요. 그 역시 노년에 대표작을 출간했습니다. 『순수이성비판』은 쉰일곱 살에 썼고 『판단력 비판』은 예순여섯, 『종교론』은 예순아홉 살에 집필했습니다. 당시 평균수명을 고려하면 놀라운 일이지요.

슬럼프에 대비하여 자신만의 에너지 충전법을 미리 준비해두세요. 에너지 충전법은 두 가지 조건을 갖춰야 합니다. 우선, 복잡해선 안 됩니다. 실행하기 쉬워야 해요. 슬럼프의 가장 흔한 증상은 의욕이 떨어지고 심신이 무기력해지는 겁니다. 이런 상태에서 번잡한 방법은 실행에 옮기기 어렵겠지요. 에너지를 충전하기 위해 더 많은 에너지를 쏟아야 한다면 결코 좋은 방법이 아닙니다. 다음으로는 자기가 주도해서 선택할 수 있는 방법이어야 해요. 외부 상황에 좌우되거나 남의 도움을 받아야 하는 방법은 적합하지 않습니다. 슬럼프가 언제 찾아올지, 마음이 언제 약해질지 우리는 모릅니다. 이런 점을 고려하면 스스로 주도해서 실천하는 방법이 바람직합니다.

에너지를 충전하지 않은 사람은 연료가 바닥난 자동차와 같습니다. 오래갈 수 없는 거죠. 쉬면서 얻는 깨달음과 에너지가 좋은 책을 쓰는 데 원동력이 될 수 있음을 잊지 마세요.

문체에 자신만의
스타일을 담아라

소설가 김훈의 『자전거 여행』과 『칼의 노래』를 읽고 그의 문체에 흠뻑 빠져든 적이 있다. 김훈 문체의 특징은 간결함이다. 음악으로 치면 스타카토다. 그는 끊어치기에 능하다. 가령 이상문학상 수상작인 「화장」을 보면 형용사와 부사를 전혀 사용하지 않고 명사와 동사 위주로 문장을 완성한 부분이 종종 눈에 띈다. 중요한 대목에서는 짧은 문장을 활용해 긴장감을 높이거나 여운을 남기기도 한다. 이 소설의 주인공은 대기업 화장품회사의 상무이고, 줄거리는 죽은 아내를 화장火葬하는 것이다. 화장化粧과 화장火葬이 절묘하게 대비된다는 사실을 알았을 때 전율이 느껴졌다.

문체는 글의 스타일이자 맛이다. 글을 쓴 사람의 독특한 개성을 드러낸다. "작가의 문체는 그의 내적인 자아의 참된 표현"이라는 괴테의 말처럼 문체에는 작가의 특성이 고스란히 담겨 있다. 작가는 자신의 언어와 자신의 스타일을 가지고 글을 쓴다. 문장이 옷이라면 문체는 옷의 색깔과 모양이다. 문장이 악보라면 문체는 리듬과 화음이다.

자신만의 문체가 있어야 생명력 있는 글을 쓸 수 있다. 자기 목소리가 있어야 자신의 세계를 만들 수 있다. 프랑스 소설가 마르셀 프루스트Marcel Proust는 "걸작은 일종의 외국어로 쓰인다"라는 말로 문체의 중요성을 강조했다. 구성이 탄탄하면 글을 풀어나가기가 쉽지만, 한편으로는 딱딱하거나 재미가 반감될 수 있다. 이때 문체에 힘이 있으면 읽는 재미가 배가된다.

자신만의 문체를 만들기 위해서는 많이 읽고 많이 써야 한다. 자신이 본받고 싶은 작가의 글을 모방하는 연습도 도움이 된다. 단, 그 과정에서 자기 빛깔을 잃어버리면 안 되며 자신의 기질에 맞게 써야 한다. 내향적인 사람은 수다스럽게 표현하는 것보다 점잖게 유혹하는 문체가 어울린다. 반대로 자신이 수다스럽다면 옛날이야기처럼 맛깔나게 풀어가고, 이미지로 표현하는 데 능숙하다면 시각적으로 표현한다. 모름지기 내가 쓰기 쉬운 문체로 써야 하는 법이다.

또한 작가 자신의 의도에 맞는 문체를 찾아야 한다. 김훈은 『남한산성』의 집필을 마치고 가진 인터뷰에서 책을 쓸 때의 심정을 "남한산성으로 독자를 한없이 고문해야겠다"라는 말로 표현했다. 그 책을 읽을 때 은근히 마조히즘이 느껴지지 않던가?

작가의 의도와 문체의 관련성을 잘 보여주는 또 다른 예로 헤르만 헤세의 소설 『클링조어의 마지막 여름』을 꼽을 수 있다. 헤세의 자전적 이야기를 기반으로 한 이 소설은 주인공 클링조어의 위기와 혼란, 해체와 몰락, 그리고 치열한 회화 작업을 통한 치유와 거듭남을 담고 있다. 소설 속에서 화가 클링조어는 절망적인 상황에서 포도주에 취해 미친 듯이 그림을 그린다. 헤세도 이 작품을 집필하는 동안 거의 매일 그림을 그리고 시도 때도 없이 포도주를 마셨다. 그래서일까, 『클링조어의 마지막 여름』은 헤세의 여느 소설과 다른 문체를 보여준다. 헤세는 '붓질체'라고 이름 붙여도 될 정도로, 캔버스에 붓질을 하듯 쉼표를 빈번하게 사용하고 문장이 끊어질 듯 이어지는 스타일로 썼다. 요컨대 열정적으로 붓을 놀리는 화가의 이야기이니만큼, 의도적으로 그림을 그리는 듯한 문체를 구사한 것이다.

우리도 이 책에서 여러 문체를 선보였다. 예컨대 '책 쓰기 클리닉'에서는 실제 상담하듯이 대화체로 썼다. 그리고 '심플하게 써라'라는 꼭지는 글의 제목처럼 간결하게 썼다. 이처럼 책을 쓰는 의도를 문체에 담을 수 있다.

문체를 확실하게 정립한 상태에서 첫 책을 쓰는 건 불가능에 가깝다. 문체란 오랜 시간에 걸쳐 만들어지기 때문이다. 처음부터 문체를 너무 고민하기보다는 미국의 언론인 조지프 퓰리처 Joseph Pulitzer의 조언을 따르는 게 현명하다. "무엇을 쓰든 짧게 써라. 그러면 읽힐 것이다. 명료하게 써라. 그러면 이해될 것이다. 그림같이 써라. 그러면 기억 속에 머물 것이다." 특히 첫 책을 쓸 때는 문장을 되도록 간결하게 쓰기를 권한다. 여기서 간결하다는 건 단순히 문장을 토막 낸다는 뜻이 아니라 생각을 분명하게 다듬어 글로 표현한다는 의미다. 긴 문장은 글을 모호하고 산만하게 한다. 만연체는 호흡이 느리고 반복이 잦다. 거의 언제나 득보다 실이 많다.

『논어』의 「옹이雍也」 편에 '사야史野'라는 말이 나온다. '바탕이 문체보다 승하면 거칠고, 문체가 바탕보다 승하면 사치스럽다'라는 뜻이다. 다시 말해 내용이 형식을 지배하면 투박하고, 형식이 내용을 지배하면 덧칠한 화장처럼 요란하다는 얘기다. 내용과 형식이 적절히 균형을 이룰 때 절묘한 글이 탄생한다. 문체는 자신만의 스타일을 말하며 손가락의 지문과 같다. 그만큼 고유하기 때문에 스스로 갈고닦을수록 더 빛난다.

자신의 문체를 마음껏 드러내는 글인지 확인하는 방법은 소리 내어 읽어보는 것이다. 큰 소리로 낭독하면서 글의 리듬과 표현 방식을 음미해본다. 읽다가 호흡이 안 맞거나 어딘가 부자연스러운 대목이 있다면, 그 지점이 손봐야 할 곳이다.

지금까지 문체의 중요성을 말했지만, 책 쓰기에서 문체가 최우선의 요건은 아니다. 특히 첫 책이라면 더욱 그렇다. 거듭 강조하건대 문체에 지나치게 부담을 갖지 마라. 만에 하나라도 특별한 문체를 갖춘 다음에 책을 쓰겠다는 생각을 하고 있다면 지금 당장 버리기 바란다. 가능하지도 않을뿐더러 그럴 필요도 없기 때문이다. 첫 책에서는 오롯이 자신을 드러내는 데 초점을 맞춰야 한다. 문체는 따로 준비하는 게 아니라, 자기 이야기를 자기답게 쓸 때 만들어진다. 내가 잘 아는 이야기, 내가 경험한 이야기를 쓸 때 내 목소리가 나올 수 있다. 그저 남을 흉내 내거나 억지로 끼워 맞춘 이야기를 써서는 자신의 진정한 문체를 형성할 수 없다. 중요한 건 개성이다. 자신의 개성을 드러낼 수 있는 창의적인 문체를 꾸준히 다듬어나가야 한다. 프랑스의 자연과학자 조르주루이 르클레르Georges-Louis Leclerc는 "문체가 곧 그 사람"이라고 말했다. 문체를 만들어나간다는 것은 곧 자기를 발견해나가는 과정임을 잊지 말자.

> "'문체'는 정신의 표정이다. 그것은 육체에 갖춰진 표정 이상으로 인격의 개성을 나타낸다."
>
> — 쇼펜하우어, 김욱 옮김, 『쇼펜하우어 문장론』, 지훈, 2005년, 93쪽.

; 노력한다는 건 매일 하는 것이다

 - 이승호(감정코칭 전문가, 『여자는 알지만 남자는 모르는 20가지』 저자)

스스로에게 물어본다. '나는 왜 책을 쓰고 싶었을까?' 첫 책을 쓸 때 내 나이 40대, 불안했다. 직장생활과 앞날에 대한 목마름이 점점 커졌다. 세상에 나의 이름으로 무언가를 남기고 싶다는 욕망이 일었다. 어느 날인가 구본형이 자신의 40대 10년을 돌아보며 쓴 『마흔세 살에 다시 시작하다』를 읽었다. 그 책은 울림으로 다가왔다. 내게도 목표가 생겼다. '나도 책을 한번 내어보리라.'

두 번째 도전 끝에 구본형 변화경영연구소의 연구원으로 들어갔다. 1년간의 교육과정 후반부에 자신이 쓸 책 주제를 발표하는 시간이 있었다. 내가 선정한 주제는 '정체성'이었다. 내 발표를 듣고 스승은 이렇게 말했다.

"사람은 누구나 정체성에 대해 궁금해하지. 하지만 그걸 책을 통해 애써 확인하려는 이는 많지 않아."

책의 1차 독자는 저자 자신이다. 하지만 책이 대중에게 읽히기 위한 보편성을 획득하려면 타인의 관심사와 교집합을 확보해야 한다는 명제였다. 어렵게 칼은 꺼내 들었는데 어떤 요리를 해야 할까 고심했다. 스승의 질문이 이어졌다.

"너는 하루 중에 누구를 가장 많이 만나니?"

당시 나는 식품을 전문으로 취급하는 방문판매 업체에서 일했다. 현장을 발로 뛰며 고객을 상대하는 세일즈 우먼들을 대상으로 교육을 진행하는 게 나의 주 업무였다.

"여성분들이에요."

"그럼 그들을 대상으로 글을 써봐. 첫 책은 쓰고 싶은 것을 쓰되 잘 쓸 수 있는 주제여야 해."

그때부터 나는 매일 오랜 시간 함께하는 여성들을 유심히 들여다보았다. 여성의 기질적 특성과 심리, 가정사, 영업직의 고단함과 삶의 애환 등을 자세히 살펴봤다. 그녀들의 수다에 귀를 쫑긋거리며 속살을 파고들었다. 그렇게 보고 들은 내용이 하나둘 모여 글감이 되었다.

매주 한 편의 칼럼을 썼다. 그리고 아내에게 보여주었다. 나를 누구보다 잘 아는 아내의 평은 날카로웠다. "승호 씨는 왜 똑같은 내용의 글을 써?" 발전이 보이지 않는다는, 변화가 없다는 지적이다. 내심 우호적인 반응을 기대했는데 직설적인 비판에 실망보다는 오기가 생겼다. '그래, 꼭 책을 내리라.' 물론 진짜 이유는 따로 있었다. 나에게 책 집필은 갑갑한 일상의 탈출구였다. 새로운 세계로 나아가기 위해 경계를 허무는 일이었다.

3년 동안 매주 한 편의 글을 썼다. 주로 새벽에 일어나 썼다. 직장에 다니며 책을 쓴다는 게 녹록지 않았다. 글이란 게 매일 쓴다고 매일 실력이 느는 건 아니다. 열심히 써도 고만고만한 수준에서 맴도는 것 같았다. 써야 할 소재가 마땅치 않을 때도 적지 않았다. 글쓰기를 미루고 책 출간을 포기해도 될 이유가 늘 떠올랐다. 그때 나를 붙들어준 문구가 있다. '노력한다는 건 매일 하는 것이다.' 이 한 문장이 마법의 주문처럼 여러 어려움을 견디게 해주었다. 무조건 매주 한 편의 칼럼을 쓴다는 자신과의 약속을 이어나갔다.

이미 책을 낸 경험자들에게 조언을 구했다. 한결같이 목차의 얼개를 강조했다. 아울러 참신한 콘셉트와 차별성도 중요하다고 했다. 그런데 구체적으로 무엇을 어떻게 해야 할지 막막했다. 먼저 자료 조사에서 시작하기로 했다. 서점과 인터넷 등을 통해 내가 쓰려는 분야와 관련된 책들을 검색하고, 자기계발 분야와 여성 비즈니스 관련 자료들을 찾아나갔다. 내 주제와 중복된 도서들은 없는지 목록을 만들고, 나의 독특한 체험과 장점들을 중심으로 책의 줄거리를 만들어나갔다. 첫 책 집필을 안내해줄 도서도 필요했다. 때마침 『내 인생의 첫 책 쓰기』가 손에 들어왔다. 여러 번 밑줄 치며 정독하고, 출간기획서를 작성할 때는 곁에 끼고 살았다.

나는 책을 쓰기 전부터 오랫동안 강사로 활동했는데, 그 경험이 책을 쓰는 데 도움이 되었다. 나는 늘 강의를 준비할 때 큰 뼈대부터 세운다. 물고기 모양을 빗대 머리, 몸체, 꼬리를 떠올리며 말해야 할 내용을 머릿속으로 스케치해나간다. 이런 구성 능력이 글을 쓸 때 아주 유용했다. 강사마다 저만의 특성이 있다. 가령 진중하게 강의하는 사람이 있는 데 비해 유쾌하게 진행하는 강사도 있다. 주로 영업직 종사자들을 대상으로 강의하는 나는 참가자들의 집중도를 높이기 위해 재미와 위트를 강조한다. 내게 편한 강의 스타일을 글쓰기에도 접목했다. 다른 책에서 유명한 문장을 인용하거나 딱딱하게 당위성을 주장하기보다는 재미있는 사례와 스토리텔링 방식으로 보다 경쾌하게 글을 풀어나갔다. 그래서 내 책에는 심오한 사상이나 난해한 개념이 없다. 대신, 공감할 수 있는 내용을 디딤돌 삼아 '그렇구나' 하며 고개를 끄덕이다 보면 어느새 마지막 장을 덮게 된다. 공감과 재미와 가독성이 나의 장점인 셈이다.

우여곡절이 없지 않았으나 그동안의 노력이 빛을 발하여 국내 유수의 출판사에서 고대하던 첫 책이 나왔다. 책을 출간하고 나면 새로운 길이 열릴 거라 생각했다. 착각이었다. 세상은 그대로였고 내 일상도 크게 달라지지 않았다. 돌아보면 책 출간에 대한 기대가 너무 컸던 것 같다. 그럼에도 첫 책은 내게 크나큰 의미로 남아 있다. 책은 땀과 눈물의 산물이다. 첫 책은 자신의 얼굴이다. 모든 책에는 저자의 과거와 현재, 앞으로의 삶이 담겨 있다. 그렇기에 글을 쓰기 전 스스로가 먼저 행하고 일어서야 한다. 거짓된 글은 다른 누구보다 자신이 먼저 알아챈다.

책을 내고 크게 달라진 게 있다. 나 자신에 대한 자신감이 커졌다는 점이다. 자비를 들여 회사 명함 뒷면에 책 표지를 실었다. 자신을 홍보하는 데 숙맥인 내게 이는 의미 있는 변화였다. 비즈니스 만남에서는 첫인상이 중요한데, 특히 나처럼 교육 일을 하는 경우엔 더욱 그렇다. 명함을 주고받는다 해서 서로의 실체를 파악할 수 있는 건 아니지만, 책을 출간했다는 사실은 상대방에게 신뢰와 호감을 주었다.

첫 책 출간은 40대 내 생의 나침반이 되어주었다. 오늘도 나는 글을 쓰고 또 다른 책의 출간을 희망하고 있다. 사람은 사회적 존재이자 관계성의 동물이다. 그렇기에 누군가에게 영향을 주고 자기 존재를 드러내기를 원한다. 거기에 책이란 도구는 아주 매혹적이다. 지성의 결정체이자, 무엇보다 역사와 문명의 계승이 활자를 통해 이어졌다는 사실을 우리는 잘 알고 있다. 내가 쓴 책도 다르지 않다. 아이를 낳아 후손을 남기듯이 내가 없어도 책은 세상에 남아 계속 살아갈 것이다.

제7장

출판하기
어떤 출판사가 좋을까

The First Book
Written by Myself

책과 독자 사이에 인연이 있듯이 저자와 출판사 사이에도 인연이 있다. 같은 원고도 누가 편집하고 어떤 출판사에서 나오느냐에 따라 최종 모습이 크게 달라질 수 있다. 능력 있고 믿을 수 있는 출판사를 만나면 출판 과정에 수반되는 시행착오를 많이 줄일 수 있다. 따라서 저자는 자신과 궁합이 잘 맞는 출판사를 고르는 눈을 가져야 한다.

좋은 출판사를 고르는
세 가지 기준

저자들은 고생해서 쓴 책이 나오면 마치 자식을 낳은 것처럼 기뻐한다. 그런데 그토록 바라던 책을 출간하고도 아쉬움을 표하는 사람들을 종종 본다. 책이 잘 안 팔린다고 아쉬워하는 사람은 의외로 적다. 책 판매가 출판사나 저자의 노력만으로 되는 건 아님을 알고 있기 때문이다. 그보다는 편집이 마음에 안 들거나 책이 예상보다 많이 늦게 나온 경우, 제목이나 표지 디자인이 마음에 안 드는 경우, 심지어는 오·탈자가 많이 보이는 경우 등 출판사에서 정성을 쏟지 않았을 때 아쉬워한다.

이런 문제들은 사소해 보일 수 있지만 저자 입장에서는 신경이 많이 쓰이는 부분이다. 책은 저자의 이름으로 나오고, 더욱이 한번 출간되면 되돌리기 어렵기 때문이다. 다행스럽게도 앞서 언급한 문제들은 자신에게 맞는 좋은 출판사를 만나면 대부분 예방하거나 해결할 수 있다.

좋은 책을 선택하는 데 기준이 필요하듯이 좋은 출판사를 고르는 데에도 분명한 기준이 필요하다. 지금부터 책을 쓰는 사람이 출판사를 선정할 때 적용할 수 있는 기준을 하나씩 살펴보자.

첫 번째 기준은 저자와 원고에 대한 깊은 관심이다. 첫 책을 내는 사람은 대부분 지명도가 떨어진다. 그러므로 무명 작가가 쓴 원고에도 애정을 보이는 출판사를 만나야 한다.

출판사가 초보 작가의 원고에 관심과 애정을 갖고 있는지는 어떻게 가늠할 수 있을까? 그런 출판사에는 네 가지 특징이 있다. 하나, 책의 출간에 많은 투자를 한다. 여기서 투자는 자금만을 의미하지 않는다. 저자가 미처 발견하지 못한 부분까지 세심하게 신경 쓰고, 이 책을 최우선 순위로 두고 시간과 노력을 쏟는다는 뜻이다. 둘, 출간 일정 때문에 책의 품질과 타협하지 않는다. 출간 일정보다 중요한 것이 품질이다. 셋, 원고를 저자만큼 꼼꼼하게 읽는다. 교정과 교열에도 상당한 정성을 쏟는다. 작더라도 실밥이 터져 나온 옷은 아무리 품질이 좋아도 좋은 인상을 주지 못한다. '옥에 티'란 말은 통하지 않는다. 명작은 디테일부터 다르듯이 옥의 품질은 티가 좌우한다. 세심하게 다듬은 책에는 이런 흠이 없다. 넷, 저자의 의견을 듣는 데 소홀함이 없다.

그만큼 원고를 수정하거나 제목을 고민하는 과정에서 요구 사항이 많을 수 있으며, 최고의 책을 만들기 위한 아이디어도 적극적으로 제시한다.

이와 같은 공통점은 절대적인 조건은 아니며 예외도 있을 수 있다. 하지만 여러 사람의 경험에서 선별한 것이므로 참고하면 유용할 것이다.

좋은 출판사를 고르는 두 번째 기준은 출판사의 차별화된 역량이다. 사람마다 강점이 다르듯이 출판사도 저마다의 강점을 가지고 있다. 편집과 디자인을 잘하는 출판사가 있고, 트렌드를 잘 파악하는 출판사가 있으며, 마케팅과 영업에서 발군의 실력을 보이는 출판사도 있다. 출판사의 이름, 즉 브랜드가 강점인 곳도 있다. 오랜 전통이 있거나 베스트셀러와 스테디셀러를 많이 배출한 출판사가 여기에 속한다. 그만큼 축적된 노하우와 경험이 풍부하다는 의미다.

세 번째 기준은 내 원고와 출판사의 궁합이다. 어느 정도 자리가 잡힌 출판사들은 대부분 전문 영역을 가지고 있다. 소설이나 시 등 문학을 집중적으로 다루는 곳이 있는가 하면, 인문학에 주력하는 곳도 있다. 자기계발과 경제경영 분야를 전문으로 하는 곳도 있고, 어린이 도서만 출간하는 곳도 있다. 책을 많이 읽는 사람들은 어떤 분야는 어느 출판사의 책이 좋다는 걸 안다. 자신의 책이 어떤 분야인지 확인하고 그에 맞는 출판사를 선택해야 한다.

이와 같은 기준에 따라 본격적으로 출판사를 선정하기 전에, 편집과 디자인을 비롯한 전반적인 측면을 고려하여 자기 마음에 드는 책을 출간한 곳을 몇 군데 꼽아두는 것도 좋다. 이를 앞서 제시한 세 가지 기준과 함께 고려하면 자신과 잘 맞는 출판사를 만날 수 있을 것이다.

마지막으로 당부하고 싶은 사항이 있다. 지금까지 살펴본 출판사 선택 기준은 우선순위가 모두 같지 않다. 책의 성격과 저자의 생각에 따라 각 기준의 중요도가 달라질 수 있다. 예컨대 어떤 책은 편집과 디자인 역량이 가장 중요한 기준이 될 수 있다. 세 가지 기준을 자신이 쓰는 모든 책에 일괄적으로 적용하기보다는 책의 성격과 상황에 맞춰 우선순위를 정하기 바란다.

출간기획서 작성 및
투고하기

첫 책을 낸 사람이라면 대부분이 출판 거절을 경험했을 것이다. 우리 역시 마찬가지였다. 10년 넘게 직장생활을 했고 어느 정도 일에 대한 전문성도 갖췄다고 자부했지만 책을 낸 경험이 없어 막막했다. 책의 서문과 목차, 그리고 원고 몇 꼭지를 쓴 다음 서너 군데 출판사와 접촉했지만 반응이 차갑기 그지없었다. 한순간에 기대가 무너지고 실망감만 커졌다. 마음을 다잡고, 먼저 원고를 제대로 쓰고 난 후에 다시 접촉하리라 결심했다. 내용이 좋으면 거절할 리 없다는 생각으로 책을 계속 써 내려갔다. 원고를 완성하고 출판사 몇 곳과 접촉한 결과 두 군데에서 책을 내자는 제안이 왔다.

저자가 지명도 있는 사람이고 출판 경험이 풍부하면 출판사에서 책을 내고 싶어 할 확률이 높다. 반면, 경력이 없는 무명 작가가 책을 내는 건 쉽지 않은 일이다. 그럼에도 원고가 매력적이면 가치를 알아보는 출판사가 분명히 있다. 따라서 출판사가 첫 번째 독자라고 생각하고 출판사를 끌어당기는 전략을 짜야 한다. 출판사를 먼저 만족시키지 못하면 독자의 눈에 들 수 없다.

출판사를 유혹하기 위해서는 구체적으로 어떻게 해야 할까? 원고의 내용이 좋아야 하는 건 기본이다. 다음으로, 친절하고 매력적인 저자가 되어야 한다. 여기에는 몇 가지 방법이 있다.

출간기획서를 작성하라

어떤 기획과 계획을 갖고 시작하느냐에 따라 대성당을 지을 수도 있고 천막을 세울 수도 있다. 모든 일은 기획이 중요하다. 특히 계획은 사건의 발생 순서를 미리 정하여 적어놓는 것 in writing 이다. 여기에서 '적어놓는 것'이란 단어에 주목하라. 글로 정리해야 책 쓰기 작업이 분명해진다. 본격적으로 집필을 시작하기 전에 출간기획서를 써두면 나중에 출판사를 설득할 때 유용한 무기가 된다. 출간기획서는 보통 다음과 같은 내용을 포함한다 (346쪽 출간기획서 참고).

- 책 제목과 부제_ 제목과 제목을 뒷받침할 부제를 적는다. 또는 '가제'로 표시하고 후보 제목군을 나열한다.

- 저자 소개_ 저자 프로필을 간략하고 인상적으로 작성한다. 나중에 책을 낼 때 책날개에 들어간다고 생각하고 쓴다. 원고의 주제와 잘 어울리게 작성하는 것도 방법이다.

- 예상 독자_ 책의 예상 독자층을 구체적으로 적는다. 이 책을 꼭 읽었으면 하는 핵심 독자층을 맨 위에 적는다. 독자에게 주는 이점 등을 함께 기술하면 더 좋다.

- 출간 목적_ 집필 동기를 적는다. 될 수 있으면 원고를 검토하는 편집자를 염두에 두고 작성한다. 나중에 책을 출간하고 나서 인터넷 서점의 책 소개에 들어간다고 생각하고 정성껏 쓴다.

- 집필 원칙_ 책을 쓰는 자세와 원칙을 간단히 적는다. 최선을 다하기 위한 마음가짐, 나태해질 때마다 자신을 바로잡을 수 있는 자기 규율, 자신의 기량으로 최고의 원고를 쓰기 위해 늘 마음속에 품고 있는 주문이다.

- 콘셉트_ 이 책의 특징과 차별화 포인트를 기술한다. 유사 도서와 다른 점을 명확하게 부각해야 한다. 주요 차별성이 한눈에 들어오도록 항목별로 정리하여 간결하고 인상적으로 작성한다.

- 서문_ 책의 콘셉트와 전개 방향을 좀 더 풀어서 서술한다. 출판사를 끌어당길 수 있는 내용으로 채워야 한다. 콘셉트와 서문, 목차가 시원찮으면 바로 거절당한다.

- 목차_ 부-장-절, 또는 장-절 등의 형식에 따라 차례대로 적는다. 목차는 책의 뼈대다. 극히 예외적인 경우를 제외하고 목차는 반드시 있어야 한다. 대부분의 편집자가 목차를 매우 중요하게 본다. 각 장이나 절의 내용을 서너 줄로 요약해도 좋다.
- 분량_ 총 페이지 수, 글자 크기, 여백 등 원고의 외형 정보를 적는다.
- 일정_ 집필 일정을 개략적으로 기술한다. 자료 수집과 초고 작성, 수정 기간, 그리고 출간 희망일 등을 적는다.
- 기타_ 저자 연락처, 추가로 출판사에 제안하거나 요청할 사항, 그리고 출간에 도움이 될 만한 사항을 적는다.

출간기획서와 함께 샘플 원고도 준비한다. 그런데 출간기획서에 서문과 샘플 원고까지 포함하면 분량이 너무 많아진다. 될 수 있으면 서문과 샘플 원고는 별도로 첨부하여 출판사에서 보다 효율적으로 검토할 수 있게 한다.

저자 약력을 인상적으로 써라

저자의 약력을 인상적으로 적어야 출판사의 눈에 들 확률이 높아진다. 이력서처럼 판에 박힌 듯 적어서는 안 된다. 두 번째 책을 내면서 저자 소개와 별도로 다음과 같이 미래 버전으로 소개의 글을 작성한 적이 있다.

오병곤은 사람들과 만나고 어울리는 것을 좋아한다. 함께 호흡하면서 영감을 얻고 그들을 도와주는 것을 좋아하며, 그들과 탁월한 성취를 하는 것을 뿌듯하게 생각한다. 그러나 흔들리지 않고 피는 꽃이 어디 있으랴. 사람과의 만남이 때로는 깊은 상처나 후회로 남기도 하지만, 마흔을 지나면서는 내면적인 성숙함으로 자리 잡게 되었다. 그는 어떤 힘든 환경에서도 용기를 낼 줄 아는 사람이다.

그는 타고난 열정과 성실, 실행력을 발휘하여 작지만 세상에서 가장 신나고 아름다운 기업을 세웠다. 더바디샵처럼 영적이고, 미라이공업처럼 유쾌하며, IDEO처럼 창의적이고, 유한킴벌리처럼 사람을 중시하는 가족 같은 공동체가 탄생했다. 구성원 각자가 1인 기업의 CEO가 되어 프로젝트 단위로 움직이는 역동적인 회사였다. 우리는 고객의 영혼을 움직이는 최고의 서비스를 선사했다. 회사는 삶의 큰 희망이었고 기쁨이었다.

그는 음악과 여행을 좋아하는 감성 CEO였다. 그는 바다처럼 깊고, 쉼터처럼 편안하고, 바람처럼 자유로운 사람이었다. 가끔 그는 꿈벗들과 함께 차린 '꿈 카페'에서 기타를 치며 노래를 불렀다. 가족과 친구들이랑, 때로는 홀로 여행을 다녔다. 무수히 많은 자연과 도시와 사람들을 만났고 마음의 길을 걸었다. 기수련과 명상을 통해 그는 일상에서 보석과도 같은 깊은 성찰을 끌어올렸다. 그는 하루를 최고의 날처럼 살았고, 아직 인생 최고의 날이 오지 않은 것처럼 꿈을 꾸었다.

출간 공모전과 도서전에 참가하라

출판사나 출판 관련 단체 등에서 주최하는 출간 공모전이나 도서전이 가끔 열린다. 역량 있는 신인을 발굴하겠다는 출판사와 유능한 출판사의 피드백을 필요로 하는 예비 작가가 만나는 장이다. 이 무대를 활용하는 것도 좋다. 먼저, 행사를 진행하는 주최 측에서 미리 정해둔 공모 양식을 제출해야 한다. 저자 소개, 쓸 책의 주제와 제목, 목차와 주요 내용, 서문 등이 양식의 골자다. 앞서 설명한 출간기획서와 샘플 원고 두세 꼭지를 준비해두면 수월하게 참여할 수 있다.

출판사에 투고하기

원고를 쓰고 나면 출판사를 선택해야 한다. 출판사가 내는 책 대부분은 기성 작가와 진행하거나 기획출판을 통해 만들어지기 때문에 초보 작가의 투고를 받아서 출간하는 경우가 많지는 않다.

초보 작가가 출판사의 깐깐한 문턱을 넘기 위해서는 앞서 설명한 내용을 바탕으로 출간기획서를 매력적으로 써야 한다. 출간기획서와 원고(샘플 원고)를 쓴 후에 투고할 출판사를 선정한다.

먼저 내 원고를 출간하고 싶은 출판사 목록을 30개 이상 정리한다. 원고를 쓸 때 참고한 도서를 출간한 곳, 자신이 좋아하는 책을 많이 낸 곳, 평소 흠모하던 곳 등을 염두에 두고 인터넷 서점 사이트에서 출판사 목록을 찾고, 출판사 홈페이지 등을 통해 투고할 연락처나 이메일 주소를 정리한다. 이때 전체 출판사 목록을 투고할 순서대로 네다섯 곳씩 묶어서 정리해둔다.

투고할 때는 한 군데씩 보내지 말고 미리 정해둔 우선순위에 따라 한 번에 네다섯 군데씩 보내는 게 좋다. 출판사의 출간 일정과도 맞아야 하기 때문이다. 아무리 원고가 좋아도 출판사 사정을 고려해야 한다. 또한 출판사에서 원고를 검토하는 데 2~3주 소요된다는 점도 염두에 두어야 한다. 그렇다고 출판사 서른 곳에 동시에 출간기획서를 보내는 건 좋은 방법이 아니다. 우선순위가 낮은 출판사에서 가장 먼저 연락이 왔는데, 가장 내고 싶은 출판사에서 그 후에 연락이 오면 난처해질 수 있다. 보통 우리는 우선순위 1그룹 출판사 다섯 곳에 기획서를 먼저 보내고, 2주 정도 기다렸다가 반응이 없으면 2그룹에 보내고, 그 다음에 3그룹을 접촉하는 식으로 진행한다. 여러 출판사에서 동시에 연락이 오면 차례대로 만나서 결정하면 된다.

출간기획서

책 제목과 부제
제목_ 내 인생의 첫 책 쓰기(가제)
부제_ 내 인생 최고의 반전을 위한 아주 특별한 프로젝트(가제)

저자 소개
오병곤_ 서강대학교를 졸업하였으며, 구본형 변화경영연구소 1기 연구원이자 직장에서는 16년 차 팀장이며 정보처리기술사다. 수많은 IT 프로젝트 현장에서 프로그래머, 프로젝트 매니저, 품질관리자로 일했다. 아주 신나고 아름다운 기업을 세워서 더불어 사는 세상에 기여하는 것이 꿈이다. 『대한민국 개발자 희망보고서』와 『나는 무엇을 잘할 수 있는가』(공저)를 펴냈다.

홍승완_ 구본형 변화경영연구소의 1기 연구원이자 경영 콘텐츠 전문가다. 온라인과 오프라인을 아우르는 다양한 경영 및 기업 교육 콘텐츠를 기획하고 개발했다. 2005년 한국무역협회의 경영혁신 과정을 정리한 『공익을 경영하라』 집필에 참여했으며, 공저로 『아름다운 혁명, 공익 비즈니스』와 『나는 무엇을 잘할 수 있는가』가 있다.

타깃 독자
- 첫 책을 쓰고자 하는 직장인
- 전문가를 지향하는 샐러던트
- 삶의 전환점을 모색하는 사람

출간 목적: 이 책을 왜 썼는가?

샐러던트를 넘어 샐러라이터의 시대가 오고 있다. 최근 일본에서는 10년 정도 일을 한 직장인들이 책을 출간하는 것이 트렌드가 되고 있다. 국내에서도 책을 내고자 하는 직장인들이 점점 많아질 것이라 생각한다. 앞으로 지식경제의 첨병은 '샐러던트'가 아니라 '샐러라이터'가 될 것이다. 이들은 '전문가 2.0' 시대의 핵심으로 부상할 것이다.

책 쓰기에 대해 몇 권의 책이 시중에 나와 있다. 대부분 책을 '어떻게 써야 하는지'에 초점을 맞추고 있다. 이런 책의 주요 독자는 책을 쓰기로 마음먹은 사람들이다. 하지만 많은 사람, 특히 직장인들이 책 쓰기에 도전하지 못하는 이유는 책을 '왜 써야 하는지'가 불확실하기 때문이다. 책 쓰기에 관한 책이라면 책을 쓰는 방법과 함께 책을 써야 하는 이유(동기)를 조화롭게 담고 있어야 한다.

이 책의 목적 중 하나는 독자가 책을 쓰고 싶도록 강렬하게 유혹하는 것이다. 우리는 정신적으로 완전히 발가벗을 각오로 이 책을 썼다. 따라서 평범한 직장인으로서 책을 쓴 동기부터 책을 쓰고 난 후 달라진 모습까지, 생생한 경험과 생각을 솔직하게 담았다. 또한 책 중간에 우리 주위에서 첫 책을 쓴 저자들의 생생한 경험담과 출판사(편집자)의 목소리를 가감 없이 실었다.

우리는 누구나 쉽게 따라 할 수 있는 대중적인 책 쓰기 방법을 제시하고자 했다. 책 쓰기가 주는 가치와 책을 쓸 때의 원칙, 구체적인 실천 방법, 그리고 책 쓰기의 어려움을 극복하기 위한 클리닉을 단계별로 제시했다. 이를 통해 책을 쓰는 동기부여부터 구체적인 실천에 이르기까지 일관성 있는 가이드라인을 제공하고 싶었다.

우리는 독자들의 가슴속에 다음과 같은 불씨를 던져줄 수 있는 책을 기대한다.

"첫 책을 써라. 시들한 일상을 전복하라. 내 인생 최고의 반전을 창조하라."

집필 원칙: 이 책을 집필하면서 다음과 같은 원칙을 지키고자 한다.

하나, 원고 집필을 완료할 때까지 금주한다. 이것이 수련의 자세다.

둘, 매일 읽고 생각하고 쓴다. 이것이 행동 지침이다.

셋, 연애편지를 쓰듯이 글을 쓴다. 마음과 재능, 정성을 다한다.

넷, 세 가지 질문을 품고 쓴다. 바른가(신뢰, 정확성)? 쉬운가(재미, 가독성)? 다른가(차별성, 통찰력)?

콘셉트: 이 책은 무엇이 다른가?

- '첫 책'과 '직장인'에 초점을 맞춘다.
- 책을 '왜' 써야 하는지, 그리고 '어떻게' 쓰는지를 함께 안내한다.
- 정보 외에도 감동과 통찰을 준다.
- 책을 만드는 현장의 목소리(첫 책의 저자들과 편집자 인터뷰)를 담는다.
- 독자들이 '나도 이런 책을 내고 싶다'라고 생각할 정도로 디자인과 편집이 돋보이는 책을 만든다.

분량: 약 220쪽, A4, 기본 여백, 글자 크기 11포인트 기준

일정

- 원고는 95퍼센트 완성된 상태다.
- 현재 원고를 다듬으며 공저자 간에 크로스 체크를 하고 있다.
- 출간 희망일: 10월 중순~11월 중순
- 목차, 서문, 샘플 원고(3꼭지): 별도로 첨부함.

출판사와
계약하기

마음에 드는 출판사를 만나서 책을 출간하기로 했다면, 이제 계약서를 쓰는 일만 남았다. 계약서의 상세한 내용은 출판사마다 조금씩 차이가 있지만 주요 내용은 크게 다르지 않다. 출판사와 계약하기 전에 알아둬야 할 사항들을 정리해보자.

저작권

저작권은 원고에 대한 사용 권리로, 책을 집필한 저자가 갖는 권리를 말한다. 저작권과 관련하여 타인의 권리를 침해해서는 안 된다. 만약 문제가 발생하여 그 결과가 발행인이나 제3자에게 손해를 입히는 경우, 저자가 이에 대해 책임을 져야 한다. 책에 인용한 문구, 사진, 그림 등은 반드시 출처를 명시해야 하며 필요하다면 사전에 저작권자의 허락을 받아야 한다. 이 작업은 출판사와 함께 진행하는 게 효율적이다.

출판권의 존속 기간

출판권은 저자와의 계약에 따른 책의 출판 또는 복제 및 배포에 관한 독점적인 권리를 말하며, 출판사가 권리를 갖는다. 출판권의 존속 기간은 보통 초판 발행일로부터 만 5년으로 하며, 사전에 저작권자와 출판사 간 문서에 의한 폐기 통고가 없을 경우 자동으로 만 1년 단위로 연장된다. 저자와 출판사의 협의하에 존속 기간을 3년으로 조정하기도 한다.

2차 저작물 사용권

출간된 책이 연극, 영화, 방송, 녹음, 녹화, 만화, CD-ROM, 신문 연재, 온라인 콘텐츠 제공 등 2차적으로 사용되는 경우 이에 대한 사용권을 말한다. 어떤 계약서에는 2차 저작물 사용을 출판사에 위임하는 조항을 넣기도 하는데, 되도록 저작권자와 출판사 간에 사용에 관한 권리를 협의하여 결정하는 것이 좋다.

인세

인세는 책 판매수익 중 저자가 받는 몫(돈)을 말한다. 인세율과 인세 지급 방법은 반드시 계약서에 명시해야 한다. 인세율은 보통 8~10퍼센트다. 인쇄 부수가 일정 수준을 넘어가면 판매 부수에 따라 인세를 올리는 러닝개런티 방식으로 계약하기도 한다. 예를 들어 '발행 부수가 3만 부 이상일 때는 11퍼센트, 5만 부 이상일 때는 12퍼센트로 상향 조정한다'라는 조항을 계약서에 명시하는 식이다.

인세 지급 방법은 판매 부수를 기준으로 하는 방법과 발행 부수를 기준으로 하는 방법 두 가지로 나뉜다. 판매 부수 기준은 순출고 부수(출판사에서 서점으로 나간 출고 부수에서 서점에서 출판사로 되돌아온 반품 부수를 뺀 부수)를 기준으로 저작권 사용료를 지급하는 방식이다. 출판사는 저자에게 정기적으로 순출고 부수를 안내하고, 안내한 날로부터 보통 한 달 이내에 저작권 사용료를 지급한다.

발행 부수 기준은 발행 부수, 즉 인쇄 부수 기준으로 저작권 사용료를 지급하는 방식이다. 보통 1쇄, 2쇄, 3쇄라고 말하는 인쇄 시점에 인세를 지급한다. 향후 반품 부수를 고려하여 일정 부수를 제외하고 인세를 지급하는 경우가 대부분이다.

참고로 발행 부수 기준보다는 판매 부수 기준으로 인세를 지급하는 출판사가 훨씬 많다. 그리고 초판의 경우 출판사에서 납본, 증정, 광고, 홍보 등에 사용하는 부수에 대해서는 저작권 사용료를 면제한다는 점을 알아둬야 한다.

저자 증정 부수

저자에게 무료로 제공되는 책의 수량을 말한다. 구체적인 증정 부수는 출판사마다 다른데 보통 10~30부다. 첫 책이니만큼 주위에 증정할 사람이 많을 수 있으므로 이 부분은 사전에 출판사와 협의하는 것이 좋다. 보통 계약서에 적힌 수량은 예상외로 적다.

계약금

출판사와 계약한 후 수일 이내에 받게 되며, 이 금액은 인세 지급 시 제외된다.

구입 할인가격

저자 명의로 책을 구입할 때 할인되는 가격을 말한다. 보통 정가 대비 30~40퍼센트 할인된 가격으로 구입할 수 있다. 이 부분은 계약서에 따로 명시되어 있으므로 확인할 필요가 있다.

출간 계약과 관련하여 마지막으로 당부하고 싶은 이야기가 있다. 앞서 어떤 출판사가 좋은 출판사인지 살펴봤는데, 피해야 할 출판사에 대해서도 간단하게 짚고 넘어가고자 한다.

우선 저자에게 자비 출간을 유도하거나 합당한 이유 없이 낮은 인세를 제시하는 출판사와는 계약에 신중해야 한다. 원고 내용보다 저자가 책을 얼마나 팔 수 있는지에 더 관심을 보이는 출판사도 피하는 게 상책이다. 책을 내고 싶다는 욕심에 부당한 계약을 하면 뒤에 탈이 생긴다. 인세를 제대로 지급하지 않는 경우도 있고, 누가 봐도 볼품없는 책이 나오기도 한다. 이 밖에도 여러 곤란한 일이 벌어질 수 있다. 책은 저자와 출판사가 힘을 합쳐 완성하는 것이지, 누가 선심을 써서 내주거나 억지로 만드는 게 아님을 명심하자.

좋은 편집자 만나기

한 권의 책이 탄생하기까지 가장 많은 일을 하는 사람이 편집자다. 어떤 편집자를 만나느냐에 따라 책의 운명이 완전히 달라질 수 있다. 우리에게는 낯설지만 미국이나 유럽에서는 전담 편집자를 따라 작가들이 출판사를 옮기는 광경을 흔히 볼 수 있다. 편집자가 얼마나 중요한 역할을 하는지 짐작할 수 있는 대목이다.

편집자는 독자와 저자 사이에 존재한다. 독자에게는 편집자가 중요한 존재가 아닐 수도 있다. 책을 고를 때 사람들은 책의 내용과 저자를 기준으로 삼지, 그 책의 편집자가 누구인지를 따지는 경우는 드물다. 하지만 편집자는 원고가 책으로 거듭나는 과정에서 큰 영향력을 행사한다. 편집자는 책의 첫 번째 독자로, 편집자를 만족시킬 수 없는 책은 실제 독자도 만족시키기 어렵다.

책 한 권이 나오기까지 편집자는 여러 역할을 한다. 좋은 글을 쓰도록 저자에게 동기부여를 하는 것부터 원고 납기일을 맞추도록 독려하기, 책을 기획하고 콘셉트 잡기, 편집하고 디자인하기, 홍보하고 마케팅하기까지 일인다역을 해낸다. 이 모든 과정에서 편집자의 역할은 저자들이 생각하는 것보다 훨씬 중요하고 힘들다. 출판계에서 잔뼈가 굵은 세종연구원의 조현철 편집장은 편집자의 역할과 어려움에 대해 다음과 같이 말한다.

"편집자는 숨어 있는 또 다른 저자이자 세상에서 저자를 책으로 읽는 첫 독자다. 편집자는 숨어 있는 존재이기에 저자와 책의 배경으로 산다. 있는 듯 없는 듯 드러나되 도드라지지 않는 그늘이 편집자다. 그러나 편집자는 책을 세상에 출가시키는 날까지 허리를 곧추세우고 늘 칼날 위에 서 있어야 한다. 잠깐이나마 그 긴장의 끈을 놓아버릴 때 칼날은 일호의 가차도 없다."

– 조현철, 「편집장과 한 권의 책」, 《세계일보》, 2007년 8월 18일.

좋은 편집자의 세 가지 조건

원고를 다 썼다고 책이 완성되는 건 아니다. 원고는 저자가 쓰지만 책으로 만들어지는 부분은 편집자의 손에 달려 있다고 해도 과언이 아니다. 완성한 원고는 저자와 편집자 사이를 오가며 여러 과정을 거친 후에야 비로소 한 권의 책으로 탄생한다. 감각과 역량을 가진 편집자는 평범한 재료로도 꽤 괜찮은 요리를 만들어낸다. 좋은 재료라면 두말할 필요가 없다. 저자 입장에서 유능한 편집자와의 만남은 행운이자 축복이다.

우리는 출판계에서 실력 있는 편집자를 선정하여 이메일 인터뷰를 진행했다. 우리 경험과 인터뷰 내용을 바탕으로 유능한 편집자의 조건을 세 가지로 정리할 수 있었다.

첫째, 좋은 편집자는 철학을 가지고 있다. 여기에서 말하는 철학은 공자나 헤겔의 사상 같은 것이 아니다. 세상과 삶에 대한 자신의 생각이자 의미를 가리킨다. 철학이 없는 직업인이라면 프로는 될 수 있을지 모르지만 예술가는 될 수 없다. 예술은 세상과 인간에 대한 자신의 표현이다. 무슨 일을 하건 사람과 삶에 대한 관점과 생각이 정립되어 있지 않다면 자기를 세상에 드러내기 어렵다.

철학이 있는 편집자는 책과 출판이 자신에게 어떤 의미이고, 이 일을 통해 세상에 무엇을 이야기하고 싶은지 확실히 안다. 나는 처음 만나는 편집자에게 "당신에게 책과 출판은 어떤 의미입니까?"라고 묻고 싶은 충동을 느끼곤 한다(홍승완). 철학이 있는 편집자라면 이 질문에 분명한 답을 할 수 있을 것이고, 이런 편집자라면 기본적으로 믿을 수 있다.

철학을 가진 편집자의 또 다른 특징이 있다. 그들은 향후 자신이 내고 싶은 책에 대한 뚜렷한 비전을 가지고 있다. 우리가 인터뷰한 뛰어난 편집자들은 공통으로 앞으로 만들고 싶은 책에 대한 생생한 이미지와 계획을 가지고 있었다. 각각의 책은 모두 달랐지만, 한 그루의 나무가 아깝지 않을 정도로 인간과 삶에 보탬이 되는 책을 만들고 싶어 했다.

둘째, 좋은 편집자는 열정이 있다. 열정은 어떤 직업에서든 탁월함의 증표다. 열정적인 편집자는 책 한 권이 독자의 인생을 바꿀 수 있다고 믿는다. 그래서 저자에 대한 기대치가 높고 자신이 만드는 책에 대한 욕심도 많다. 일본의 영화배우 기무라 타쿠야는 "멋지지 않은 사람이 패션잡지를 만드는 건 싫다"라고 말했다. 책을 내는 저자들도 마찬가지다. 책에 대한 열정이 없는 편집자와 함께 책을 만들고 싶지는 않다.

저자와 편집자는 정신적으로 교감한다. 서로 같은 생각을 갖고 있고 잘 통하면 시너지가 생긴다. 편집자의 열정이 저자에게 전달되면 저자는 조금이라도 더 좋은 원고를 쓰기 위해 노력하게 마련이다. 서로 호흡이 맞는다는 건 그저 말이 잘 통한다거나 갈등이 없다는 뜻이 아니다. 좋은 책을 만들기 위해 서로 활발히 의견을 개진하고, 갈등도 피하지 않을 정도로 원고와 책에 대한 애정을 가지고 있다는 의미다.

저자와 잘 통하는 편집자일수록 자신의 역량을 120퍼센트 발휘한다. 그런 편집자는 원고에서 작고 세심한 부분까지 놓치지 않는다. 편집자의 창의성과 열정은 그림 하나하나까지, 선의 두께나 색깔 또는 이미지의 위치 등 아주 사소한 것에까지 영향을 미친다. 감동을 주는 명작 뒤에는 보이지 않는 편집자의 뜨거운 열정이 있다. 반대로 책을 향한 애정 없이는 마케팅이나 광고에 아무리 돈을 쏟아부어도 만족할 만한 성공을 거둘 수 없다.

셋째, 좋은 편집자는 전문성이 있다. 인터뷰에 참여한 한 편집자는 "책은 예술 작품도 아니고 그렇다고 해서 슈퍼에서 살 수 있는 생활용품도 아니다. 지적인 콘텐츠를 담고 있는 문화상품에 가깝다. 따라서 가치 있고 품위가 느껴지되, 소장하고 싶고 읽기도 편한 그런 책이 베스트가 아닐까 한다"라고 말했다. 양질의 책은 편집자의 전문성 없이는 만들 수 없다. 편집자에게는 독자의 욕구를 포착하는 감각과 편집 능력, 그리고 디자인에 관한 역량이 필수적이다. 공을 들인 것과 그렇지 않은 것은 어떤 형태로든 차이가 분명히 드러난다. 돈을 얼마나 투자했느냐의 차이가 아니라 책의 크고 작은 부분에서 얼마나 창의적이고 전문적으로 신경을 썼느냐의 차이다.

장인정신으로 무장한 편집자는 세심하고 책임감 있게 교정과 교열 작업을 수행한다. 요즘 출간되는 책 중에는 교정과 교열을 했는지 의심스러울 정도로 오·탈자가 많은 경우도 드물지 않다. 물론 교정과 교열을 편집자가 아닌 별도 담당자가 수행하거나 외주를 주는 경우도 많다. 하지만 유능한 편집자는 교정과 교열 작업의 최종 책임이 자신에게 있음을 알고 있으며, 그 책임을 피하지 않는다. 교정과 교열 작업을 쉽게 넘기는 편집자는 유능하다고 말할 수 없다.

편집자의 의견을 경청하라

편집자는 한 권의 책을 만드는 책임자이자 연출가다. 원고의 콘셉트와 목차만 보고도 전체 과정을 계획하고 최종 제품인 책이 어떻게 나오면 좋겠다는 단계까지 생각할 수 있는 전문가다. 그러므로 저자는 편집자를 존중해야 한다. 좋은 책을 만들려면 편집자의 의견을 경청해야 한다. 편집자의 피드백에 귀를 닫는 저자는 자존심이 강한 게 아니라 오만한 것이다. 특히 원고의 내용에 대한 편집자의 생각을 무시하면 안 된다. 공들여 쓴 원고에 대해 왈가왈부한다고 기분 나빠하기 전에 편집자의 관심에 고마워해야 한다. 따끔한 비판일수록 더 검토하고 숙고하는 것이 성숙한 저자의 자세다. 편집자만큼 저자의 아이디어와 원고를 열심히 평가하고 다듬어줄 수 있는 사람은 없다.

　나는 『아름다운 혁명, 공익 비즈니스』를 출간할 때 마케팅과 영업력이 뛰어난 출판사를 찾지 않았다(홍승완). 대신에 우리 원고의 가치에 공감할 수 있는 편집자를 만나고자 했다. 그런 점에서 세종연구원의 조현철 편집장을 만난 걸 다행으로 여긴다. 그는 독자층은 제한적이고 분량은 방대한 그 책이 많이 팔리지 않으리라는 걸 알고 있었다. 하지만 세상에 꼭 필요한 책이라면서 자신의 손으로 출간하고 싶어 했다. 앞서의 매체에서 그는 이렇게 말했다.

> "입장이 뚜렷한 저자를 만나는 건 편집자에겐 행운이자 기쁨이다. 거기에 체계적으로 잘 정리된 내용이라면 그 기쁨은 더해진다. 이 책의 저자들이 그렇다. 저자들은 '어제보다 아름다워지려는 사람을 돕는 일'을 한다. 이들의 모토와 문제의식에 공감했다. 원고를 읽고 지금 우리에게 꼭 필요하고 가치 있는 책이라는 데 뜻을 함께했다."
>
> — 조현철, 「편집장과 한 권의 책」, 《세계일보》, 2007년 8월 18일.

저자와 편집자는 한 권의 책이 나오기까지 아버지와 어머니의 역할을 한다. 좋은 책을 만들기 위해 같이 고민하고 같이 일한다. 함께 만든 책이 잘 팔리면 누구보다 기뻐하고 안 팔리면 저자만큼, 아니 그 이상으로 안타까워하는 사람이 편집자다. 좋은 책을 내고 싶은 저자라면 편집자와의 인연을 소중히 해야 한다.

따로 또 같이,
공저하기

책을 꼭 혼자서 쓸 필요는 없다. 둘 또는 여럿이 쓰는 것도 좋은 방법이다. 사람마다 다르겠지만 혼자보다 여럿이 쓰는 과정에서 더 많이 배우고 보다 큰 즐거움을 느끼기도 한다. 그렇다면 기능적인 면에서는 어떨까? 아무래도 여럿이 쓰는 게 혼자 쓰는 것보다 쉬우리라고 생각하는 사람들이 있다. 물론 여럿이 쓰면 각자 써야 할 원고량이 줄어드는 건 사실이지만, 혼자 쓰는 것보다 쉽다고 단정하기는 어렵다.

기본적으로 집단 저술 작업은 단독 집필보다 훨씬 복잡하다. 예외는 있다. 여러 사람이 쓴 글을 독립적인 장으로 묶는 경우, 즉 여러 명이 각자 독립적인 내용으로 책의 일부분만 책임지는 경우다. 예를 들어 다양한 분야의 전문가 강연이나 논문을 모아 만드는 책은 작업이 복잡하지 않다. 특정 주제를 두고 여러 명이 자신의 경험과 생각을 적어서 한 권으로 묶어내는 책도 마찬가지다. 각자 맡은 부분에 대해서만 원고를 쓰고 책임을 지면 된다.

이런 경우를 제외하면, 대체로 공저 작업은 단독으로 책을 쓸 때보다 시간이 오래 걸린다. 출간의 모든 프로세스, 즉 책의 주제와 콘셉트 선정, 원고 집필, 퇴고, 편집 작업 등이 훨씬 복잡해지기 때문이다. 『아름다운 혁명, 공익 비즈니스』는 셋이서 쓴 책이다. 그러다 보니 콘셉트 잡기에서부터 서로 협의하고 조율하는 과정, 그리고 글의 분위기를 맞추는 작업에 이르기까지 공정이 만만치 않았다. 특히 글의 분위기를 맞추는 데 걸리는 시간을 무시할 수 없었다. 셋의 문체가 너무 다르면 원고의 전반적인 리듬을 깨뜨릴 수 있기에 신경을 써야 했다. 또한 내용의 중복을 피하고 각 저자의 핵심 메시지가 서로 충돌하거나 따로 놀지 않도록 점검해야 했다.

공저는 단순히 여러 사람이 모여서 쓰는 과정이 아니다. 여럿이 쓴다고 쉽게 생각했다가는 큰코다친다. 사전에 치밀한 준비가 필요하다. 공저에 성공하려면 다음과 같은 핵심적인 조건 두 가지를 충족해야 한다.

첫째, 책에 대한 집필진의 비전과 목표가 서로 일치해야 한다. 책을 쓰는 이유와 책의 가치에 대해 공저자들이 공감해야 하고 진실로 동의해야 한다. 사공이 많을 때만 배가 산으로 가는 게 아니다. 동상이몽인 사람들이 모여 쓰는 책 역시 그렇게 된다. 『아름다운 혁명, 공익 비즈니스』의 경우, 처음 책을 기획할 때부터 공저자들 간에 책의 필요성에 대해 강한 공감대가 형성되어 있었다. 책을 쓰기 전 해당 주제와 직접적인 관련이 있는 프로젝트를 함께한 경험이 있었기 때문에 우리가 어떤 책을 어떻게 쓰겠다는 점에 대해 확실히 합의를 한 터였다.

비전과 목표에 대한 합의와 더불어 공저자들이 지켜야 할 집필 원칙과 해결해야 할 질문 등도 사전에 확실히 정리해두는 것이 좋다. 집필 원칙은 책을 쓰면서 중요한 결정을 내려야 할 때 적용하는 판단 기준이다. 『나는 무엇을 잘할 수 있는가』는 여덟 명이 함께 쓴 책이다. 이때는 본격적인 저술 작업에 들어가기 전에 공저자들이 모여 집필 원칙을 세우고, 원고를 쓰는 동안 각자가 품어야 할 핵심 질문을 정했다. 덧붙여 책의 목적과 범위, 주요 독자층 등에 대해서도 치열하게 토론했다. 우리는 주요 이슈를 질문 형태로 만들어 각자 의견을 내고 토론하고 합의하는 과정을 거쳤다(366쪽 집필 원칙 참고).

둘째, 공저 작업을 통해 서로의 강점을 살리고 약점을 보완할 수 있어야 한다. 신통찮은 사람 둘의 글을 합친다고 해서 좋은 글이 되지는 않는다. 모든 일이 그렇듯이 성과는 강점에서 나오며, 공저 작업도 다르지 않다. 공저자들은 강점을 살리고 약점을 보완할 방식을 찾아야 한다.

『아름다운 혁명, 공익 비즈니스』는 심층 사례집 형태로 구성되었다. 이 책을 집필하면서 구본형 소장은 공동 작업 방식에 대해 많이 고민했다. 고민의 본질은 세 사람(구본형, 오세나, 홍승완)이 함께 작업하되, 각자의 경험과 재능을 최대한 발휘하는 강점 결합으로 시너지를 낼 방법을 찾아내는 일이었다.

구본형 소장이 찾아낸 방법은 할리우드의 영화 제작 방식을 변형한 것이었다. 먼저 그는 이 책의 전체적인 과정을 기획하고 지도하는 역할을 했다. 즉 큰 그림을 그리고, 적합한 사례들을 선택하고, 필요한 사람들을 찾고, 그들을 만나 인터뷰를 주도하고, 전체적인 내용의 뼈대를 세워 구성하고, 품질을 검수했다. 영화 제작에 비유하자면 그의 역할은 감독에 해당한다.

오세나 연구원과 나는 각자가 담당하는 세부 분야의 전문가였고, 각 사례에 등장하는 주인공들이 그들의 가치를 가장 적절하게 표출하도록 유도하는 극본작가이자 촬영감독이었다(홍승완). 우리 둘은 각자 관심을 가지고 있는 주제에 맞는 사례들을 맡았다. 기본적인 연구 영역이 따로 있었지만 서로의 강점으로 상대의 약점을 보완했다. 예를 들어 오 연구원은 좋은 자료를 냄새 맡고 찾기 어려운 자료를 탐색하는 재주가 뛰어났고, 나는 자료를 편집하고 해석해서 독자가 쉽게 읽어낼 수 있도록 텍스트화하는 데 능했다. 우리는 서로의 장점을 적절하게 접목해나갔으며, 그 덕분에 혼자서는 쓸 수 없는 책을 완성할 수 있었다.

효과적인 공저를 위한 두 가지 조건은 비전과 목표에 대한 합의, 강점을 살리고 약점을 보완하는 작업 방식으로 요약할 수 있다. 하지만 이런 조건보다 더 중요한 사항이 있다. 바로 '어떤 사람과 공저를 할 것인가?' 하는 점이다. 좋은 공저자를 고르는 최고의 방법은 세 가지 질문을 던지는 것이다.

- 첫째, 그 사람을 존경하는가?
- 둘째, 그 사람을 좋아하는가?
- 셋째, 그 사람을 믿을 수 있는가?

이 세 가지 질문에 모두 '그렇다'라고 답할 수 있는 사람이 최고의 공저자다. 한마디로 사우師友, 즉 친구 같은 스승이자 스승 같은 친구가 이상적인 공저자인 셈이다. 이런 공저자라면 서로 배울 수 있고 집필 과정의 즐거움과 어려움을 함께 나눌 수 있다.

집필 원칙

주요 이슈: 질문 형태로 정리하여 공유 및 토론

- 우리는 왜 이 책을 쓰는가?
- 이 책을 통해 선하고자 하는 메시지는 무엇인가?
- 이 책을 누가 읽어주길 바라는가?
- 구체적으로 누구에게 어떤 도움을 줄 수 있는가?
- 어떤 내용을 어디부터 어디까지 다룰 것인가?
- 책을 어떻게 구성할 것인가? 우리의 강점을 살릴 수 있는 구성은?
- 어떤 식으로 꾸며야 독자들이 쉽게 읽고 잘 이해할 수 있을까?

집필 원칙: 공저자들이 지켜야 할 규율이자 의사결정 기준

- 서로 친구이자 스승이 된다. 서로를 품고 섞는다.
- 자신에게 없는 것을 주지 않는다. 스스로에게 가장 먼저 실험한다.
- 놀이와 학습을 혼합한다. 놀이가 배움이고 배움이 곧 놀이다.
- 각자의 방법론을 주변 사람들에게 실험하여 범용성을 높인다.

핵심 질문: 원고를 집필하는 동안 품어야 하는 화두

- 나는 어떻게 강점을 발견했는가?
- 구체적으로 어떤 과정을 거쳤는가?
- 그 과정에서 어려웠던 점은 무엇이고, 그것을 어떻게 극복했는가?
- 나의 방법론을 다른 사람에게는 어떻게 적용할 수 있는가?

; 내 책을 반드시 읽어야 하는 이유를 만들어라

– 고세규(김영사 대표, 전 고즈윈 대표)

서울 홍익대 근처의 이탈리안 레스토랑에서 김영사의 고세규 대표를 만났다. 고 대표는 『잘먹고 잘사는 법』, 『CEO 안철수, 영혼이 있는 승부』, 『성공하는 10대들의 7가지 습관』 등을 기획한 기획자이자 김영사의 편집실장을 역임한 베테랑 출판인이다. 우리는 고즈윈에서 『나는 무엇을 잘할 수 있는가』를 즐겁게 출간한 경험이 있다. 오병곤이 인터뷰를 진행했고 인터뷰 정리는 변화경영연구소의 김귀자 연구원이 담당했다.

오병곤   안녕하세요. 고세규 대표님, 이렇게 시간을 내주셔서 감사드립니다. 저와 홍승완 연구원이 '내 인생의 첫 책 쓰기'라는 주제로 책을 쓰고 있습니다. 누구나 한 번쯤은 자기 책을 내고 싶은 마음이 있지만, 책 쓰는 과정이 쉽지 않아 막상 실행에 옮기기가 어려운 것 같습니다. 저희 책은 '책을 왜 써야 하는가'라는 주제로 책을 쓰는 동기를 중점적으로 다루고자 합니다. 또한 저희가 직장생활을 하면서 책을 쓰게 된 경험을 생생하게 들려주려고 합니다. 그 일환으로 출판 현장의 목소리를 담아 첫 책을 낸 저자와 그 책을 출간한 출판사 관계자분들을 만나 인터뷰를 진행하고 있습니다.

고세규 요즘 글쓰기에 대한 관심이 높아졌습니다. 책의 목차를 보니까 좋습니다. 단순한 설명보다 인터뷰가 들어가면 재미있을 것 같습니다.

오병곤 첫 책을 잘 쓰기 위해서는 책을 어떻게 쓰느냐도 중요하지만, 왜 써야 하는지에 대한 확실한 생각이 있어야 한다는 걸 경험으로 알게 됐습니다. 일반적으로 첫 책을 출간하기까지 크게 세 번의 중대한 변화 단계가 있습니다. 첫 번째는 책을 쓰는 동기를 확실히 하는 단계, 두 번째는 책을 읽고 정리하는 과정에서 실제로 글을 쓰는 과정으로 넘어가는 지점, 세 번째는 그렇게 쓴 글을 모아서 책을 출간하는 과정입니다. 이 문턱들을 순조롭게 넘어갈 수 있도록 도와주는 게 이 책의 골자이자 목적입니다.

고세규   아주 구체적입니다. 책을 읽는 것도 사람을 변화시키지만, 쓰는 것도 굉장한 변화를 일으킬 수 있습니다. 책을 쓰면 당연히 좋지만, 결과물이 잘 나와야 합니다. 그게 중요합니다. 2007년에 낸 책 중에 여행서 『민희, 치즈에 빠져 유럽을 누비다』가 있습니다. 30대에 들어선 여성이 공대를 갔다가 재미없어서 학교를 그만뒀습니다. 한동안 방황하면서 직장도 그만두고 싶어 했죠. 그러다가 치즈를 좋아하게 되고 거기에 빠져 유럽에 가고 싶다는 생각을 한 겁니다. 그래서 3년 동안 직장을 열심히 다니면서 영어 공부를 했습니다. 그리고 마침내 유럽으로 떠났지요. 그 이야기를 블로그에 썼는데 우리가 그걸 보고 연락했죠.

그런데 책을 내고 나자 저자는 어느 순간 치즈 전문가가 되어 있었습니다. 백화점 문화센터에서 강의가 들어오고 잡지사에 기고도 하고 그러지요. 지금은 파스타를 찾아 또 떠났는데요. 이런 경우, 책을 통해 큰 변화를 이뤄냈다고 볼 수 있죠. 책은 그 책을 쓴 사람을 한 분야의 전문가로 도약시켜줍니다. 물론 책의 품질이 아주 좋아야 하겠죠. 치즈 여행이란 독특한 콘셉트도 있었고, 한 여성의 과감한 도전도 있었고, 여행이란 시대적 흐름도 있었고, 이런 것들이 딱 맞아떨어진 거죠.

옛날이야기로 돌아가면 『재미있는 별자리여행』이란 책이

있었습니다. 이태형 선생이 그 책을 쓴 게 대학교 별자리 동아리 시절이었습니다. 그게 60만 부 나갔습니다. 그 인세만으로 자신이 하고 싶은 걸 하며 살 수 있게 됐죠. 그분은 지금도 별자리 캠프를 운영하면서 살고 있습니다. 책은 자기가 하고 싶은 것을 하고, 전문가의 길로 들어설 수 있도록 힘을 줍니다.

오병곤 처음에 책을 쓰려고 하면 여러 가지로 고민이 됩니다. 과연 이게 책이 될까, 나같이 평범한 사람이 책을 낼 수 있을까, 출판사가 받아줄까 등등. 첫 책을 출간하려면 어떻게 준비해야 할까요? 출판사 입장에서 조언해주세요.

고세규 출판사는 당연히 유명한 작가의 책을 좋아합니다. 하지만 첫 책을 쓰는 저자라 해서 절대로 가볍게 보지는 않습니다. 사실 유명 저자보다 첫 책을 쓰는 저자가 더 매력 있습니다. 다른 출판사에서 책을 내고 있는 저자는 섭외가 잘 안 됩니다. 새로 발굴한 저자의 첫 책을 내게 되면 나름대로 도전의식도 생기고, 저자와 지속적으로 유대를 가질 확률이 높습니다. 만약 첫 책이 성공하면 저자는 물론이고 출판사도 큰 성취감을 느끼지요. 그래서 첫 책이 매력이 있는 거죠.

일반적으로 첫 책을 내는 데 필요한 조건은 여러 가지가 있습니다. 우선, 주제가 신선해야 합니다. 주제의 신선도는 아주 특이한 걸 말하는 게 아닙니다. 보편적인 것 속에서 차별성을 드러내는 것을 의미합니다. 특이한 책을 쓰려면 개인적으로 일기를 쓰는 게 더 나을지도 모르죠. 정말 특이한 책은 개인적으로 소장하는 게 더 의미가 있으니까요. 그런데 그런 책은 대부분 시장이 존재하지 않거나 아주 작습니다. 공감할 수 있는 사람이 적으니까요. 『삼미 슈퍼스타즈의 마지막 팬클럽』 같은 책은 특이한 걸 다루면서도 보편적인 것을 건드려서 성공한 사례죠.

두 번째로 목차와 몇 개의 꼭지 원고를 구체적으로 준비해야 합니다. 목차는 책으로 들어가는 관문입니다. 그리고 샘플 원고가 한두 꼭지 있으면 출판사와 접촉하는 데 큰 도움이 됩니다.

세 번째로 전달하는 메시지에 일관성이 있어야 합니다. 말하려고 하는 게 끝까지 분명해야 하죠. 우리는 글이 재미없거나 문장력이 떨어진다고 해도 크게 걱정 안 합니다. 마음만 먹으면 완전히 바꿀 수도 있습니다. 그리고 내가 전달하고자 하는 이야기가 내 이야기인가, 다른 이야기를 차용한 건가를 분명히 할 필요가 있습니다. 요즘 책에 있는 내용을 인터넷에서 검색하면 그대로 나오는 글들이 많아요. 베끼기죠. 그런 분들은 따로 얘기해서 주석을 달자고 하든가 다른 내용을 채우게끔 합니다. 그렇게 하지 않으면 독자들도 다 알기 때문에, 노력해서 채워야만 대접받을 거라고 얘기해줍니다.

오병곤 저자의 문장력이 부족하면 출판사가 도와줄 수 있다고 하셨는데요. 반대로, 그렇게 하면 내용이 원래 의도와 달리 나갈 수 있다고 안 좋아하는 저자도 있을 것 같은데요.

고세규 그럴 수 있습니다. 그런 경우에는 저자와 충분히 상의해서 동의를 끌어내야지요. 글에 대한 감수성은 사람마다 달라서 다른 사람이 쓴 글을 보면 누구나 다르게 느낍니다. 그래서 편집자가 원고를 고치면 이상하다고 생각하는데, 그것은 보편성을 찾아가는 과정이라고 봐야 하고 또 출판사와 같이 가는 과정이라고 생각해야 합니다.

우리와 함께 출간한 저자 중에 책을 많이 낸 저자분이 있습니다. 이분은 자기 글을 절대 못 고치게 합니다. 그래서 책 내용은 좋은데 유명한 책이 하나도 없어요. 이분의 주관이 확실하니까 출판사 편집자가 얼어버리는 거죠. 이럴 경우 저자가 손해라고 생각합니다.

오병곤 출판사 입장에서 특별히 선호하는 저자가 있는지요?

고세규 자기 분야에서 자기만의 독특한 이야기를 쓸 수 있어야 합니다. 그 책에서만큼은 자기 시각이 있어야 합니다. 전문성이라고 할 수 있죠. 전문성이 이뤄지려면 자기 삶이 투영되어야 합니다. 최소한 자기 삶에서 그런 것을 체험하고 그게 책으로 녹아 나온다면 좋은 책이 되리라는 건 분명합니다.

오병곤 일반적으로 전문성이 없으면 첫 책을 내기 어렵다고 생각해요. 이 점을 고려해서 대표님께서 생각하는, 첫 책을 성공적으로 출간할 수 있는 노하우가 있으면 말씀해주십시오.

고세규 첫 책으로 번역서를 내는 것도 좋은 방법 중 하나인 것 같습니다. 물론 양질의 원서를 골라야겠죠. 김영사에서 일하면서 깨달은 게 누군가가 밑줄 치면서 읽은 건 괜찮은 책이라는 거였죠. 그런 책을 번역하면 좋아요. 때로 번역서가 성공하면 그걸 가지고 프로그램을 만들기도 합니다. 스티븐 코비의 『성공하는 사람들의 7가지 습관』도 그런 경우죠.

오병곤 요즘 직장인의 경우에는 영어 공부를 많이 하니까 자기 전문 분야가 없어도 마음에 드는 책을 골라 번역하는 것도 괜찮겠네요.

고세규 출판 시장의 흐름을 보면 책이 주기적으로 바뀝니다. 예전에 베스트셀러가 된 게 몇 년 뒤에 다시 베스트가 되는 거지요. 『아침형 인간』이 베스트셀러라면 '무슨무슨형 인간'이 뜰 것이니 그걸로 들어가는 겁니다. 일종의 '미투[me too]' 전략이죠. 이런 방향으로 가면 출판사를 설득하기 좋습니다. 이미 시장이 형성되어 있으니까요.

오병곤　일종의 허를 찌르는 전략이네요. 트렌드를 잘 파악하는 게 순서겠는데요.

고세규　유명 저자를 건드리면서 동급이 돼버리는 거죠. 첫 책이니 그렇게 도전적으로 해도 좋습니다. 또 다른 방법은 공저를 하는 겁니다. 유명 저자에게 연락해서 같이 할 수도 있고, 문하생들이 책 내는 것처럼 팀워크로 책을 재미있게 만드는 것도 좋은 경험이 될 수 있어요. 『나는 무엇을 잘할 수 있는가』도 하나의 모델이 될 수 있는 거죠. 자기가 일하는 분야의 첨단 지식을 정리해서 책으로 내는 것도 현실적인 방법 중 하나입니다. 가령 공학 분야에서 일한다면 나노 기술과 자기 이야기를 결합해서 쓸 수 있겠지요.

오병곤　이 책에서도 공저하는 방법을 한 꼭지로 다루었습니다. 그런데 제 생각으로는 경험 없는 사람이 책을 낸다는 게 불가능하지는 않지만 어려운 건 분명해 보입니다. 이런 사람이 할 수 있는 방법은 없을까요?

고세규　그런 사람에겐 자료 수집이 어떨까 싶네요. 주강현 선생이 자료 수집의 고수입니다. 주강현 선생은 자료를 수집할 때 한의원에서 쓰는 약재 넣는 서랍을 활용합니다. 그걸 구입해서 거기에다 자료를 분류해서 모아둡니다. 자료가 쌓였다 싶으면 책을 내고, 아니면 다른 서랍의 자료와 결합해서 책을 내곤 합니다. 이분은 민속학을 공부하셔서서 수집이 몸에 배어 있습니다.

많은 자료를 모으면 자신감이 생깁니다. 유명한 대학교수들이 책 낸 거 보면 심하게 말해서 짜깁기가 적지 않습니다. 이게 나쁘다는 뜻이 아닙니다. 제가 드리고 싶은 말씀은 좋은 자료를 제대로 정리해도 괜찮은 책이 나올 수 있다는 겁니다. 루트번스타인의 『생각의 탄생』도 사실은 자료 수집 책입니다. 그 책에서 유명인과 전문가들의 말과 일화, 그리고 연구 결과를 뺀다고 생각해보세요. 아마 그 두꺼운 책이 5분의 1 정도로 줄어들 겁니다. 아이디어와 자료 수집이 자기 얘기를 쓰는 것보다 더 중요한 시절이 됐는지도 모릅니다.

오병곤   첫 책을 내는 여러 가지 방법을 말씀해주셨는데요. 그래도 제 경험을 돌아보면 과연 책을 낼 수 있을까, 내 책이 과연 팔릴 수 있을까 하는 의문이 계속 머릿속에 남아 있는데 어떤 책이 잘 팔릴 수 있을까요?

고세규   대중과 호흡할 수 있는 책을 만들어야 합니다. 류시화 선생은 글을 쓸 때, 자신이 쓴 글에 등장하는 사람으로 감정이입하여 원고를 읽으면서 편집한다고 합니다. 예를 들어, 인디언 추장의 연설 글이면 직접 인디언 추장이 돼서 읽으면서 고칩니다. 자기 책이 얼마나 팔릴까 하는 건 옆집

아저씨, 아줌마에게 읽어보라고 했을 때 "어, 이거 재미있겠네"라는 반응이 오면 확실합니다. 그러니까 독자층을 판단할 때 주위에 있는 평범한 사람들에게 권해보는 겁니다. 그렇다고 책을 가볍게 쓰는 데 초점을 맞추는 건 잘못된 것이죠.

오병곤   저는 책을 쓸 때 주위에서 가장 적합한 한 사람을 생각하고 씁니다. 독자 한 사람에 대한 프로필을 먼저 만들고 늘 그 사람의 입장에서 생각해보면서 글을 씁니다.

고세규   그게 중요합니다. 요즘은 출판 시장이 어려워서 5000부 정도 팔면 많이 팔린 책입니다. 금액은 얼마 안 되지만 5000부면 괜찮고 대중성이 있는 책입니다.

오병곤   첫 책의 원고를 어느 정도 쓰고 나면 출판사가 과연 내 원고를 책으로 내줄까 하는 생각을 하게 됩니다. 저자 입장에서는 어떻게 보면 첫 고객이 출판사인 거죠. 저자가 책을 내기 위해 출판사를 설득하는 노하우가 있다면 말씀해주세요.

고세규   자기 책을 광고 카피로 자꾸 이야기해보는 게 좋아요. 예를 들면 '자서전을 쓰는 법'이라는 책을 쓴다면 다른 사람들에게 소개할 때 빨려들게 할 수 있는 한마디를 써보는 거죠. '삶보다 극적인 이야기는 없다'라는 식으로 명쾌한 카피로 표현하는 법을 익히면 출판사를 설득하거나 마케팅할 때 도움이 됩니다.

제목도 중요합니다. 제목이 섹시하면 출판사가 확 넘어갑니다. 저는 미국 아마존 1위 책이라도 우리가 붙일 수 있는 이름이 떠오르지 않으면 과감히 포기합니다. 저자도 섹시한 제목을 고민해야 합니다. 조금 심하게 말하면 제목 하나만으로도 1만 부, 10만 부 팔 수 있습니다.

그러니까 두 가지로 요약할 수 있습니다. 출판사를 유혹하는 제목을 구상해보고, 책의 콘셉트를 카피로 말해보는 겁니다. 독자를 설득하기 전에 출판사를 설득할 수 있어야 합니다.

마지막으로 서문이 아주 중요합니다. 대부분의 독자가 서문과 목차를 먼저 봅니다. 얼마나 설득력 있게 서문을 쓸 것인가를 고민해봐야죠. 방법은 여러 가지가 있습니다. 유명 작가는 멋있고 짧게 감상적으로 쓰는 경향이 있는데, 요즘은 자세하고 설득력 있게 쫙 풀어주는 게 효과적인 것 같습니다.

번역서라면 역자 후기가 생각보다 중요합니다. 예를 들어 『인생수업』이나 『술 취한 코끼리 길들이기』의 역자 후기를 보면 이건 저자 이상입니다. 왜 이 책을 읽어야 하는가를 독자한테 확실하게 풀어줍니다. 저자에 대한 이야기를 펼치면서 독자를 잡아끌죠.

오병곤   저희도 이 책의 서문에 「잠수종과 나비」라는 영화를 활용
했습니다. 영화를 보면서 '한쪽 눈밖에 움직일 수 없는 주
인공이 눈을 수십만 번 깜빡이는 수고를 마다하지 않으면
서까지 왜 하필 책을 쓰고서 죽었을까?' 하는 생각이 들었
습니다. 그 생각을 실마리 삼아 서문을 썼습니다.

고세규   좋네요. 거기에 상세한 설명을 덧붙여주면서 독자에게 왜
이 책을 봐야 하는지를 친절하게 말해주면 더 좋을 것 같
네요. 책에 들어갈 이미지도 미리 고민해보는 게 좋습니
다. 자기 원고를 특징적으로 만들 수 있는 것인지, 예를 들
어 DVD나 UCC 같은 것을 활용하는 것도 좋습니다. 어
떤 작가의 사진이나 일러스트가 어울리겠다는 것도 미리
정해두면 좋죠. 또는 음악을 결합할 수도 있고요.

매체를 활용하는 것도 중요합니다. SNS나 블로그를 활용
하는 것도 좋습니다. 책 마케팅도 되고, 출판사를 유인하
기도 좋습니다. 저는 잘하지 못하는데 그걸 잘하는 편집
자가 있습니다. 저는 주변 사람들한테 글 잘 쓰는 사람을
알려달라고 합니다. 얼마 전 네덜란드에서 사는 한국인을
한 분 소개받았는데 글을 진짜 잘 써요. 외국에 사는 한국
인 이야기가 흔하긴 하지만 글을 워낙 잘 써서 진행하고
있습니다.

이런 방법은 요즘에 출판사들이 굉장히 많이 하고 있습니

다. 누구나 글을 쓸 수 있고 표현할 수 있는 시대가 된 거죠. 책이 예전에는 권위적이고 접근하기 힘들었는데, 그 권위가 무너지면서 누구나 쓸 수 있는 게 되었어요. 그리고 책은 팬시 상품처럼 꽂아놓고 보기만 해도 좋은 일상소품처럼 되었고 말이죠. 예전에는 특정 직업이나 성과만 대접을 받았는데 요즘엔 다양한 성과가 인정받는 시대예요. 나의 성과를 표현하면서 가치를 높일 수 있게 되었지요. 그게 책을 쓰는 이유이기도 하고요. 자기완성을 위해 책 쓰기는 꼭 하는 게 좋습니다.

오병곤 이야기를 듣고 보니 출판사를 설득할 수 있는 여러 가지 방법이 있군요. 그럼 이번에는 반대로, 출판사 입장에서 책으로 내고 싶지 않은 원고는 어떤 것인지 말씀해주세요.

고세규 예전에 편집실장으로 일할 때 책으로 내달라는 원고를 하루에 대여섯 편씩 받았습니다. 규모 있는 출판사에는 그것만 보는 직원도 있습니다. 한마디로 이렇게 말할 수 있습니다. 자기 이야기를 쓰되 너무 자기 이야기에만 빠지지 말아라. 퇴짜 맞은 원고를 보면 지나치게 자기 이야기만 한 경우가 많습니다. 그런 책은 독자들이 읽기 힘들거든요. 다른 사람들도 궁금해하고 재미있어야 하는데 자꾸 독특한 것만 찾아가면, 실험음악처럼 특정 팬은 있지만 많은 이들을 위한 책이 되기는 어렵습니다.

그리고 콘셉트와 목차가 부실한 원고는 책으로 내기 곤란합니다. 참고로 저희는 문장력은 그렇게 염두에 두지 않습니다. 아까도 얘기했듯이, 그건 고칠 수 있으니까요. 내용이 살아 있으면 문장력은 출판사가 뒷받침해줄 수 있습니다. 콘텐츠가 풍부하고 콘셉트만 확실하면 괜찮습니다. 구성도 중요하지만 그것도 어느 정도는 출판사가 도와줄 수 있습니다.

오병곤 저는 첫 책은 베스트셀러를 염두에 두지 말라고 썼거든요. 베스트셀러보다는 베스트 북을 겨냥하라, 그리고 내가 하고 싶은 이야기를 하는 것이 더 중요하다, 이렇게 썼습니다.

고세규 그렇죠. 베스트셀러를 의식하면 책이 엉뚱하게 갈 수 있습니다. 목적을 베스트셀러로 두면 불행해질 수 있습니다. 자신과 자기 책 한 권을 읽을 독자를 책임질 수 있어야 합니다. 이것이 저자의 중요한 책무입니다.

어떤 문장을 쓸 때 이 문장을 읽고 있는 독자를 상상해봐야 합니다. 한 문장, 한 글자를 쓰는 건 고통스럽지만 만약 그게 독자에게 행복감을 전해줄 수 있다면 가치 있는 겁니다. 그래서 책을 쓸 때는 이 글을 읽을 독자를 늘 상상해야 합니다. 그러면 힘이 날 겁니다. 호기심을 가지고 읽을 독자를 생각하면 책에 대한 책임감이 커집니다. 이상하게 들릴지 모르겠지만, 독자와 일대일 대화를 한다고 생각하고 책을 써야 합니다. 10만 대중을 생각하면 일대일 대화가 안 됩니다. 가상 독자가 없다고 봐야지요.

오병곤 첫 책을 내기로 마음먹은 사람들이 실제로 원고를 쓰기 시작할 때 당부하고 싶은 말씀이 있으신가요?

고세규 첫 책을 쓰는 사람들이 힘들어하는 건 너무 완벽하게 쓰려고 하기 때문이죠. 어제 쓴 글을 열어보고 자책하다가 한 달 만에 그만둡니다. 그러지 말고, 반드시 한 번은 끝까지 써야 합니다. 초고를 쓰고 나서 퇴고하면 됩니다. 퇴고를 할 때는 부족함을 채우기도 하고, "내가 이런 글을 썼어?" 하고 감탄하기도 합니다.

오병곤 제가 첫 책을 쓸 때 힘들었던 점도 바로 그런 점이었던 것 같습니다. 다시 한번 강조하면, 반드시 마침표를 한 번 찍고 퇴고하라, 뒤돌아보지 말고 앞을 향해 마침표를 찍어라 정도가 되겠네요.

고세규 일단 마침표를 찍으면 책을 내기가 수월해집니다. 중간에 헤매는 것보다 가능성이 훨씬 커지죠.

오병곤 출판사를 운영하면서 어떤 책을 낼 것인가 계속 생각하실 텐데 주로 어떻게 힌트를 얻으시나요?

고세규 내가 지금 읽고 싶은 책이 뭔가, 내게 지금 필요한 책이 뭔가를 생각합니다. 만약 석유가 문제라면 석유가 없는 삶에 대한 책이 있었으면 좋겠다는 식으로 찾기도 하고요. 그러니까 특정 이슈나 문제들이 나오면 그것과 연관 지어 생각해봅니다. 일단 자신에게 질문을 많이 던집니다. 자기 안에 보편성이 있다고 보고 그걸 좀 더 뒤져보고 그에 맞는 저자를 찾아봅니다.

오병곤 자신이 일상에서 느끼는 문제를 구체화하되 좀 더 신선하게 접근한다, 이런 말씀이신가요?

고세규 네. 때론 컨버전스 방식으로 책을 구상하기도 합니다. 여러 주제나 소재를 섞어 여러 작가가 함께 씁니다. 삼성전자와 타이거 우즈를 결합할 수도 있습니다. 책 모양도 다르게 생각해봅니다. 달력처럼 만들까? 화장지처럼 뽑아 쓰는 책은? 삼각김밥 식으로 만들어볼까?

오병곤 재미있네요. 저자 입장에서는 어떤 출판사와 책을 내느냐가 매우 중요한데, 출판사를 고르는 기준에 대해 말씀해 주십시오.

고세규 기본적으로 비즈니스 계약에 충실한지를 봐야 합니다. 인세를 안 주거나 계약서를 안 쓰는 출판사가 지금도 있습니다. 계약서 내용을 상세하게 말해주지 않는 출판사는 피해야 합니다. 비즈니스 관점에서 공정한 태도를 보이지 않으면 경계해야 합니다.

첫 책이라도 책을 내는 저자를 최고라고 믿는 출판사를

선택해야 합니다. 책을 만드는 게 출판사에는 일상이지만, 저자에겐 단 한 권의 책입니다. 지금 만드는 이 책이 가장 좋은 책이라고 생각하고 그 책에 온 정열을 쏟을 수 있는가를 따져봐야 합니다. '내 책에 정성을 쏟아줄 수 있는가?' 이것이 가장 중요한 질문입니다.

그리고 저는 출판사 규모가 크다고 좋은 건 아니라고 생각해요. 큰 회사는 서점 장악력이 높고 마케팅을 잘하지만, 그 마케팅도 사내 경쟁 책 중에서 살아남는 책에만 집중한다는 걸 알아야 합니다. 광고를 많이 해주는 곳도 좋기는 한데 수익 없이 광고하기가 쉽지 않습니다. 대개 매출의 10~15퍼센트를 광고비로 잡는데 그것만 보고 출판사를 찾다 보면 다른 단점이 생길 수 있습니다. 광고만 많이 한다고 해서 잘나가는 것도 아닙니다. 사계절이나 휴머니스트 같은 출판사는 광고를 안 해도 좋은 책을 내고, 지명도가 쌓이면서 잘 팔리는 책이 많아요.

제가 보기에 제일 중요한 건 상상력이 풍부한 출판사를 고르는 것입니다. 기본기가 탄탄해야 함은 물론입니다. 책의 품질, 그리고 만드는 사람들의 상상력이 얼마나 풍부한가, 이걸 봐야 합니다. 제목과 서문과 목차와 이미지가 따로 노는 책들이 의외로 많습니다.

먼저 서점에 가서 눈길을 끄는 책을 만든 출판사를 골라

봅니다. 서너 권을 보면 나머지도 대강 알 수 있습니다. 그리고 최근에 책을 규칙적으로 내고 있는가도 참고해야 하고요. 이건 출판사가 서점과 독자랑 계속 커뮤니케이션하고 있다는 얘기고, 안정적으로 일하고 있음을 의미합니다. 최근 1~2년 사이에 활발하게 출판하는 곳이면 괜찮습니다. 출판하는 책을 보고 자신의 책과 어울리는지를 판단하길 권하고 싶습니다. 인터넷에서 특정 출판사의 책들을 출간일 기준으로 검색해보면 쉽게 알 수 있습니다. 그리고 출판사 홈페이지에 들어가서 분위기를 한번 살펴보기 바랍니다.

참고로 출판사 접촉은 이메일로 하는 게 가장 일반적입니다. 출판사에 목차와 서문 등을 보낼 때는 "이 원고는 동시에 여러 군데에 보내는 겁니다" 또는 "이 원고는 귀사에만 보내는 겁니다"라는 식으로 구체적으로 밝히는 것이 좋습니다.

오병곤 오늘 좋은 말씀 들려주셔서 감사드립니다. 끝으로 첫 책을 쓰고자 하는 예비 저자들에게 당부하고 싶은 말씀이 있다면 해주십시오.

고세규 반드시 책을 내라, 책이 당신에게 주는 선물은 아주 크다, 이런 말씀을 꼭 드리고 싶어요. 책을 내기 위해서는 구체적인 지도가 필요할 텐데, 오 연구원과 홍 연구원의 책이 좋은 도움을 주리라 기대합니다.

책 한 권 썼다고 하면 자기 세계가 갖춰졌다고 해서 주변에서 굉장히 인정해줍니다. 어떤 대학생 친구는 인턴을 하는데 자기 책을 한 권 제출했더니 바로 통과되었다고 합니다. 이건 자격증보다 더 힘이 있는 겁니다. 그리고 제가 아는 한 저자분은 어떤 나라의 비자를 받는 데 자신이 쓴 책이 도움이 됐다고 합니다. 외국 대사관에서 책을 쓸 정도면 신원이 확실한 사람이라고 했다더군요.

인터뷰를 마치고 돌아오는 중에 문자 메시지를 받았다. 고세규 대표였다.

"마지막으로 이 말을 추가해주세요. 독자가 내 책을 반드시 읽어야 하는 이유 하나를 만들어라. 그 이유가 분명할수록, 그리고 많을수록 그 책의 성공 이유도 분명해진다."

당신의 인생에
책 한 권을 선물하라

어느 날 다산 정약용에게 변지의邊知意라는 사람이 찾아왔다. 그는 다산에게 글쓰기에 대한 가르침을 구했다. 이날 마침 다산의 두 아들이 나무를 심은 터였다. 다산은 변지의에게 "좋은 글을 쓰는 것은 나무에 꽃이 피는 것과 같다"라며 다음과 같이 강조했다.

"나무의 뿌리를 북돋아주듯 진실한 마음으로 온갖 정성을 쏟고, 줄기를 바로잡듯 부지런히 실천하며 수양하고, 진액이 오르듯 독서에 힘쓰고, 가지와 잎이 돋아나듯 널리 보고 들으며 두루 돌아다녀야 한다. 그렇게 해서 깨달은 것을 헤아려 표현한다면, 그것이 바로 좋은 글이요 사람들이 칭찬을 아끼지 않는 훌륭한 문장이 된다. 이것이야말로 참다운 문장이라고 할 수 있다. 문장은 성급하게 마음먹는다고 해서 갑자기 이루어지는 것이 아니다."

– 한정주 외, 『조선 지식인의 글쓰기 노트』, 포럼, 2007년, 255~256쪽.

다산에게 글쓰기는 나무를 키우는 일과 같았다. 우리는 다산의 생각에 전적으로 동의하며, 그와 같은 믿음을 품고 이 책을 썼다. 꽃과 열매는 나무의 결실이며 나무의 생명력은 뿌리와 줄기의 튼실함에 달려 있다. 책 쓰기의 뿌리는 나 자신이고, 줄기는 내게 주어지고 또 만들어나가는 하루하루다. 다시 말해 나라는 존재와 일상적 삶이 책의 뿌리와 중심이다.

우리는 지금도 책 집필을 최고의 공부법이자 자기 탐구 방법으로 삼고 있다. 한 권의 책을 쓴다는 건 본인의 화두 또는 절실한 문제를 풀기 위해 스스로 질문하고 성찰하고 답을 찾아가는 과정이다. 책 쓰기는 성찰과 성장을 연결하는 다리와 같다. 글을 쓴다는 것은 스스로 자신과 삶의 안팎을 살펴보고 사유하고 정리하는 능동적 활동이기 때문에 이런 과정이 쌓이고 쌓여 임계점을 넘을 때 본질적 성장이 가능하다. 이게 끝이 아니다. 성장은 성찰에 동기와 재료와 추진력을 더하여 더 깊은 성찰을 촉진하므로 그만큼 정신이 성숙하고 글쓰기도 넓어지고 정교해진다.

이렇게 성찰과 책 쓰기와 성장은 선순환하며 상승효과를 일으킨다.

그저 그런 책 열 권을 읽는 것보다 좋은 책 한 권을 읽는 게 나은 것처럼, 그저 그런 책 여러 권을 출간하는 것보다 좋은 책 한 권을 내는 게 낫다. 허술한 책이 나오면 결국 후회가 따르게 마련이며, 참다운 경력개발이나 자아실현에 도움이 되지 않는다. 그러므로 자신이 쓰고 있는 책에 온 힘을 다해야 한다. 그게 정석이다. 대충 만족하는 단계에서 걸음을 멈춰서는 안 된다. 첫 책은 자신의 마음에 새겨질 하나의 작품이 되어야 한다.

우리는 이 책을 쓰는 내내 시 하나를 품었다.

그대가 붙잡고 따라가는 한 가닥 실이 있다.
시시때때로 변하는 것들 사이를 지나면서도
이 실은 변하지 않아.
그대가 무엇을 따라가는지 모두 궁금해하니
그대, 이 실이 무엇인지 설명해야겠네.
하지만 사람들 눈에는 이 실이 보이지 않아,
사람들 눈에는 보이지 않아도
이걸 잡고 있는 한, 길 잃을 염려는 없지.
슬픈 일들은 일어나게 마련이어서

사람들은 다치기도 하고 죽어가기도 한다.

그대 역시 고통 속에서 나이를 먹어가겠지.

세월이 펼치는 것은 그대도 막을 수 없으니

오로지 실만은 꼭 붙잡되, 놓치지 말아야 한다.

— 윌리엄 스태포드, 「삶이란 어떤 것이냐 하면」,
이윤기, 『이윤기의 그리스 로마 신화 3』, 웅진지식하우스, 2004년, 282~283쪽.

  우리는 첫 책 쓰기의 '실' 같은 존재가 되어줄 수 있는 책을 쓰고 싶었다. 그리스 신화에 나오는 테세우스가 아리아드네에게서 실타래를 얻어 다이달로스가 만든 미궁을 빠져나올 수 있었듯이, 당신이 이 책을 '실'처럼 붙잡고 가면서 자신의 첫 책을 쓸 수 있기를 진심으로 바랐다. 이제 이 책을 다 읽은 당신의 가슴속에 글을 쓰겠다는 씨앗이 심어지기를 기대한다. 당신의 손으로 첫 페이지를 쓰기 시작하길 바란다. 그 첫걸음이 첫 책을 구워내는 불씨가 되어줄 것이다. 작은 꽃씨가 꽃밭을 이루고 미약한 불씨가 장작불이 되는 날, 당신의 첫 책이 세상에 환한 불티를 날리면서 향기롭게 등장하리라 믿는다.

  모든 인간의 삶은 저마다 한 편의 놀랍고 감동적인 이야기다. 삶은 관조하거나 읽는 게 아니라 스스로 써나가는 것이다. 그런 점에서 우리 모두는 스스로의 인생에서 독자가 아니라 저자다. 책 한 권을 써내는 과정은 자신의 인생을 적극적으로 써내는 행위다. 책은 평범한 사람들이 한 분야의 전문가로 도약할 수 있는 창조적 투자다. 당신 인생에서 무엇을 남기려는가? 평생에 책 한 권은 써야 하지 않겠는가? 자신에게 책 한 권을 선물해보고 싶지 않은가?

오병곤, 홍승완

개정판 저자 후기_ 오병곤 ;

나의 이야기를 만들자

뭐가 뭔지 모르고 첫 책을 출간한 지 10년이 지났습니다. 이제야 책을 쓰는 일이 손에 잡힐 듯합니다. 하지만 그러다가도 문득 어디로 가야 할지 모르는 순간을 만나게 됩니다. 매양 글 쓰는 일은 어려운 일입니다. 그러면 "너는 왜 책을 쓰려고 하느냐?" 라는 본원적인 질문에 또 맞닿게 됩니다. '내 인생의 첫 책 쓰기' 프로그램을 운영하면서 이 질문을 수없이 받았습니다. 이유는 저마다 다르겠지만, 제 기준으로 가장 많이 답변한 말은 "첫 책의 감흥(이른바 '뽕맛')을 느낄 수 있다. 세상에 이만한 성취가 없다"였습니다. 지금 다시 이 질문 앞에 선다면 이렇게 말하고 싶습니다. "책 쓰기는 자기 삶과 생각을 키우는 매력적인 공부다."

책을 써냈느냐 못지않게 어떻게 썼느냐도 중요합니다. 이 책 부록에 들어가 있는 출간일기는 우리가 책을 쓰면서 성장한 기록입니다. 굳이 책에 출간일기를 넣은 이유는 책 쓰기는 출간 자체가 목적이 아니라 좋은 책을 만들기 위한 성장의 기록이어야 하기에 그것을 적나라하게 보여주고자 함이었습니다. 부디 책을 쓰는 과정을 즐기십시오. 즐긴다는 것은 책을 쓰는 순간순간에 정성을 다하는 것입니다. 어떤 날은 뮤즈가 찾아와 글이 술술 풀리지만, 어떤 날은 머리를 쥐어짜도 도무지 글이 앞으로 나아가지 않을 것입니다. 그래도 멈추지 마십시오. '나는 쓴다. 고로 나는 존재한다.' 이것이 작가의 정신입니다. 인생이 그러한 것처럼 희·노·애·락을 정성껏 만나는 경험이 중요합니다.

지난 10년 동안 일곱 권의 책을 쓰면서 나는 무슨 이야기를 하고 싶었는지 돌이켜보았습니다. 전달이 잘 되었든 아니든, '나의 이야기를 진실하게 말하고 또 만들어가라'라는 것이었습니다. 글 쓰는 사람의 입장에서 보면 인생은 한 권의 책과 같습니다. 인간은 누구나 저마다의 이야기를 갖고 있고 어떤 방식으로도 표현하고 싶어 하는 이야기꾼입니다. 그런데 우리는 자기 이야기를 하기 어려워하고, 또 자기 이야기를 해본 적도 별로 없습니다. 누구의 이야기를 들어준 경험도 마찬가지입니다. 무관심하거나 단지 정보만 교환할 뿐입니다. 카를 융은 "우리는 주변에 사람이 없기 때문이 아니라 자신이 중요하다고 생각하는 것을 남에게 전달할 능력이 없기 때문에 고독한 것이다"라고 말했습니다. 그의 말처럼 내가 중요하게 생각하는 나의 이야기를 해야 고독에서 해방되는지 모르겠습니다만 자기 이야기를 할 수 있는 용기를 갖고 희망을 담아 적확하게, 구체적으로, 자발적으로 소통하는 일은 인간으로서 살아가는 소중한 경험이며 보람일 것입니다. 책을 쓰는 일은 이 세상에서 나만의 이야기를 만들고 나만의 세상을 축조하는 일입니다. 이 세상에 내 세상도 하나 있어야 하지 않겠습니까?

제가 갖고 있는 작가로서의 지론은 '작가는 자신이 하고 싶은 말을 하기 위해 공부하고 써내는 사람'입니다. 부족하면 채우면 됩니다. 글은 손으로 쓰지만 쓰기 위해서는 도서관과 서점을 순례하고, 책을 읽고 정리하고, 사람들을 만나고, 일상에서 감각을 열고, 성찰하고 적용하고 실험하는 과정이 필요합니다. 어찌 보면 책은 몸으로 쓰는 일인지 모릅니다. 유명한 사람들은 출판사에서 책을 기획하고 섭외하니 여러 기회를 만날 수 있지만, 평범한 우리는 내 손으로 직접 내 인생과 직업과 관심사를 다룬 책을 기획하고 공부하여 글을 써야 합니다. 우리 모두는 그 누구도 대신할 수 없는 자기 삶의 연구자입니다. 박노해 시인의 시를 나누고 싶습니다.

우리 모두는
자기 삶의 연구자가 되어야 한다네

내가 나 자신을 연구하지 않으면
다른 자들이 나를 연구한다네
시장의 전문가와 지식장사꾼들이
나를 소비자로 시청자로 유권자로
내 꿈과 심리까지 연구해 써먹는다네 (…)

– 박노해, 「자기 삶의 연구자」, 『그러니 그대 사라지지 말아라』, 느린걸음, 2010년, 36쪽.

이 책을 쓰는 동안 저는 한 뼘 자랐습니다. 자기다운 책을 쓰며 함께 고민하고 웃고 진심으로 책 출간을 축하해준 '내 인생의 첫 책 쓰기 프로그램' 글벗들에게 고마운 마음 전합니다. 4월의 봄이 오면 간절히 생각나는 저의 스승님은 이 책과 제 삶에 씨앗을 뿌리셨습니다. 이 책과 함께 훌쩍 커버려 이제 어엿한 숙녀가 된 두 딸 재은이, 재아와 자유로운 영혼이라 제멋대로 걸어가는 제 옆에 늘 자리를 지키며 배려해준 아내에게 감사의 말을 전합니다.

삶은 책이 되고
책은 삶이 된다

이 책의 초판은 내게 특별합니다. 이제껏 쓴 책들 가운데 가장 몰입해서 쓴 책이기 때문입니다. 쓰고 싶은 주제였고 쓸 준비가 되어 있었으며 좋은 사우와 함께 썼습니다. 이 책을 쓰기 전까지 글을 잘 쓴다고 생각해본 적이 없었습니다. 그런데 이 책을 쓰며 글쓰기 실력이 많이 늘었습니다. 당시에는 몰랐는데 돌아보니 책을 쓰는 과정이 글쓰기 심층 훈련이었습니다. 초고는 한 달이 채 안 걸려 미친 듯이 쓰고, 초고를 여러 번 수정했으며, 공저자와 원고를 열 번 넘게 교차 검토했습니다. 한마디로 열과 성을 다해 썼습니다.

그래서 초판이 나오고 10년 가까이 지나 책이 절판되었을 때 그냥 묻어두고 싶지 않았습니다. 그렇다고 제목과 표지만 바꿔 재출간하고 싶지도 않았습니다. 개정판을 내서 초판보다 나은 모습으로 거듭나게 하고 싶었습니다. 개정 작업을 시작하면서 한 가지 원칙을 세웠습니다. '매일 한다.' 매일 써야 책을 쓸 수 있듯이 매일 수정해야 좋은 개정판을 만들 수 있으니까요.

어떤 면에서 책을 쓴다는 건 그때의 나를 정교하게 기록해두는 일입니다. 그동안 읽은 책과 경험한 일과 가슴에 품어온 생각이 기록으로 남아 씨앗처럼 나를 형성합니다. 초판 원고를 다시 보며 10년 전 나를 만났습니다. 이 책의 초판을 쓸 때 첫 책을 쓴 과정을 돌아봤다면 개정 작업을 하면서는 지난 10년의 집필 과정을 돌아봤습니다. '처음'을 되새기는 시간이었습니다. '처음 시작하는 그 마음으로' 다시 한번 불타오르고 싶습니다. 다만 이제는 폭풍이나 화산이 아닌 파도와 모닥불처럼 쓰고 싶습니다.

책 쓰기는 과거의 나에 관한 기록을 넘어 현재의 나를 성찰하고 앞으로 만나고 싶은 나를 그려보는 길이기도 합니다. 책은 자기 자신을 비추는 거울입니다. 유리 거울은 우리 겉모습을 비춰주고, 책 거울은 우리 존재와 삶을 비춰줍니다. 한 권의 책을 쓴다는 건 직접 거울을 만들어 자신을 갈고닦는 과정입니다. 성실히 글을 쓰고 한 권의 책으로 묶는 일이 자기를 재발견하고 자기다운 삶을 모색하는 훌륭한 방법인 이유가 여기에 있습니다.

책을 한 권 두 권 내면서 책을 쓴다는 게 인생과 닮았음을 실 감하고 있습니다. 순간순간이 모여 하루가 되고 하루하루가 쌓여 삶이 되듯이, 한 장 한 장 글로 채워야 책이 됩니다. 모든 인생이 그 삶을 살아가는 사람을 닮을 수밖에 없듯이 모든 책에도 글쓴이의 마음과 언행이 투영됩니다. 삶도 책 쓰기와 다르지 않습니다. 인생은 온전히 내가 한 단어, 한 문장, 한 페이지씩 써나가야 하는 책입니다. 그러니까 우리 각자는 자기 삶의 저자입니다. 나 자신에게 묻곤 합니다. "내 인생이 한 권의 책이고 내가 그 책의 저자라면 무엇을 어떻게 쓸 것인가?" 책을 한 권 한 권 완성하며 나는 이 질문에 나름의 답을 하고 있다고 믿습니다. 이렇게 삶은 책이 되고 책은 삶이 됩니다.

돌아가신 스승이 떠오릅니다. 내가 글을 쓸 수 있는 사람이란 걸 가장 먼저 일깨워주고 책을 쓰는 방법을 알려주고, 첫 책을 함께 쓰고 이 책 또한 쓸 수 있도록 계기를 마련해준 한 사람, 구본형 사부님. 늘 감사한 마음 잊지 않고 있습니다. 이 책의 가치를 단번에 알아보고 스승이 좋아하는 봄날 책을 낼 수 있도록 마음 써준 포레스트북스 김선준 대표님과 마수미 편집장님에게 고마운 마음 전합니다.

첫아이를 돌보며 개정판 작업을 했습니다. 아이를 안고서 원고를 검토하고, 아이가 자는 동안 원고를 수정했습니다. 문득 이 책이 늦게 얻은 딸처럼 소중한 존재임을 깨달았습니다. 아마 그래서 아이와 함께 작업하면서도 리듬이 깨지지 않고 힘든 줄도 몰랐나 봅니다. 말은 이렇게 하지만 아내 박현민이 없었다면 어림없는 일입니다. 아내는 부족한 내게서 긍정적인 느낌표를 찾아내고 늘 지지해줍니다. '인생에서 진정한 성공은 당신의 배우자가 시간이 흐를수록 당신을 더 좋아하고 존경하는 것'이라는 글을 어디선가 본 적이 있습니다. 이 기준에서 그녀가 성공하고 있는 만큼 나도 성공하고 싶습니다.

글쓰기나 책 집필에 관한 책을 추천해달라는 요청을 종종 받습니다. 그때마다 나는 여러 책을 권하면서도 정작 이 책은 언급하지 않았습니다. 너무 뻔뻔하고 겸손하지 않은 것 같았거든요. 이제는 주저 없이 이 책을 추천하겠습니다. 그만큼 스스로 성장했다는 자신이 있기 때문입니다.

The First Book
Written by Myself

부록

1. 출간일기

2. 출판사를 사로잡는
   원고 투고 방법

3. 출판사 리스트 및
   투고 메일 주소100

The First Book
Written by Myself

부록 1
출간일기

우리는 이 책을 쓴 과정을 매일 간략한 일기 형태로 정리했다. 그중 일부를 공개하고자 한다. 책을 쓰게 된 계기부터 책이 인쇄되기까지의 주요 과정을 담았다. 일기를 통해 우리가 책을 쓴 과정을 생생하게 볼 수 있고 간접 경험도 할 수 있을 것이다. '오'라고 표기한 건 오병곤, '홍'이라고 표기한 건 홍승완이 썼다. 여기 나오는 원고 내용과 아이디어들은 이 책에 실제로 반영된 것도 있고, 여러 가지 이유로 변경하거나 포함하지 않은 것들도 있다.

책 쓰기 Start 금주하면서 책 쓰기(오)

인사동에서 구본형 사부님을 만났다. 사부님이 깜찍하고 재미있는(?) 제안을 하셨다. 한 달 동안 각자 책 한 권을 쓰자는 거였다. 사부님은 '직장상사'에 관한 책, 나는 '직장인의 첫 책 쓰기'에 관한 책이었다. 사부님은 그 제안에다 슬그머니 한 가지 조건을 덧붙였다. 바로 '금주'였다. 초고를 완성할 때까지 금주! 이게 웬 날벼락인가! 하지만 스승이 몸소 실천하시겠다는데 거절할 배짱이 없었다. 그저 힘없이 "네"라고 대답했을 뿐이다. 사실 애초에 내가 쓰고자 한 책이 지지부진하던 참이라 글을 쓸 만한 동력이 필요했다. 그렇게 이 책의 여정이 시작되었다.

책 쓰기 2일째 공저하기(홍)

아침에 병곤 형과 메신저를 했다. 형이 흥미로운 이야기를 꺼냈다. 사부님이 형한테 '재미있고 끔찍한 게임'을 제안했다는 것이다. 앞으로 한 달 동안 각자 책을 한 권씩 써보자는 제안이었다.

형의 이야기를 듣고 나도 끼워달라고 졸랐다. 마음이 잘 맞는 선배라 좋은 책을 낼 수 있을 거라는 확신이 들었다. 내게도 전환점이 필요한 때였고, 주제도 마음에 들었다. 형한테 책과 관련해 몇 가지 아이디어를 제안했다. 형은 게임의 제안자인 사부님한테 허락을 구했는데, 다행히 사부님이 허락하셨다. 저녁에 우리 책의 개요를 정리했다. 책의 목적, 집필 원칙, 중요한 질문, 역할 분담 등등.

책 쓰기 3일째 **콘셉트 정하기(오)**

인사동 보리밥집에서 승완이를 만났다. 먼저 책의 콘셉트와 목차, 그리고 진행 일정을 의논했다. 우리가 첫 책을 쓴 느낌을 그대로 적어보자고 했다. 몇 가지 콘셉트를 정하고 집필 방향과 역할 분담, 일정 등에 대해서도 의견을 나눴다. 우선, 참고 도서를 찾아보고 각자 가지고 있는 자료를 정리해서 샘플 원고를 하나씩 써보기로 했다. 어떻게 쓸지 생각해보고 이번 주 토요일에 만나서 좀 더 구체적으로 이야기할 예정이다. 시간이 많지 않으니 목차를 세밀하게 작성할 일이 걱정이다.

책 쓰기 6일째 **거칠게 쓰기(오)**

오후에 행사에 참석하고 나서 승완이랑 북한산 자락에 올랐다. 아카시아 향기가 싱그러웠고 바람도 상쾌했다. 일단 목차를 정교하게 다듬기보다는 이제까지 우리가 쓴 책의 집필 과정을 정리해보자고 했다. 책의 콘셉트와 집필 방향은 이미 나왔기 때문에 이것만으로도 충분할 것 같다. 책의 서문과 집필 동기, 집필 과정을 다음 주 토요일까지 각자 쓰기로 했다. 산에서 내려와 광화문 교보문고에 들렀다. 온통 글쓰기 책만 보일 뿐 책 쓰기를 다룬 책은 많지 않았다. 한참을 돌아다닌 끝에 참고할 책 몇 권을 샀다. 승완이가 열심히 하자는 의미로 사색 볼펜을 하나 사주었다. 귀여운 녀석이다.

책 쓰기 9일째 목차 구성하기(홍)

퇴근하는 길에 몇 가지 생각이 뇌리를 스쳤다. 책의 구성을 '가치 → 원칙 → 실천 방법 → 클리닉'의 톱다운 방식으로 정리해보는 건 어떨까? 일목요연하고 체계적으로 정리된 느낌이 들지 않을까? 책 쓰기에 관해 좀 더 체계적인 프로세스를 제시할 수 있을 것이다. 그리고 책 쓰는 걸 어렵다고 생각하는 사람들한테 상대적으로 쉽게 배울 수 있는 다른 것(요리, 운동 등등)과 비교해주면 쓰기가 한결 친숙하게 다가가지 않을까? 좀 더 고민해봐야겠다. 잠을 자려고 누웠는데 머릿속이 온통 잡념으로 가득하다. 내가 지금 뭐 하고 있지? 잘 살고 있는 거야? 그래, 피할 수 없으면 즐겨라. 집중해서 속전속결 하는 것만이 자유를 얻는 길이다.

책 쓰기 10일째 서문 쓰기, 유혹 뿌리치기(오)

중국 출장보고서를 작성하느라 종일 시달렸다. 틈틈이 짬을 내서 서문의 초고를 작성했다. 퇴근길에 지하철에서 1차 수정을 했다. 지하철역에서 집까지 10분 남짓 걸어가는 길은 유혹의 길이다. 김치 삼겹살에 소주나 한잔했으면 하는 마음 간절하다. 그러나 마음을 다잡고 씩씩하게 지나친다. 얼른 집에 가야지. 퇴근하고 나서 뭔가 할 일이 있다는 게 너무 좋다.

책 쓰기 11일째 야근해도 써야 한다(홍)

회사 일이 점점 많아지고 있다. 벌써 며칠째 야근을 하고 있다. 하지만 집에 오자마자 글을 쓰기 시작했다. 매일 조금이라도 쓰는 것이 중요하다. 그런데 글이 잘 써지지 않는다. 자주 경험하는 일이지만 이럴 때마다 가슴이 답답해진다. 그래도 써야 한다. 어느 작가의 말처럼 글쓰기란 궁둥이를 붙이고 앉아서 뭔가가 일어나도록 하는 일이 아니던가.

책 쓰기 15일째 목차 확정, 일정 정하기(홍)

저녁에 인사동에서 병곤 형을 만났다. 열흘 만에 보는데 살이 조금 빠진 듯했다. 간단하게 저녁을 먹고 책에 대해 이야기를 나눴다. 형이 새로 다듬은 목차를 함께 살폈다. 서로 의견을 주고받으면서 목차를 수정했다. 목차 수정만 벌써 일곱 번째다. 덕분에 목차가 한결 탄탄해진 것 같다. 뼈대가 튼실하고 논리도 일관성이 있어 보인다. 독자층, 전반적인 글 분위기 맞추기 등 몇 가지 이슈에 대해 의견을 나누고 방향을 정했다. 그리고 '절'을 기준으로 각자 쓸 부분을 정하고, 앞으로의 작업 일정을 세웠다. 집에 와서 절에 들어갈 구체적인 글감과 키워드를 정리했다. 확신하기는 이르지만, 이제 목차는 어느 정도 확정된 것 같다.

책 쓰기 16일째 **컨디션이 안 좋을 때는 책 읽기(오)**

요즘 컨디션이 좋지 않다. 술을 끊고 몸이 좋아져야 하는데 외려 전보다 더 피곤하다. 출퇴근길에 윌리엄 진서의 『글쓰기 생각쓰기』라는 책을 읽고 있다. 그는 좋은 글의 핵심을 '인간미와 온기'라고 말한다. 가슴에 확 꽂히는 얘기다. 그렇다면 내가 좋은 글을 쓰려면 어떻게 해야 할까? 진실해야 한다. 글쓰기에 홀딱 빠져들어야 한다. 이 책을 읽을 독자의 마음과 하나가 되어야 한다.

책 쓰기 17일째 **집에서 초고 쓰기(홍)**

마음먹고 일찍 퇴근했다. 집에 도착하니 8시. 그때부터 본격적으로 원고를 쓰기 시작했다. 세 개의 절을 동시에 썼는데 하나같이 거칠고 엉성하다. 작업 일정을 정하고 나니 마음이 조급해지고 글도 잘 안 써진다. 하지만 쓰다 보면 조금씩 나아질 것이고 속도도 붙을 것이다. 오늘은 3시간쯤 썼는데, 처음 90분은 상당히 더뎠지만 나머지 시간에는 속도가 붙었다.

책 쓰기 18일째 **피드백 받기(오)**

구본형 사부님께 목차와 서문을 메일로 보냈다. 밤늦게 답신이 왔다. "좋다. 나무랄 데 없다. 이제 어서 불 싸지르듯 내용을 불러와라." 강렬하게 재촉하신다. 책을 쓰면서부터 한 가지 부담이 생겼다. 명색이 책 쓰기에 관한 책인데 이쪽 분야에서 모범이 되어야 마땅하지 않겠는가? 당신들조차 지키지 못할 말을 쓴 것 아니냐는 소리를 듣고 싶지 않다. 글과 삶이 일치하는 걸 보여주고 싶다. 초고를 쓰고 난 후에 우리가 세운 집필 원칙과 실천 방법을 가지고 찬찬히 검증해봐야겠다.

책 쓰기 20일째 **도서관에서 초고 쓰기(오)**

아침 겸 점심을 먹고 가방을 싸 들고 도서관에 갔다. 집에서는 아이들 때문에 집중하기가 어렵다. 휴일인데도 도서관은 사람들로 북적거렸다. 운 좋게 노트북을 쓸 수 있는 자리를 확보했다. 어제 글을 못 쓴 탓에 오늘은 네 개의 절을 써야 했다. 간단히 쓸 시간을 배분하고 일필휘지로 내달았다. 나는 데드라인을 세워야 집중력이 생긴다. 그렇다고 꼭 짜인 일정을 좋아하는 것은 아니다. 어느새 밤 10시 가까이 되었다. 정리하라는 사서의 말에 서둘러 마침표를 찍었다. 만족할 만한 수준은 아니지만 오늘 목표는 달성했다.

사실 나는 완벽주의 성향이 강해서 쓰기 전에 자료를 많이 모으고 세밀하게 구성하는 편이다. 그렇다고 꼭 잘 쓴다는 보장은 없다. 오히려 자꾸 미루는 경향이 있다. 그러나 이번에는 거칠고 투박하지만 한걸음에 내달렸다. 나중에 여러 번 고쳐 쓰면 된다고 자꾸 자기암시를 해본다. 한 번에 모든 일이 술술 풀리면 좋으련만, 인생이 시련이라는 과정을 거쳐야 잘 풀리는 것처럼 글도 되돌아보고 고치는 일이 반복될 때 자꾸 좋아지는 것이다.

책 쓰기 22일째 **운수 좋은 날(홍)**

지금 시각, 새벽 1시 52분. 두 개의 절을 썼다. 회사 일로 늦게 퇴근하는 바람에 10시 30분에 집에 도착해서 오자마자 책상에 앉았다. 다행히 집으로 오는 버스 안에서 오늘 쓸 원고를 어떻게 구성해야 할지 윤곽을 잡았다. 이런 날은 운이 좋은 날이다.

'뜻밖의 발견'이라고 할 수 있는데, 우연을 행운으로 바꾸는 힘이 생겼다. 이것이 가능한 이유는 두 가지다. 첫째, 무엇을 어떻게 써야 할지 머리에 담아두고 있기 때문이다. 잊고 있는 것 같아도 무의식중에 작업을 한다. 그러다 어느 순간 뭔가가 탁 떠오르고 그것이 기존의 내용과 연결되며 돌파구가 열린다. 둘째, 데드라인을 정하고 써서 집중력이 높아지기 때문이다. 쓸 주제를 정해놓고 한정된 시간에 쓰다 보니 속도가 붙는다. 글쓰기는 실험이고 모험이다. 많이 실험하고 새로운 모험을 감행해야 인식이 넓어지고 새로워진다.

책 쓰기 28일째 **초고 완성(오)**

어제는 아침 일찍 도서관에 가서 밤늦게 귀가했다. 오늘까지 초고를 완성하기로 했기 때문이다. 아주 거칠지만 목표를 달성한 보람찬 하루다. 머릿속이 꽉 찬 것 같아 뿌듯하다. 새벽녘까지 뒤척이다가 아침이 돼서야 겨우 잠이 들었다. 늦게 일어나 간단히 점심을 먹고 수락산에 올랐다. 금방이라도 비가 쏟아질 것 같았다. 아니나 다를까, 하산할 때는 마구 쏟아졌다. 온몸이 비에 흠뻑 젖었다. 문득 이런 생각이 뇌리를 스쳤다. 나는 책을 쓰면서 흠뻑 젖었는가? 이 책을 읽을 독자들의 마음을 흠뻑 적시게 하는 글을 쓰고 있는가? 내일부터 승완이와 크로스 체크를 하면서 정교하게 보완해나가야겠다.

책 쓰기 29일째 **원고 통합하기(오)**

승완이한테 원고를 받아 합쳤다. 얼핏 보니 나랑 원고 쓰는 방식이 달랐다. 승완이는 관련 자료를 최대한 모아서 썼다. 개중에는 자료만 모아둔 원고도 있다. 내가 맡은 원고는 자료 수집이 어려웠던 까닭에 그냥 하고 싶은 이야기를 중심으로 써나갔다. 승완이의 원고는 쓸거리가 풍부하다는 장점이 있고, 내 원고는 할 얘기가 명확하다는 장점이 있다. 서로의 장점을 흡수하여 보완하면 완성도가 높아질 것이다.

퇴근길에 에필로그에 대한 아이디어가 떠올랐다. 이 책의 독자 대부분이 평소 책은 읽을 것이다. 그들의 책 읽기를 어떻게 책 쓰기로 전환시킬 것인가? 그 디딤돌을 어떻게 놓을 것인가? 이런 부분을 건드리는 것이 관건이다. 굳이 에필로그가 아니더라도 별도 원고로 써도 좋을 것 같다.

책 쓰기 32일째 **초고 1차 수정하기(홍)**

이번 주는 월요일에서 수요일까지 단 한 줄도 쓰지 못했다. 회사 일이 너무 많았다. 매달 두 번째, 세 번째 주는 늘 이렇다. 이 기간을 '원고를 숙성시키는 시간'이라고 자신을 다독였지만, 사흘 동안 아무것도 쓰지 못했기 때문에 조바심이 났다. 어떻게든 글 쓸 시간을 확보하기 위해 점심을 거르고 일했다. 퇴근하고 집에 오니 9시. 빵으로 끼니를 때우고 병곤 형이 통합한 원고를 봤다. 3시간 동안 A4 용지로 230쪽을 살펴보고 원고에 내 의견을 달았다. 첫 책을 낸 저자들과 출판사 관계자의 인터뷰 계획을 세우고 질문지 초안도 작성했다. 다 하고 나니 새벽 1시 51분, 힘들다.

책 쓰기 35일째 **책 쓰기의 즐거움(홍)**

지금까지 해온 작업을 공유하고 점검하기 위해 병곤 형과 사부님 댁에서 만났다. 사부님께서 우리를 위해 3층을 통째로 빌려주셨다. 통합 원고에 대해 형이 정리한 것을 중심으로 의견을 나누고 조율했다. 형이 원고를 꼼꼼히 검토해주어서 큰 도움이 되었다. 협의를 마치고 초고 수정 작업에 착수했다. 북한산의 기운을 받아서일까, 수정 작업이 술술 잘 풀렸다.

공간의 중요성을 새삼 깨달았다. 사부님 댁은 위치가 참 좋다. 풍광도 공기도 최상급이다. 뒤에는 바로 북한산이 있고 앞으로는 인왕산이 보인다. 서울에 이런 곳이 있을까 싶을 정도로 안락하고 조용하고 신선하다. 날씨가 더운데도 우리가 작업하는 방은 큰 창으로 불어드는 바람 덕분에 선선했다. 발코니에서 피우는 담배는 어느 때보다 맛있었다. 이런 곳에서 좋아하는 음악을 틀어놓고 글을 쓸 수 있어 행복하다.

책 쓰기 37일째 **책 제목 생각하기(오)**

프로젝트 오픈이 얼마 남지 않아 여의도와 구로디지털단지를 오가며 일한다. 저녁 시간에 잠시 짬을 내서 거친 원고 한 절을 수정했다. 마감일이 다가오니 제목과 관련하여 생각이 많아진다. 지금 드는 생각은 이렇다. '책 쓰기 시대가 오고 있다.' 『프리에이전트의 시대가 오고 있다』라는 책처럼 이제 책 읽기를 넘어 책 쓰기로 진입하고 있음을 알려주는 제목이 어떨까. 다른 책 쓰기 관련 책들이 한결같이 말하는 게 있다. '누구나 책을 쓸 수 있다!'라는 것. 난 여기에 태클을 걸고 싶다. 누구나 책을 쓸 수 있다고? 아니다. 단지 진입장벽이 낮아졌을 뿐이다. 예나 지금이나 책을 쓰는 능력과 자세는 달라진 게 없다.

책 쓰기 41일째 **초고 1차 수정 완료(홍)**

내가 맡은 원고의 1차 수정을 마무리했다. 절로 따지면 총 23개이고, 분량으로는 A4 용지로 약 140쪽이다. 병곤 형과 책을 쓰기로 한 날을 기준으로 딱 40일이 걸렸다.

평소의 글 쓰는 시간을 고려하면 이번 원고는 꽤 짧은 기간에 썼다. 하지만 실제 글쓰기에 소요된 시간을 따지면 이전과 크게 다르지 않은 것 같다. 전보다 글 쓰는 시간을 많이 확보했기 때문이다. 내가 어떻게 시간을 확보했는지 생각해봤다. 방법은 간단했다. 첫째, 금주했다. 보통 일주일에 두세 번 술을 마셨지만, 지난 40일 동안은 한 번도 마시지 않았다. 둘째, 약속을 잡지 않았다. 전에는 일주일에 3일은 약속이 있었는데 그런 약속을 모두 없앴다. 셋째, 주말을 낭비하지 않았다. 총 여섯 번의 주말 중에 '꿈벗 모임'이 있던 날을 제외하고는 하루에 8시간을 꾸준히 썼다. 물론 책 읽고 자료 찾는 데 걸린 시간은 빼고 계산한 것이다.

책 쓰기 42일째 **책을 쓰는 마음(오)**

승완이가 몸살 기운이 있다고 해서 나 혼자 도서관에서 원고 수정을 했다.

거친 원고 네 개를 수정했다. '목차 구성하기', '원고 한 절 쓰기', '친절하고 매력적인 저자가 되라', '싱싱한 재료를 찾는 법'이 그것인데, 역시 프로세스 만드는 게 어렵다는 걸 실감한다. 책 쓰기 전체를 관통하는 프로세스를 1~2장으로 정리해서 넣으면 좋겠다는 생각이 들었다.

이제 1차 원고 수정이 막바지에 이르렀다. 이번 주말에는 승완이하고 원고 하나하나를 해부하면서 완성도를 높여야겠다. 출판사와 저자 인터뷰도 진행해야 하고, 이번 주는 바쁜 한 주가 될 것 같다.

책 쓰기 46일째 크로스 체크 하기(홍)

지금 시각, 새벽 2시. 어제부터 병곤 형과 초고를 크로스 체크 하기 시작했다. 이제 우리는 무사이자 조각가가 되어야 한다. 무사처럼 잘라내고 조각가처럼 세심하게 다듬어야 한다.

초고를 죽 살피면서 코멘트를 달았다. 현재 원고 분량이 프롤로그, 에필로그, 부록을 빼고도 230쪽 정도 된다. 많이 줄여야 할 것 같다. 크로스 체크도 두 번은 해야 하지 싶다. 이번에 1차로 크게 다듬고, 2차로 세밀하게 다듬어볼 생각이다. 두 번의 크로스 체크 사이에 각자의 원고를 한 번 더 수정해야 할 것 같다. 그때 출판사와 저자 인터뷰를 넣는 작업도 함께 해야 한다. 목차는 수시로 다듬어야 하고, 에필로그는 다음 달 첫째 주에 작성해야겠다. 이번 주말에 진행하는 협력 작업이 중요하다.

책 쓰기 47일째 출판사 인터뷰하기(오)

어제, 오늘 출판사 관계자를 만났다. 승완이가 만든 질의서를 사전에 보내고 약속 시간을 정해서 인터뷰를 진행했다. 주된 질문은 출판사 입장에서 매력적인 저자와 원고는 무엇인지에 대한 내용이었지만, 실제 인터뷰는 주제를 한정하지 않고 자유롭게 진행했다.

어제는 나의 첫 책을 낸 한빛미디어 유종열 이사와 임성춘 부장을 한정식집에서 만났다. 그리고 오늘은 두 번째 책을 낸 고즈윈의 고세규 대표를 만났다. 책 쓰기 전반에 관한 이야기를 나눈 의미 있는 자리였다. 정리가 필요해서 메모의 달인 김귀자 연구원을 대동했다. 출판사의 생생한 이야기를 들으면서 출판사 입장에서 원하는 원고와 저자에 대한 생각이 분명해졌다.

책 쓰기 50일째 **목차 다듬기(홍)**

토요일은 오랜만에 휴식을 취하고, 일요일에는 병곤 형을 만나 원고를 다듬었다. 서로 크로스 체크 한 것을 중심으로 목차를 고치고 다듬었다. 대학로 카페에 가서 브레인스토밍을 하면서 목차를 다듬었는데, 결과가 아주 좋았다.

오늘 업데이트한 목차에 따라 전반적인 원고 수정 작업을 시작했다. 앞으로 목차에서 수정한 부분뿐만 아니라 내가 맡은 모든 절을 손봐야 한다. 오늘 열심히 했지만 다섯 개 절밖에 고치지 못했다.

책 쓰기 56일째 **고쳐 쓰기 마무리(홍)**

그제 5시간, 어제 8시간, 오늘 8시간을 썼다. 총 21시간이다. 출간일기를 정리하는 데 쓴 2시간을 빼고는 모두 퇴고 작업을 했다. 3일이면 총 72시간이니 전체의 34퍼센트를 글쓰기에 바친 셈이다.

이제 고쳐 쓰기도 어느 정도 마무리된 듯하다. 출간일기도 대강 정리했다. 아직 다듬지는 못했다. 내일 병곤 형의 원고와 통합하고, 화요일부터 출판사를 접촉할 생각이다. 크로스 체크를 한 번 더 하고, 출간일기와 인터뷰, 에필로그를 마무리 지으면 최종 원고가 완성될 것이다. 아마 다음 주말에는 끝낼 수 있을 거다.

오늘 출간일기를 살펴보면서 일기를 쓰길 잘했다는 생각이 들었다. 그동안 내가 어떤 과정을 거치며 어떤 생각과 느낌을 가지고 원고를 썼는지 생생히 돌아볼 수 있었다. 출간일기를 보는 내내 가슴이 뜨거웠다. 나는 최선을 다했는가? 이 질문에 적어도 지금까지는 그렇다고 답할 수 있을 것 같다.

책 쓰기 60일째 **출판사 원고 보내기(오)**

3시간쯤 작업을 했다. 절반은 김귀자 연구원이 1차로 정리한 고세규 대표와의 인터뷰를 다듬었고, 나머지 시간은 출판사에 보낼 자료(출간기획서)를 준비했다. 고세규 대표의 인터뷰는 내용이 좋다. 본문 여러 곳에 녹여내기보다는 부록이나 다른 곳에 별도로 넣는 게 좋겠다. 내일 출판사 세 곳에 출간기획서와 함께 목차와 서문, 샘플 원고 세 개를 보낼 예정이다. 모두 평소에 관심을 가지고 있는 출판사들이다. 이번 책은 편집력과 디자인 역량이 뛰어난 출판사에서 멋지게 매혹적으로 나왔으면 좋겠다.

책 쓰기 67일째 **에필로그 쓰기(홍)**

에필로그와 저자 후기를 썼다. 에필로그는 병곤 형이 쓴 걸 수정하고 내 생각을 더했다. 후기를 쓰면서 가슴이 또 뜨거워졌다. 여러 생각이 떠올랐다. 쓰고 싶은 주제를 써야 한다. 공저에서는 무엇을 쓰는가만큼이나 누구와 쓰는가도 중요하다. 인터뷰에 성심을 다해 응해준 변화경영연구소의 동료 연구원들과 출판사 편집자들을 향한 고마움, 이런 생각과 감회가 가슴을 가득 채웠다. 무엇보다 이번 작업을 통해 '절제'에 대해 몸으로 익히고 실천할 수 있었다. 그동안 내게 부족했던 것 중 하나가 절제였다. '술 끊고 책 쓰기'라는 놀이를 제안해주신 구본형 사부님의 얼굴이 눈앞에서 아른거린다.

책 쓰기 73일째 **출판사 피드백(홍)**

며칠 간격으로 출판사에서 연락이 왔다. 가장 먼저 연락 온 곳의 반응은 부정적이었다. 일반인의 책 쓰기라는 트렌드가 이미 지났다고 생각하는 듯했다. 즉 많이 팔리지 않을 책이라는 게 피드백의 요지였다. 나머지 두 곳에서는 긍정적인 반응을 보였다. 그중 한 곳에서는 현재 진행 중인 책들 때문에 올해는 출간하기가 어렵다고 했다. 우리는 올해 가을, 늦어도 11월 초에는 책을 내겠다는 목표를 가지고 있기 때문에 고민해봐야 할 것 같다. 다른 출판사와는 다음 주에 미팅하기로 했다. 평소 이 출판사에 대한 느낌이 좋왔다. 책을 세련되게 잘 만드는 것 같다. 특별한 일이 없다면 이 출판사와 계약하고 싶다.

책 쓰기 79일째 출판사와 계약하기(오)

퇴근 후에 승완이와 함께 출판사를 방문했다. 1시간가량 대화를 나눴는데 잘될 것 같다. 편집 담당 팀장은 이 책의 콘셉트와 핵심 메시지를 단번에 파악했다. 처음 만났지만 대화가 잘되었다. 며칠 내에 출간 계약을 하기로 했다. 여러 책의 마감 때문에 여유가 없는 상황이었음에도 넘치는 관심을 보여주었다. 이 정도로 적극적인 관심을 보여주는 출판사를 만나기는 쉽지 않다. 저자로서 고마울 따름이다.

미팅이 끝나고 승완이와 근처 식당에서 저녁을 먹었다. 기분 좋게 소주 잔을 부딪쳤다. 중요한 고비를 잘 넘긴 것 같다. 출판사에 원고를 넘기기 전에 크로스 체크를 한 번 더 하기로 했다. 원고를 크고 작게 수정한 것이 몇 번인지 이제는 기억도 나지 않지만, 그래도 한결 가벼운 마음으로 할 수 있을 것 같다. 기분 좋은 밤이다.

책 쓰기 137일째 후속 작업 진행(홍)

며칠 전 출판사에서 원고에 대한 편집자의 피드백과 잠재 독자들의 의견을 보내왔다. 병곤 형과 함께 피드백을 검토했는데 출판사에서 우리 원고를 세심하게 검토했음을 알 수 있었다. 피드백은 구체적이고 적절했다.

출판사의 피드백에 맞춰 이번 주 내내 원고를 수정했다. 병곤 형은 제 1장의 구성과 내용을 좀 더 탄탄하게 수정했고, 나는 '클리닉'에 포함된 아홉 개 절의 분량을 절반으로 줄이고 내용을 다듬었다. 그리고 편집자에 대한 절 하나를 추가했다. 출간일기는 내가 1차로 수정하고 병곤 형이 최종적으로 다듬었다. 마지막으로 각자가 수정한 부분을 크로스 체크 했다. 수정한 부분을 보니 편집자의 피드백이 적절했음을 다시 한번 확인할 수 있었다. 수정하는 기간에는 하루에 4시간 이상 잠을 자지 못했다. 무척 피곤

하지만 원고가 좀 더 나아져서 흐뭇하다.

책 쓰기 170일째 **교정 작업(오)**

출판사에서 교정 작업을 마친 최종 원고를 보내왔다. 대개 이때는 교정과 디자인을 마치고 인쇄하기 직전의 원고를 검토하게 된다. 주말에 내가 한 번 보고 승완이가 다시 한번 검토한 후에 출판사로 보냈다. 내일이면 표지 디자인이 나오고, 이후에 출판사에서 마지막으로 표지와 본문을 점검하고 인쇄에 넘길 예정이다. 넉넉잡고 다음 주말이면 따끈따끈한 책을 손에 쥐게 될 것이다.

출판사를 사로잡는 원고 투고 방법

_김선준(포레스트북스 대표, 전 다산북스 콘텐츠개발 팀장)

1. 출판사는 투고 원고를 읽어볼까?

"출판사는 투고 원고를 읽어보기는 합니까?" 예비 저자들에게 가장 많이 듣는 질문입니다. '내 원고는 책으로 나오기에 충분한 내용을 갖춘 것 같은데'라고 생각하는데도, 수십 곳에 투고해도 늘 반려 메일을 받기 때문입니다.

처음 서너 번은 '첫술에 배부를 수는 없지. 몇 군데 더 보내보자'라고 생각하지만, 투고하고 반려당하는 횟수가 늘어날수록 '나는 언제쯤 출판사와 계약하고 책을 낼 수 있을까?', '도대체 내 원고는 뭐가 부족한 걸까?' 이런 생각이 듭니다. 급기야 '원고가 문제가 아니라 내가 무명이라서 그런 게 아닐까?', '내 원고를 읽어보지도 않은 거 아니야?' 등 의심, 분노, 회의의 마음으로 가득 차게 됩니다. 그리고 문제의 원인을 '내 원고'가 아닌 '남 탓(무명이라서, 출판사가 원고를 읽어보지 않아서 등의 외부요인)'으로 단정지어버립니다.

결론부터 말씀드리면, 출판사는 당신의 투고 원고를 읽었습니다. 그리고 한 가지 꼭 해주고 싶은 말은, 출판사의 선택을 받지 못한 이유를 외부 요인으로 돌리는 순간 책 출간의 가능성은 제로가 된다는 것입니다.

물론 유명 저자를 선호하는 곳도 있습니다. 인지도가 있고, 셀링 파워가 있는 저자라면 훨씬 유리하겠지요. 하지만 꼭 유명 저자만 책을 내는 것은 아닙니다. 무명이 불리할 수는 있지만, 출판사 문턱을 넘지 못할 이유는 아닙니다. 지금 이 순간에도 무명 저자의 원고가 매일 계약되고 있고, 책으로 출간되고 있습니다.

'내가 무명이기 때문에 받아주지 않는 거야'라고 생각하지 말고, '내 원고는 무엇이 부족한 걸까?'를 고민하면 출판의 길이 열릴 것입니다. 출판 현장에 있는 에디터의 입장에서 말씀드리면, 소위 '되는 원고'는 출판사 20~30곳에 보내면 최소 두세 곳에서는 계약하자고 연락이 옵니다. 한 곳에서만 연락이 오기보다는 여러 곳에서 연락이 오거나 한 곳에서도 안 오거나입니다. 그 이유는 당연합니다. 출판사들이 찾는 원고나 판단하는 기준이 어느 정도 비슷하기 때문입니다.

책은 하나의 상품입니다. 단순히 글이 좋다고 또는 전하고자 하는 메시지가 좋다고 책이 될 수는 없습니다. 조금 비정한 이야기일 수 있지만, 좋은 글은 이미 넘쳐납니다. '좋은 글+무언가'가 있어야 합니다. 독자들이 그 무언가 때문에 이 책을 갖고 싶다는 마음이 들고, 이 책이 자신에게 의미가 있다는 것을 전할 수 있으면 좋은 상품이 될 수 있습니다. 원고를 쓰면서 다른 저자들과 차별화할 수 있는 나만의 무언가를 함께 찾는다면, 출간의 꿈을 앞당길 수 있습니다.

2. 당신의 투고 원고가 반려당한 이유

"도대체 뭐가 부족한지 모르겠습니다. 내 원고가 반려당한 이유가 뭡니까?"

이 역시 예비 저자들에게 많이 듣는 질문 중 하나입니다. 그들은 출판사로부터 반려 메일을 받으면 "내 원고가 뭐가 부족해서 책이 될 수 없는 겁니까?", "원고의 어떤 부분을 보강하면 되나요?"라고 묻습니다.

하지만 이 질문은 수학 문제처럼 답이 딱 정해져 있진 않습니다. 같은 원고도 보는 사람마다 판단의 기준과 취향이 다르기 때문입니다. 그러니 반려하는 이유도 제각각일 수밖에 없습니다. 그럼에도 예비 저자들의 이해를 돕기 위해 보편적이고 상식적인 기준에서 몇 가지를 말씀드리겠습니다.

첫 번째, 나만의 진정성이 있는가.

투고 원고를 검토하다 보면, '내 글'이 아닌 '남의 글'을 내 것인 양 가져온 경우가 많습니다. 단순히 '복사하기+붙여넣기'로 도용한 글만을 이야기하는 것은 아닙니다. 여기서 말하는 나만의 진정성이란, 글을 쓰는 주체가 '나'여야만 한다는 뜻입니다. 진정성이 없는 원고는 열에 아홉은 반려당할 수밖에 없는 반면, 진정성을 담은 원고는 좀 더 눈여겨보게 됩니다. 선택은 당신의 몫입니다.

두 번째, 차별화된 요소를 가지고 있는가.

차별화된 요소는 다시 두 가지로 나눌 수 있습니다. 하나는 앞에서 말한 '나만의 진정성'처럼 원고가 담고 있는 본질적인 내용의 차별성입니다. 그리고 다른 하나는 같은 메시지와 내용도 어떤 제목과 어떤 형태로 구현되었느냐, 즉 포장의 차별성입니다. 우리는 이것을 콘셉트라 부릅니다. 본질적인 내용의 차별성은 저자 본인에게서 나오는 것이고, 콘셉트의 차별성은 에디터들이 기술적으로 보완할 수 있습니다. 물론 처음부터 이 두 가지를 모두 가지고 있다면 원고를 투고했을 때 계약할 가능성이 더 높아집니다.

세 번째, 내 원고는 책이 될 가치가 있는가.

책이란 독자가 돈을 내고 구매하는 하나의 상품입니다. 생판 모르는 누군가가 기꺼이 지갑을 열 만큼 그에게 가치가 있어야 하죠. 단순히 '내 원고는 내용이 좋으니 책으로 나와야 한다'고 생각하지는 않나요? 내용이 좋은 원고가 모두 책이 되는 것은 아닙니다. 좋은 텍스트는 세상에 넘쳐납니다. 페이스북 같은 SNS에서는 지금 이 순간에도 수십만 명의 사용자가 좋은 글을 올리고, 공유하고 있습니다. 네이버나 다음 메인 화면만 봐도 유익한 정보와 글이 매일 무료로 업데이트되고 있습니다. '내 원고는 내용이 좋다'라는 생각은 세상에 좋은 글이 얼마나 많은지 모르는 무지에서 비롯된, 우물 안 개구리의 시선일 수 있습니다. 하루라도 빨리 그 우물에서 나와 진짜 세상을 만나야 합니다. 단순히 '내용이 좋아서'에서 그치지 않고 '돈을 내고 사고 싶은 상품(콘텐츠)'이어야 합니다.

20~30곳에 투고를 했는데 답이 없거나 매번 거절 메일만 받는다면, 아직 부족하다는 뜻입니다. 앞에서도 말했듯 계약이 되고, 책이 되는 원고는 서른 곳에 보내면 최소 두세 곳에서는 연락을 받습니다. 괜찮은 투고 원고

를 발견하고 저자에게 연락해보면, 이미 다른 출판사에서도 연락을 받았다는 경우가 많습니다.

서른 곳이 넘는 출판사에 보냈는데 아무도 계약하자는 연락을 하지 않는다면, 내 원고가 무엇이 부족한지 복기해보길 권합니다. '이렇게 좋은 원고를 아무도 알아보지 못한다'라고 생각하는 순간, 출간의 길은 점점 멀어집니다. 반면, '무엇이 부족할까?'라는 질문을 스스로에게 던지면 한 걸음 더 가까워질 것입니다.

3. 출판사는 어떤 원고를 좋아할까?

두 사람의 예를 들어보겠습니다. A는 내로라하는 직장을 그만둔 반면, B는 졸업하고 2년 동안 취준생이었습니다. A는 세계 일주를 하면서 특별한 경험을 많이 했습니다. 그 경험들을 사진과 글로 남겼고 차곡차곡 모았습니다. 이름 모를 곤충에게 물려 죽을 뻔하다 살아났고, 오지에서 만난 부족에게 그들의 문화를 배웠습니다. 잘 알려지지 않은 곳들을 돌아다니며 다양한 이야기를 모았습니다.

B도 세계 일주를 하며 글을 썼습니다. B가 여행한 나라는 A가 여행한 곳보다 평범했습니다. 미국, 프랑스, 영국, 일본, 중국 등 우리나라 여행객들이 이미 많이 가는 곳이고, 국내에 관련 책들도 많이 나와 있는 나라들이었습니다. B가 여행을 다녀와서 책을 쓰겠다고 말하자 부모님은 '그냥 취업이나 하라'며 만류했습니다.

객관적인 스펙만 보면 B보다는 A가 책을 낼 가능성이 높아 보입니다. 하지만 B에게는 진정성이 있었습니다. B는 남보다 특이하고 다양한 경험을 하기 위해 여행하지 않았습니다. 2년 동안 취업의 높은 벽을 경험하면서 B의 마음속 깊은 곳에는 한 가지 궁금증이 생겼습니다. 그것은 바로 '세계 곳곳에 사는 사람들은 다들 무슨 일을 하며 먹고살까?'였습니다.

B가 여행한 곳은 평범하고 친숙한 나라들이었지만, 그는 여행하는 내

내 이 질문을 가슴에 품고 세계 곳곳을 살펴보고 기록했습니다. 그러다 문득 울컥하면서 가슴에 와닿는 것이 생겼습니다. 취업이 중요하지만 전부는 아니라는 깨달음이었죠. 그때부터 세상을 바라보는 눈이 달라졌습니다. 그 경험을 또래 친구들에게 전하고 싶었습니다. B의 원고에는 그 '울컥함'이 가득 담겨 있었습니다.

두 사람 중 누가 책을 내게 될까요? 이 글의 흐름상 당연히 B라고 생각하겠지요. 하지만 정답은 없습니다. 원고를 판단하는 다양한 기준과 변수가 존재하기 때문입니다.

다만 투고 원고를 대하는 제 입장에서 말씀드리면, A가 출판사와 계약을 한다면, 책의 제목은 '특별한 세계 일주 A 따라 다녀오기' 정도가 될 것 같습니다. B가 출판사와 계약을 한다면, '세계 여행을 하며 자본주의를 배우다' 같은 콘셉트의 책이 나올 것 같고요. B의 원고가 무조건 더 좋다는 것을 말하려는 게 아닙니다. 아직 대중화되지 않아서 가이드가 없는 나라라면 A와 같은 책이 좋겠지요. 그런데 많은 사람이 자신의 특별한 경험을 B와 같은 책으로 내겠다고 말하면서 A와 같은 원고를 써옵니다. 이 둘의 차이는 자기만의 진정성을 갖고 있느냐 아니냐에서 출발한다고 봅니다.

여기서 말씀드리고 싶은 것은 두 가지입니다.

첫째, 내가 쓰고자 하는 것이 무엇인지 정확히 안다.

둘째, 그것을 나만의 관점과 진심으로 가치 있게 담아낸다.

A가 세계 오지를 체험하면서 단순히 '나의 경험을 책으로 내고 싶다'가 아니라 '나는 엄청난 고생을 했지만, 다른 사람들이 나처럼 고생하지 않게 안내해주고 싶다'라는 마음으로 원고를 쓰면, 그것이 A의 진정성입니다. B가 '취업을 위한 스펙으로 책을 쓰겠다'라는 마음이면 그 원고는 책이 될 수 없지만, '나처럼 취업을 못 해 마음고생을 하는 친구들에게 용기를 전하고 싶다'라는 간절함이 있다면 그것은 책이 될 수 있습니다.

이 글을 읽는 당신에게 다시 한번 묻고 싶습니다. "글을 쓰고, 책을 내고자 하는 당신만의 진심은 무엇인가요?" 단순히 개인의 경험을 알리고 싶거나 자기만족, 돈, 명예, 스펙 등을 위한 건 아닌가요? 독자를 위한 진심이 아닌 개인의 욕심을 바라고 있지는 않나요? 책을 내겠다는 욕심보다는 독자를 위한 진심을 먼저 담아주세요.

4. 어떤 출판사에 투고하는 게 좋을까?

원고 투고 단계에서 예비 저자들이 많이 하는 고민은 다음의 두 가지입니다.

첫째, 내 원고를 어느 출판사에 보낼 것인가?

둘째, 여러 곳에 한 번에 보낼 것인가, 아니면 한 곳씩 차례대로 보낼 것인가?

첫 번째에 대한 답은 가능한 한 모든 출판사에 보내는 것이 좋다는 것입니다. 이론적으로는 '내 원고와 같은 분야의 책을 꾸준히 출간하고, 잘 만드는 곳'이 가장 좋지만, 그런 곳만 고르면 몇 군데밖에 남지 않습니다. 열 곳 정도만 추려서 보낸다고 했을 때, 현실적으로 계약으로 연결되기는 매우 어렵습니다. 첫 책을 내고자 하는 예비 저자들은 일단 '책을 출간하는 것'이 목표이기 때문에, 최대한 많은 곳에 원고를 보내는 것이 중요합니다. 정말 날렵한 물고기를 한 마리 잡아야 하는데 그물이 작으면 잡기가 힘들겠죠? 그물을 넓게 펴야 물고기를 잡을 가능성이 커집니다.

이때 몇 가지 유의할 부분이 있습니다.

저자한테 돈을 요구하는 곳은 피하라

큰 곳부터 작은 곳까지 모든 출판사에 메일을 돌리다 보면, 자비 출판을 요구하는 곳이 있을 겁니다. 딱 꼬집어 '자비 출판'이라는 단어를 안 써도, 여러 가지 이유를 늘어놓으면서 "저자가 최소한의 돈을 내야 한다"라고 말합니다.

이때 '나는 돈이 많아서 이 정도는 낼 수 있다. 객관적으로 내 원고가 사람들이 사서 볼 정도는 아니다. 그저 내 이름이 찍힌 책을 가족과 친구들에게 나눠주는 것만으로도 만족한다'라고 생각하면 자비 출판을 해도 됩니다. 하지만 '금전적으로 부담이 되지만, 돈을 투자해서라도 일단 책을 내면 잘 팔리겠지. 여기 말고는 연락 온 곳도 없으니 일단 내자' 하는 생각이라면 말리고 싶습니다.

원고가 좋으면 출판사들은 서로 계약하고 싶어 합니다. 출판사에 원고를 보내는 것도 방법이지만, 온라인 영역에 자신의 글을 꾸준히 연재해보는 것을 추천합니다. 값비싼 글쓰기, 책 쓰기 강의를 들을 필요도 없습니다. 브런치, 블로그, 페이스북 어디든 좋습니다. 글이 좋으면 사람들이 먼저 알아볼 것이고, 눈에 불을 켜고 좋은 원고를 찾는 출판사가 먼저 연락을 할 테니까요.

번역서 또는 국내 유명 저자의 책을 주로 출간하는 곳은 계약이 성사되기 어렵다

투고할 출판사를 고를 때, 해당 출판사의 홈페이지나 블로그에 들어가서 그 출판사가 낸 책들을 살펴보세요. 홈페이지나 블로그가 없으면 예스24, 교보문고 같은 인터넷 서점에서 출판사 이름을 검색해도 됩니다. 그동안 출간한 책 목록이 쭉 나옵니다. 그 리스트에 출판사가 발굴한 국내 저자의 책은 하나도 없고, 번역서나 유명 저자의 책만 있다면 피하는 것이 좋습니다.

대부분의 예비 저자는 '그래도, 혹시나' 하는 마음에 한 곳이라도 더 보내는 것이 좋다고 생각합니다. 하지만 이런 곳과의 계약은 거의 불가능하고, 만약 그런 출판사에서 연락할 정도의 원고라면 다른 출판사에서도 놓칠 리가 없습니다.

너무 작은 출판사보다는 규모가 있는 출판사가 더 좋다

이렇게 말하면 '너무 작은 출판사'의 규모가 어느 정도를 말하는지 궁금할 겁니다. 예를 들자면, '1년에 세 권 이하를 출판하는 곳' 식으로 볼 수 있겠죠. 물론 작은 곳은 작은 곳 나름의 철학과 스타일이 있어서, 오히려 큰 출판사보다 저자에게 더 잘 맞을 수도 있습니다. 그런 곳은 예비 저자인 본인이 이미 잘 알고 있으리라 생각합니다.

예를 들어, 전문적인 디자인 서적을 내고 싶다면 자신이 즐겨 보는 디자인책의 출판사에 관심이 갈 겁니다. 그런 곳은 분야가 좁고 명확해서 1년에 한두 권만 출간할 수도 있습니다. 그런 곳은 예외입니다. 만약 '내 책은 이런 곳에서 내는 게 좋아'라고 생각한다면, 큰 출판사보다 작지만 자신만의 색깔과 브랜드를 가진 곳이 더 좋을 수 있습니다.

규모가 있는 출판사가 더 좋다는 것은 일반적인 경우를 말합니다. 출간의 목적이 책을 판매하고 책을 통해 저자 자신의 브랜드를 만들어가는 것일 텐데, 너무 작은 곳은 마케팅은커녕 전국 서점에 책을 골고루 깔지 못하기도 합니다. 그러니 여러 곳에서 연락이 오면, 너무 작은 곳은 피하고 마케팅을 잘하는 곳을 선택하는 게 좋습니다.

두 번째 질문에 대한 답은 여러 곳에 동시에 보내는 것이 좋다는 것입니다. 많은 예비 저자가 출판사를 배려하는 마음에 한 곳에 보내서 결과를 기다리고, 반려 메일을 받은 후 다른 곳에 보내곤 하는데 절대 그럴 필요가 없습니다. 저자 입장에서는 소중한 원고이고, 금쪽같은 시간입니다. 원고를 받고 2~3일 만에 답을 주는 곳도 있지만, 출판사의 규모가 클수록 원고를 검토하는 인원이 많고 시간도 오래 걸립니다. 답변을 받기까지 두 달이 넘게 걸리는 곳도 있습니다. 그러니 50곳 이상의 출판사를 우선순위에 따라 5~10개로 묶고, 가장 먼저 1그룹에 속한 출판사에 기획서를 보내고 그다음에 2그룹, 3그룹의 순서로 진행하는 게 좋습니다. 출판사의 우선순위는 본인의 선호도와 원고와의 적합도를 고려하여 정하면 됩니다. 여러 곳에서 연락이 오면 가장 조건이 좋은 곳, 책 홍보를 잘해줄 것 같은 곳, 내 책을 담당할 에디터가 마음에 드는 곳을 선택하는 것이 좋습니다.

5. 원고 투고할 때 알아두면 좋은 팁

- 원고는 한글이나 워드 파일로 보내는 게 좋습니다. 원고를 프린트해서 택배로 보내거나 출판사에 직접 찾아가는 방법은 추천하지 않습니다.

- 원고는 꼭지별로 수십 개씩 압축하지 말고, 하나의 파일로 만들어야 합니다. 파일은 ① 출간기획서(기획 의도, 저자 소개, 목차 등) ② 원고, 이렇게 두 개 정도를 보내는 게 좋습니다.

- 원고 전체를 보내는 것을 우려하는 분들이 있습니다. 저자 모르게 그 원고를 책으로 내는 일은 10년 넘게 일하면서 단 한 번도 본 적이 없습니다. 그래도 걱정이 된다면 복사가 안 되도록 PDF 형태로 보내거나 샘플 원고만 먼저 보내도 됩니다.

- 기본적인 맞춤법은 체크하는 게 좋습니다. 한글이나 맞춤법 검사기만 돌려도 기본적인 오류는 수정할 수 있습니다. 교정교열은 출판사의 몫이지만 비문과 오타가 많으면 '이 원고는 퇴고도 안 했나'라는 오해를 불러올 수 있고, 원고의 신뢰를 떨어뜨리고 부정적인 선입견을 줄 수 있습니다.

- 저자 구매나 납품, 블로그 홍보, 회사 지원 등 마케팅에 도움이 될 만한 사항이 있으면 주저하지 말고 기획서에 넣어주세요. 이런 것들로 계약 여부를 결정하지는 않지만, 원고를 좀 더 긍정적으로 살펴보게 하는 효과는 있습니다.

- 좋은 제목을 뽑아주세요. '제목은 출판사가 정하겠지', '이런 내용이니까 이 제목이 어울리겠네' 등의 안일한 생각으로 종종 제목의 중요성을 간과합니다. 하지만 누가 봐도 제목이 좋으면 계약 가능성이 최소 30~50퍼센트는 올라갑니다. 투고 메일을 보내는 그 순간까지 책의 제목을 업그레이드하고, 가장 좋은 제목을 보내주세요.

- 잘 나온 저자 사진을 보내주면 더 좋습니다.

- 출간하고 싶은 욕심에 과장되거나 거짓된 정보를 넣으면 절대 안 됩니다. 대부분의 저자가 정직하게 작성하지만, 과장된 정보를 넣는 일

도 드물지 않게 일어납니다. 저자 소개나 원고에 잘못된 정보를 넣어 피해가 발생하면, 모든 책임은 저자에게 돌아갑니다. 계약서에 이러한 조항이 있으니, 반드시 사실만을 작성해주세요.

- 출판사의 피드백은 맞는 것도 있고 틀리는 것도 있습니다. 참고하되 출판사 피드백 때문에 자신의 원고를 몇 번씩 수정하거나 휘둘릴 필요는 없습니다. 앞에서도 말씀드렸듯, 출판사나 에디터의 피드백은 어느 한 사람 또는 일부의 의견일 뿐 전체 의견은 아닙니다. 자신에게 도움이 되는 것만 선별해서 반영하면 됩니다.

- 이름, 메일 주소, 연락처, 저자 소개, 기획 의도, 샘플 원고는 기본입니다. 홈페이지에 접수할 때 종종 이름이나 연락처를 누락하거나, 원고 없이 기획 의도만 보내거나, 저자 본인의 소개를 안 넣는 경우가 있습니다. 이 여섯 가지는 빠뜨리지 않도록 체크해야 합니다.

TO. 지금 이 책을 읽는 예비 저자들에게 꼭 드리고 싶은 얘기가 있습니다. 지금 당장 계약하자는 출판사도 없고, 앞으로 내 책이 출간된다는 보장이 없어 힘들겠지요. 하지만 제가 경험한 바로는 '내 책을 낸다는 것'이 생각보다 어려운 일이 아닙니다. 그리고 그 열매는 생각하는 것보다 훨씬 달고 유익합니다. 아직은 막막하고 힘들겠지만, 중간에 포기하지 말고 꼭 출간이라는 열매의 맛을 느껴보시기 바랍니다.

부록 3
출판사 리스트 및 투고 메일 주소 100

참고가 될 만한 출간기획서와 출판사 메일 리스트는 이 책에 담는 것보다 파일로 제공하는 것이 유용할 듯하여 링크로 첨부했습니다. 다음 링크로 접속하면 다운받아 사용할 수 있습니다.

http://forestbooks.co.kr/221238592514

| 참고도서 |

강미은,『논리적이면서도 매력적인 글쓰기의 기술』, 원앤원북스, 2006년.

고미숙,『공부의 달인, 호모 쿵푸스』, 그린비, 2007년.

고병권,『니체, 천 개의 눈 천 개의 길』, 소명출판, 2001년.

구본준,『한국의 글쟁이들』, 한겨레출판, 2008년.

구본형,『마흔세 살에 다시 시작하다』, 휴머니스트, 2007년.

구본형,『익숙한 것과의 결별』, 생각의나무, 1998년.

기시미 이치로, 고가 후미타케, 전경아 옮김,『미움받을 용기』, 인플루엔셜, 2014년.

김훈 외,『화장: 제28회 이상문학상 작품집』, 문학사상, 2004년.

나탈리 골드버그, 권진욱 옮김,『뼛속까지 내려가서 써라』, 한문화, 2005년.

다니엘 핑크, 김명철 옮김,『새로운 미래가 온다』, 한국경제신문사, 2007년.

다이앤 애커먼, 백영미 옮김,『감각의 박물학』, 작가정신, 2004년.

댄 헐리, 류시화 옮김,『60초 소설』, 웅진닷컴, 2000년.

댄 히스, 칩 히스, 안진환, 박슬라 공역,『Stick 스틱!』, 웅진윙스, 2007년.

데이비드 맥널리, 카알 D. 스파크, 신제구, 노범석 공역,『너 자신이 브랜드가 되라』,
   한언, 2003년.

데이비드 베일즈, 테드 올랜드, 임경아 옮김,『예술가여, 무엇이 두려운가!』, 사회평
   론, 2014년.

데이비드 오길비, 최경남 옮김,『광고 불변의 법칙』, 거름, 2004년.

로버트 루트번스타인, 미셸 루트번스타인, 박종성 옮김,『생각의 탄생』, 에코의서재,
   2007년.

로버트 프랭크, 안진환 옮김,『이코노믹 씽킹』, 웅진지식하우스, 2007년.

루쉰, 이욱연 편역,『희망은 길이다』, 예문, 2003년.

메이슨 커리, 강주헌 옮김,『리추얼』, 책읽는수요일, 2014년.

명로진,『인디라이터』, 해피니언, 2007년.

모티머 J. 애들러, 찰스 반 도렌, 독고앤 옮김, 『생각을 넓혀주는 독서법』, 멘토, 2000년.

몬티 슐츠, 바나비 콘라드, 김연수 옮김, 『스누피의 글쓰기 완전정복』, 한문화, 2006년.

무라카미 하루키, 유유정 옮김, 『상실의 시대』, 문학사상, 2000년.

박현찬 외, 『연암에게 글쓰기를 배우다』, 예담, 2007년.

박희병, 『선인들의 공부법』, 창작과비평사, 1998년.

버트런드 러셀, 송은경 옮김, 『인생은 뜨겁게』, 사회평론, 2014년.

사라 베이크웰, 김유신 옮김, 『어떻게 살 것인가』, 책읽는수요일, 2012년.

사카토 켄지, 고은진 옮김, 『메모의 기술』, 해바라기, 2005년.

송숙희, 『당신의 책을 가져라』, 국일미디어, 2007년.

쇼펜하우어, 김욱 옮김, 『쇼펜하우어 문장론』, 지훈, 2005년.

스티븐 킹, 김진준 옮김, 『유혹하는 글쓰기』, 김영사, 2002년.

스티븐 프레스필드, 류가미 옮김, 『최고의 나를 꺼내라!』, 북북서, 2008년.

신병철, 『쉽고 강한 브랜드 전략』, 살림, 2004년.

안정효, 『안정효의 글쓰기 만보』, 모멘토, 2006년.

와타나베 쇼이치, 김욱 옮김, 『지적생활의 방법』, 세경멀티뱅크, 1998년.

요한 볼프강 폰 괴테, 박찬기 옮김, 『젊은 베르테르의 슬픔』, 민음사, 1999년.

윌리엄 진서, 이한중 옮김, 『글쓰기 생각쓰기』, 돌베개, 2007년.

윤세진, 『언어의 달인, 호모 로퀜스』, 그린비, 2007년.

이외수, 『글쓰기의 공중부양』, 해냄, 2007년.

이외수, 하창수 엮음, 『마음에서 마음으로』, 김영사, 2013년.

이윤기, 『이윤기의 그리스 로마 신화 3』, 웅진지식하우스, 2004년.

이재성, 정희모, 『글쓰기의 전략』, 들녘, 2005년.

장광열, 『당신의 발에 입맞추고 싶습니다』, 동아일보사, 2004년.

장클로드 카리에르, 김장호 옮김, 『현자들의 거짓말』, 영림카디널, 2007년.

정민, 『다산선생 지식경영법』, 김영사, 2006년.

조셉 슈거맨, 송기동 옮김, 『첫 문장에 반하게 하라』, 북스넛, 2007년.

조셉 캠벨, 빌 모이어스, 이윤기 옮김, 『신화의 힘』, 이끌리오, 2007년.

조지프 캠벨, 박중서 옮김, 『신화와 인생』, 갈라파고스, 2009년.

줄리아 카메론, 임지호 옮김, 『아티스트 웨이』, 경당, 2003년.

짐 콜린스, 이무열 옮김, 『좋은 기업을 넘어 위대한 기업으로』, 김영사, 2002년.

클레망 셰루, 정승원 옮김, 『앙리 카르티에 브레송』, 시공사, 2010년.

탁정언, 전미옥, 『일하면서 책쓰기』, 살림, 2006년.

트와일라 타프, 노진선 옮김, 『천재들의 창조적 습관』, 문예출판사, 2006년.

파블로 네루다, 정현종 옮김, 『네루다 시선』, 민음사, 2007년.

폴 오스터, 김석희 옮김, 『왜 쓰는가?』, 열린책들, 2005년.

피에르 아술린, 정재곤 옮김, 『앙리 카르티에 브레송』, 을유문화사, 2006년.

피터 드러커, 이재규 옮김, 『프로페셔널의 조건』, 청림출판, 2001년.

하워드 가드너, 임재서 옮김, 『열정과 기질』, 북스넛, 2004년.

한국출판마케팅연구소, 『글쓰기의 힘』, 한국출판마케팅연구소, 2005년.

한정주, 엄윤숙, 『조선 지식인의 글쓰기 노트』, 포럼, 2007년.

헤르만 헤세, 황승환 옮김, 『클링조어의 마지막 여름』, 민음사, 2009년.

헨리 데이비드 소로우, 강승영 옮김, 『월든』, 은행나무, 2011년.

헨리에트 앤 클라우, 안기순 옮김, 『종이 위의 기적, 쓰면 이루어진다』, 한언, 2005년.

The First Book
Written by Myself

'내 인생의 첫 책 쓰기' 프로그램 소개

프로그램 목적
- 좋은 책을 출간한다. 좋은 책이란 진정성을 담아 자신과 독자의 생각과 삶을 변화시킬 수 있는 책이다.
- 첫 책의 첫 번째 독자는 나 자신이다. 책 쓰기를 통해 먼저 스스로 변화한다.
- 책 쓰기 수강생들과 인생의 친구이면서 스승인 관계로 나아간다.

프로그램 특징
- 책을 기획·집필·퇴고·출간하는 전 과정을 사례를 통해 생생하게 배울 수 있음
- 온, 오프 수업을 통한 시너지 극대화
- 북 투어(Book Tour), 워크숍, 오프 미팅을 통한 책 쓰기와 놀이를 연결
- 수강생 상호 간, 책 쓰기 멘토의 촌철살인 피드백
- 책을 쓸 때까지 프로그램에 참여 가능(평생 무료 A/S)

참가 대상
- 내 책을 꼭 내고 싶은, 책을 통해 인생 전환을 모색하고 싶은 사람
- 6개월 동안 오프라인 수업에 불참하지 않고 매일 글쓰기에 성실하게 투자할 사람

진행 방법
- 매년 1월과 7월에 6개월씩 두 차례를 진행하며 모집 인원은 10명으로 제한한다.
- 오프 수업은 주말 10일 동안 자기 탐색, 책 쓰기 세미나, 기획서 워크숍, 저자/편집자 특강, 북 투어 등을 진행한다.
- 온라인 카페에서 매일 글쓰기 과제부터 내 책 기획안 작성, 초고 작성까지 피드백 수업을 진행한다.
- 이 밖에 수강생 맞춤형 1:1 코칭을 진행한다.

참가 신청 및 문의
오병곤 kksobg@naver.com | 010-7574-5151

홍승완의 '첫 책 쓰기 코칭' 소개

'진정한 나'를 닮은 좋은 책 쓰기 프로젝트

삶은 관조하거나 읽는 것이 아니라 스스로 써나가야 합니다.
책 쓰기는 최고의 자기 성찰이자 전문가로 가는 정석입니다.

책을 출간하고 싶지만 무엇을 어떻게 해야 할지 막막하신가요?
10년 경력의 출판 전문가와 함께 하세요.

책의 콘셉트 및 주제 선정부터 목차 짜기, 원고 집필, 퇴고, 출간기획서 작성,
적합한 출판사 추천 및 원고 투고까지 출간의 모든 과정을 명쾌하게 안내합니다.

코칭 대상
- 자기 자신을 닮은 좋은 첫 책을 쓰고자 하는 사람
- 글쓰기를 통해 스스로를 성찰하고, 자신의 경험을 책으로 출간하고 싶은 사람
- 평범한 직장인을 넘어 전문가로 도약하고 싶은 사람
- 지적 수련을 통해 삶의 전환을 모색하고자 하는 사람
- 다양한 글쓰기를 체계적으로 배우고 싶은 사람

코칭 특징
- 자신의 강점을 발견 및 활용하는 책 쓰기 전략 수립
- 본인 기질에 맞는 글쓰기 방법 코칭
- 문장력 강화를 위한 충실한 첨삭 지도
- 출판사를 사로잡는 출간기획서 컨설팅
- 책 집필에 필요한 자료 정리 노하우 제공

코칭 신청 및 문의
홍승완 kmc1976@naver.com | 010-4217-9451
- 구체적인 코칭 과정은 메일 접수 후 사전 미팅을 통해 결정합니다.
- 자신의 원고 상황에 맞춰 필요한 부분에 집중하는 맞춤 코칭도 가능합니다.

6개월이면 충분하다

내 인생의 첫 책 쓰기

초판 1쇄 발행 2018년 4월 12일
초판 2쇄 발행 2018년 4월 26일

지은이 오병곤, 홍승완
펴낸이 김선준

책임편집 마수미 **편집팀** 김상흔
마케팅 정종천
디자인 이승은, 디자인 쓰봉
외주교정 공순례

펴낸곳 포레스트북스 **출판등록** 2017년 9월 15일 제 2017-000326호
주소 서울시 마포구 동교로 64-9 2층
전화 02) 332-5855 **팩스** 02) 332-5856
홈페이지 www.forestbooks.co.kr **이메일** forest@forestbooks.co.kr
종이 (주)한솔피앤에스 **출력·인쇄** (주)갑우문화사

ISBN 979-11-962731-6-3 (13320)

포레스트북스(FORESTBOOKS)는 독자 여러분의 책에 관한 아이디어와 원고 투고를 기다리고 있습니다. 책 출간을
원하시는 분은 이메일 writer@forestbooks.co.kr로 간단한 개요와 취지, 연락처 등을 보내주세요. '독자의 꿈이
이뤄지는 숲, 포레스트북스'에서 작가의 꿈을 이루세요.